A grande ostra

A grande
ostra

Mark Kurlansky

A grande ostra

Cultura, história e culinária de Nova York

Tradução
Maria Helena Rubinato e
Beatriz Horta

JOSÉ OLYMPIO
EDITORA

Título original em inglês
THE BIG OYSTER: HISTORY ON THE HALF SHELL

© 2006 by Mark Kurlansky
Esta tradução foi publicada mediante acordo com Ballantine Book's, um selo da Random House Publishing Group, uma divisão da Random House, Inc.

Reservam-se os direitos desta edição à
EDITORA JOSÉ OLYMPIO LTDA.
Rua Argentina, 171 – 1º andar – São Cristóvão
20921-380 – Rio de Janeiro, RJ – República Federativa do Brasil
Tel.: (21) 2585-2060   Fax: (21) 2585-2086
Printed in Brazil / Impresso no Brasil

Atendemos pelo Reembolso Postal

ISBN 978-85-03-01008-5

Capa: ISABELLA PERROTTA / HYBRIS DESIGN
Foto de capa: HULTON ARCHIVE / GETTY IMAGES

CIP-Brasil. Catalogação-na-fonte
Sindicato Nacional dos Editores de Livros, RJ.

K98g

Kurlansky, Mark, 1948-
  A grande ostra: cultura, história e culinária de Nova York / Mark Kurlansky; tradução Maria Helena Rubinato e Beatriz Horta. – Rio de Janeiro: José Olympio, 2009.

  Tradução de: The Big Oyster: History on the Half Shell
  Inclui bibliografia e índice
  ISBN 978-85-03-01008-5

  1. Ostra. 2. Culinária (Ostra). 3. Gastronomia – Estados Unidos – Nova York – História. I. Título.

09-0566

CDD – 639.41
CDU – 639.411:641.8

Para Alvin e Barbara Mass,
Dois grandes nova-iorquinos

Outros verão o movimento dos barcos em Manhattan ao Norte e Oeste,
e as alturas do Brooklyn ao Sul e Leste.
Outros verão as ilhas, grandes e pequenas;
Cinqüenta anos a frente, outros os verão enquanto passam,
logo após o nascer do sol,
Cem anos a frente, ou ainda muitas centenas,
outros irão vê-los,
Aproveitarão o pôr-do-sol, a lenta chegada da maré alta,
e a retirada da maré baixa.
WALT WHITMAN,
"Crossing Brooklyn Ferry", 1856

SUMÁRIO

AGRADECIMENTOS   11

PREFÁCIO A concha dura da cidade   13
PRÓLOGO A *good time coming*   17

PARTE UM Os Viveiros do Paraíso

Capítulo 1 Uma vida "moluscular"   21
Capítulo 2 O monte de adubo "bivalvar"   37
Capítulo 3 A fertilidade dos bivalves   61
Capítulo 4 Um bom viveiro para se visitar   71
Capítulo 5 Transformando-se na ostra do mundo   97
Capítulo 6 Os egocêntricos nova-iorquinos   119

PARTE DOIS As Conchas de Sodoma

Capítulo 7 O espírito de crassostreano dos nova-iorquinos   143
Capítulo 8 Fazendo a própria cama   167
Capítulo 9 Comportamento ostromaníaco   187
Capítulo 10 Ostracismo na Idade do Ouro   225

EPÍLOGO Mariscada duradoura   243
BIBLIOGRAFIA   255
ÍNDICE DE RECEITAS   263
ÍNDICE REMISSIVO   265

AGRADECIMENTOS

Agradeço a Connie Rosemblum da editoria Cidade de *The New York Times* por me pedir um artigo sobre as ostras de Nova York. Ao pesquisar para o artigo, mundos se abriram para mim.

Agradeço de novo a minha grande editora Nancy Miller, que trabalha com tanto cuidado e eficiência e concede tanto aos meus livros. E para Charlotte Sheedy, minha agente literária, que sempre intercede por mim com graça e humor. Que sorte a minha de ter amigos como Nancy e Charlotte, mais sorte ainda de trabalhar com elas.

Agradeço a Deborah Copeland e Susan Birbbaum por todo o trabalho duro. Obrigado a Cathy Drew pelo interesse e entusiasmo. Obrigado a você, William Kennedy, que me indicou seu artigo no "Jack and the Oyster", em que criticava o colunista de Albany pela ignorância de usar as palavras *bivalvência ambivalente*. Obrigado também a você, Charles Gehring, pela generosidade em dividir comigo sua pesquisa e histórias sobre a bivalvência dos primeiros holandeses. E obrigado a Bob Wallace em Wellfleet por suas pensatas molusculares.

Um agradecimento especial à cafeína, sem a qual este livro jamais seria terminado, e muito amor a Marian, a casca mais profunda de nossos bivalves, que nos faz felizes como ostras — não há motivo para pensar que os moluscos são mais felizes só porque não se afeiçoam e podem pular num pé só.

PREFÁCIO

A concha dura da cidade

Para mim, Nova York é a mais linda e maravilhosa cidade do mundo. Contém em si toda a vida.
CHILDE HASSAM, pintor impressionista americano, 1889.

Qualquer pessoa familiarizada com os nova-iorquinos não se surpreende ao saber que já foram famosos por comer alimentos vivos. O fato de as ostras serem praticamente os únicos alimentos comidos vivos é parte dessa experiência gastronômica singular — isso e a sensação de que nenhuma outra comida nos traz mais para perto do mar. As ostras passam suas vidas — uns 12 anos se as deixássemos tranqüilas, mas apenas três ou quatro porque não o fazemos — sugando a água do mar, extraindo seus nutrientes e depois se livrando dela. Havia ostras suficientes no porto de Nova York para tratar toda a água dali, eis por que os ambientalistas as querem de volta ao local. E talvez seja esse o motivo pelo qual ao comer ostras sentimos como se estivéssemos "comendo" o mar.

Os nova-iorquinos raramente pensam nisso, mas eles moram no estuário do rio Hudson, um enorme e interligado sistema de fluxo e refluxo de marés que envolve também Nova Jersey e Connecticut. Danificar um lugar qualquer desse ambiente deteriora o sistema inteiro.

Recentemente, numa viagem de trem de Washington (DC) para Nova York, percorri o trecho do litoral do porto dessa cidade chamado por alguns, maldosamente, de "a costa química". Muitos nova-iorquinos se esquecem que isso faz parte de seu porto porque fica "fora da cidade", em Nova Jersey. Normalmente, ao regressar a Nova York, nesse ponto exato, eu estaria procurando o perfil dos edifícios da ilha onde moro, Manhattan, que nunca nos desaponta. Ou então, estaria olhando para chaminés e canos e para as chamas das refinarias. Mas, por algum motivo, dessa vez olhei bem à minha frente e percebi que estava numa terra alagada e coberta por uma vegetação, onde garças novas e garças-reais poderiam viver. Ao ver a grama ondear ao vento e o sol refletir nos estreitos canais formados pelo mar, percebi que isso poderia ser um Everglades setentrional. Qual foi o ato de insanidade que permitiu que se erguessem usinas químicas, refinarias de petróleo, indústria pesada, nessa bela terra alagada que pertence a um dos maiores rios navegáveis do mundo? Cegueira insana? Ocorreu-me que talvez nunca tivessem realmente olhado para essa linda região.

A única coisa que os nova-iorquinos ignoram mais que a História é a natureza. Têm o hábito de não passar muito tempo refletindo sobre a história de sua cidade. Isso talvez se deva ao fato de que tudo correu sempre mais ou menos da mesma maneira ou, como disse Edmund Wilson, um dos mais admirados escritores da *New Yorker*, dos áureos tempos daquela revista, ao explicar por que na velhice seu interesse por história diminuiu: "Sei mais ou menos o tipo de coisas que acontecem."

A história das ostras de Nova York é a história da própria Nova York — sua riqueza, sua força, sua agitação, sua ambição, sua desconsideração, sua destrutividade, sua cegueira e — como qualquer nova-iorquino lhe dirá — sua imundície. Esta é a história da devastação de Nova York, o assassinato de seu grande estuário.

Nova York é uma cidade que não planeja; ela cria situações e depois lida com elas. A maior parte de sua história é sobre a ambição de tomar tudo que era belo, destruir, depois se indignar com as condições em que tudo ficou, demolir, reconstruir algo ainda mais estranho que a natureza planejara. O que poderia ser mais típico de Nova York do que o Doorknob, um local no porto de Nova York contaminado por ter sido usado como área de despejo de lixo, criado quando a cidade, ao tentar corrigir décadas de abandono do Lower East Side, botou abaixo seus cortiços para ali erguer condomínios residenciais?

Um dos maiores paradoxos de Nova York é que a cidade é ao mesmo tempo única e típica. Muitas de suas histórias aconteceram com outras cidades também. A história das ostras em Nova York é muito parecida com a de outras grandes capitais ricas em ostras, como Paris, ou Londres, no estuário do Tâmisa incrustado de ostras. É interessante notar que Londres, tal como Nova York, também as destruiu, enquanto Paris, a capital consumidora e comercial de ostras trazidas de outros lugares, fez mais para preservar seus viveiros.

Antes do século XX, ao pensar em Nova York, as pessoas imaginavam ostras. Era isso que Nova York significava para o mundo — um grande porto oceânico onde as pessoas comiam ostras locais suculentas, extraídas do estuário de seu rio. Os visitantes desejavam prová-las. Nova-iorquinos as comiam com freqüência. Também vendiam milhões delas para Chicago, St. Louis, Denver e São Francisco, assim como as exportavam para a Inglaterra, França e Alemanha. À medida que o sistema de transportes de Nova York progrediu, suas ostras viajaram para ainda mais longe. No século XIX, os ingleses creditavam a Nova York o preenchimento de sua demanda por ostras, pois seus viveiros já começavam a minguar.

As ostras eram verdadeiros nova-iorquinos. Eram alimento para os *gourmets*, para os gulosos, para os simplesmente famintos; tentadoras para os ricos em suas mansões e alimentícias para os pobres em seus casebres miseráveis; cumpriam seu papel no comércio citadino e no comércio internacional.

Se, ao comer uma ostra, provamos o gosto do mar, comer uma de Nova York era provar o gosto de seu porto, o que se tornou cada vez menos atraente. A ostra era o elo de união entre Nova York e o mar, e isso eventualmente se rompeu. Hoje, os nova-iorquinos comem menos ostras, mas ainda assim as comem, embora vindas de outros locais, e quando pensam no mar, imaginam outros lugares — talvez na ponta oriental de Long Island ou na Nova Inglaterra ou até na Flórida. Apesar de viveram à beira-mar, tiram férias para viajar para outras praias. Entre as muitas coisas extravagantes relacionadas com os nova-iorquinos, há a seguinte: como é possível que pessoas vivendo no maior porto do mundo, numa cidade na qual nenhum bairro fica muito distante do mar, numa cidade cuja locação foi escolhida por causa do mar, onde grandes cargueiros, petroleiros, possantes rebocadores, iates e barcos da polícia marítima deslizam por suas águas, tenham perdido toda sua ligação com o mar, quase esquecido completamente que o mar está ali? Os nova-iorquinos perderam sua ostra, seu gosto do mar. Esta é a história de como isso aconteceu.

PRÓLOGO

A good time coming

"*Fruges consumere nati*" (nascido para consumir grãos) pode definir a humanidade em outros lugares, mas aqui a citação está fora de lugar, pois o homem parece ter nascido para comer "ostras"

CHARLES MACKAY, sobre Nova York,
em *Life and Liberty in America or Sketches of a Tour
in the Unites States and Canada in 1857-58*

A vida corria muito bem para Charles Mackay, um compositor escocês. Todas as semanas, de 1851 a 1855, a *Illustrated News* de Londres publicava uma de suas canções e elas estavam se tornando fenômenos de popularidade nos dois lados do Atlântico. A partitura impressa de uma de suas melodias, *A good time coming*, vendera 400 mil cópias.

Em 1857, no auge de sua carreira, Mackay aceitou o convite para uma série de palestras nos Estados Unidos e Canadá. Apesar de no início ter ficado entusiasmado com a oportunidade de conhecer cidades da América do Norte, enquanto aguardava, em Liverpool, que o navio levantasse âncora, seu contentamento começou a diminuir.

O vento chicoteava o porto com uivos assustadores, o que certamente impediria seu sono. Estavam no início de outubro e o inverno já começava a invadir Liverpool. Por certo o Atlântico Norte nas semanas seguintes seria ainda pior. O mar escuro e opaco, quase indistinto do céu sombrio e anuviado, remoinhava na foz do Mersey, criando movimentos bruscos que, mesmo na segurança do porto, faziam os mastros moverem-se como pêndulos impacientes, ao mesmo tempo em que o cordame rangia sinistro. Ele pensou nas semanas que iria passar nessa caixa de madeira sob céus enegrecidos e sobre um oceano escuro e ondulante.

Um amigo constrangedoramente animado o convidara para ficar no Hotel Waterloo à espera da hora do embarque. Quando o amigo o acompanhou até a porta, Mackay examinou bem a chuva que batia nas janelas. Não escorria pelas vidraças, golpeava as janelas, com gotas pequeninas, duras, que, de tão fortes, ricocheteavam no vidro.

O amigo desejou-lhe uma travessia segura e rápida e acrescentou, com um vozeirão que sobrepujava os uivos do vento e as vidraças fustigadas:

— Invejo sua viagem à América.

Mackay, provavelmente sem convicção, tentou uma expressão jovial, mas tudo que conseguiu foi perguntar:

— E por quê?

— Porque — o amigo respondeu com um sorriso alegre e radiante — você vai comer as mais deliciosas ostras! As ostras de Nova York ganham de todas as outras!

Dois meses depois, escrevendo em seu diário sobre a cidade de Nova York, Mackay anotou: "Meu anfitrião falou a verdade. Não há nenhum outro lugar no mundo com ostras melhores do que as de Nova York..."

PARTE UM

Os Viveiros do Paraíso

This is the land, with milk and honey flowing
With healing herbs like thistles freely growing
The place where the buds of Aaron's rods are blowing
O, this is Eden.[1]

JACOB STEENDAM
Colono holandês nos Novos Países Baixos, de 1650 a 1660

---

[1] Esta é a terra, com leite e mel fluindo/ com ervas que curam e crescem livres como cardos/ o lugar onde os botões dos círios-do-norte florescem/ Oh! este é o Éden. (Tradução livre. N. da T.)

CAPÍTULO 1

Uma vida "moluscular"

> Se você não ama a vida, é claro que não pode gostar de ostras.
> ELEANOR CLARK, *The Oysters of Locmariaquer*, 1959

Em 1609, quando Henry Hudson, explorador inglês a serviço dos holandeses, entrou no porto de Nova York em seu barco de 26 metros, *Halve Maen*, com uma tripulação de 16 marujos, metade inglesa, metade holandesa, ele encontrou o mesmo que Mackay encontraria dois séculos e meio depois — uma população local com o hábito de se regalar com as excelentes ostras do porto de Nova York.

Hudson era um homem do século XVII em busca de um sonho do século XV. Seu empregador, a Holanda, logo entraria na Idade de Ouro, oferecendo ao mundo Rembrandt, o microscópio e a Bolsa de Valores, mas não, como Hudson e seus patrocinadores esperavam, um rio que cruzasse a América e desembocasse na China.

Um caminho por mares e rios para comerciar com os chineses, que substituísse a longa e difícil Rota da Seda, foi um grande sonho na Renascença. A única alternativa encontrada, em 1499, foi a de Vasco da Gama que, saindo de Portugal, alcançou o oceano Índico contornando a África. Todas as viagens de exploração em direção ao Oeste fracassaram, ao se deparar com enormes massas de terra entre a Europa e a China. Cabot foi impedido pelo Canadá, ao Norte, Verrazano foi impedido, mais ao Sul, pelos Estados

Unidos, Colombo deparou-se com a América Central no meio do caminho, e Magalhães provou que a viagem contornando a América do Sul era provavelmente longa. Somente uma idéia ainda apresentava algumas possibilidades, e essa era uma passagem pelas águas do Ártico.

Hudson era, essencialmente, um explorador ártico; na verdade, era um explorador ártico fracassado. Em sua primeira viagem, para os ingleses, ele navegou em direção ao Norte, tentando passar além do gelo, à procura de uma saída do outro lado do globo. O plano era geograficamente astuto, mas meteorologicamente absurdo, e foi derrotado pelo gelo. No ponto em que ele parou, sem conseguir ir em frente, seu barco de madeira, com 26 metros, estava a mil quilômetros de onde Robert E. Peary conseguiria, em 1909, seu grande feito, alcançar o Pólo Norte. Sua segunda viagem, em direção Nordeste, margeando a Rússia, também foi vencida pelo gelo. Nessa altura, o patrocinador inglês, a Muscovy Company, desistiu dele.

Uma nova idéia surgiu. No início do século XVII, o capitão John Smith, o rudemente belo aventureiro, famoso por suas conquistas, tanto as militares quanto as sexuais, foi o grande promotor do assentamento de europeus na América do Norte. Ele mapeou a costa, relatou suas descobertas e propagava a América para qualquer europeu disposto a escutá-lo. Teria um papel importante na promoção das duas principais colônias norte-americanas, Virgínia e Massachusetts. Hudson conhecia Smith e eles se corresponderam em 1608, quando 4/5 dos colonos assentados por Smith na Virgínia já estavam mortos. Havia uma crença sempre crescente de que a América do Norte no inverno era inabitável. Mas o entusiasmo contagiante de Smith nunca se abalou. Ele não só acreditava na colonização da América do Norte — e debatia o assunto como se ali ainda não morasse ninguém — como seus mapas e cartas para Hudson vendiam uma alternativa para a teoria que dizia ser possível encontrar um caminho marítimo para a China ao norte do Canadá — a assim chamada Passagem para o Noroeste. A teoria de Smith era que em algum lugar ao norte da Virgínia nascia um grande rio ligando o Atlântico ao Mar da China.

Esse é um dos típicos casos de as pessoas ouvirem exatamente aquilo que querem ouvir. O mar chinês de Smith era presumivelmente o oceano

Pacífico, mas os rios não são conhecidos por fluir de um oceano a outro. A teoria de Smith era baseada em depoimentos de tribos do Norte, caçadores de peles. Falavam de um oceano que podia ser alcançado por um rio. Provavelmente, não falavam sobre a China, a Catai de Marco Pólo, que era uma obsessão dos europeus e não dos norte-americanos. Parece que os caçadores se referiam a navegar subindo o Hudson, depois seu afluente Mohawk e, com apenas uma curta travessia por terra — carregando a canoa —, chegar aos Grandes Lagos. Às margens do lago Erie, tem-se mesmo a impressão de estar na costa de um imenso mar. Além do quê, as correntes do Hudson são tão impetuosas, as águas salgadas do oceano penetram de tal modo rio acima, que, de acordo com a lenda indígena, os primeiros habitantes vieram até o Hudson em busca de um rio que corresse em ambas as direções, como se fluísse para dentro águas salgadas nas duas extremidades. Se tais exploradores indígenas existiram ou não, os europeus vieram em busca disso mesmo.

Hudson, o explorador desempregado, tinha algo para vender: a possível nova passagem para a China. A Muscovy Company recebeu e descartou o projeto. Mas a nova e cada vez mais forte concorrente da Inglaterra, a Holanda, se interessou. A Vernenigde Oostindische Compagnie, ou VOC, conhecida como Companhia Holandesa das Índias Ocidentais, o contratou. Os holandeses não estavam interessados nas teorias de John Smith ou de Henry Hudson. Contrataram Hudson para procurar pela passagem para o Noroeste, uma rota através das massas de gelo ao norte da Rússia. Hudson não fazia fé nessa teoria; iniciou a viagem, indo em direção ao Norte, até sair da vista dos holandeses. Então se aproveitou de um forte vento ocidental e cruzou o Atlântico, afastando-se milhares de quilômetros das ordens que não pretendia cumprir, e alcançou a costa norte-americana na altura da Terra Nova.

Mais de um século após a viagem de John Cabot, essa era uma rota bem conhecida. Hudson em seguida percorreu o litoral, em direção ao Sul, até o cabo Hatteras e a foz do Chesapeake, a poucos quilômetros de Jamestown, onde estava seu amigo Smith. Como navegava em navio holandês, não se dirigiu ao assentamento inglês. Talvez precisasse localizar a Jamestown de Smith, para se situar nos mapas do amigo. Então, começou a explorar a costa em busca de um rio para a China.

Por causa dessa exploração, acabou sendo o primeiro europeu a entrar na baía de Delaware. Mas, ao ver as águas rasas, os bancos de areia e as barreiras na foz do Delaware, Hudson teve certeza de que esse não era o grande rio capaz de atravessar a América do Norte até a China. Continuou examinando a bombordo as florestas de um continente desconhecido, aparentemente desabitadas, com o trinado ocasional de uma ave em contraponto ao som das ondas que cobriam a areia das praias e do rangido do cordame do *Half Moon*.

Depois, contornando uma península plana, estreita e coberta de areia, que hoje tem o nome apropriado de Sandy Hook[2], Hudson e seus homens, quase como que passando pelo buraco de uma fechadura, acharam-se em um outro mundo. A larga extensão de água, 250 km², ali se estendia numa superfície plana, protegida pelas escarpas de Staten Island e pelas colinas ondeantes do Brooklyn. Sandy Hook a bombordo e os bancos de areia a estibordo formavam uma barreira ideal, servida por vários canais, que protegia a embocadura. Ao olhar para dentro das águas, viram grandes peixes seguindo sua embarcação.

Esse era o lugar. De todas as direções, vinham rios para desembocar ali. Se havia uma fenda no coração da América do Norte, abrindo um caminho navegável até a China, era assim que seria.

HUDSON IDENTIFICOU "três grandes rios". Provavelmente era a baía de Raritan, que separa Staten Island de Nova Jersey, a barra do Upper Harbor e o Rockaway Inlet, no Brooklyn — o lado Queens de Long Island. Ainda não passara pela abertura estreita entre Staten Island e o Brooklyn — ainda não vira a baía Upper, os rios Hudson e Harlem ou o East River que se une ao braço de mar em Long Island. Ainda não vira a ilha luxuriante, verde, rochosa, cheia de lagunas e riachos, bem no meio do estuário.

Hudson desembarcou um grupo em Staten Island. O verão estava quase no fim e as ameixeiras e parreiras estavam carregadas de frutos. Imediata-

---

[2]Gancho de areia. (*N. da T.*)

mente após o desembarque, como se os homens de Hudson estivessem sendo esperados, como se convidados, apareceram pessoas vestidas com peles de animal. Elas observaram que o chefe daqueles que chegaram naquela casa que flutuava usava um casaco vermelho que brilhava com a renda dourada.

No que seria uma tradição nova-iorquina, o comércio começou instantaneamente. Os europeus de vermelho tinham ferramentas, enquanto os americanos cobertos com peles ofereciam maconha, feijões e uma iguaria local — ostras. Os europeus pensaram que estavam recebendo muito mais do que estavam dando, mas os americanos podem ter pensado o mesmo.

Hudson e seus homens não faziam a mínima idéia com quem estavam negociando. Relataram que as pessoas cobertas por peles eram amigáveis e polidas, mas que não era conveniente confiar nelas. Essas pessoas de quem os europeus desconfiavam se chamavam de *Lenapehoking*, a terra dos Lenape. Os Lenape achavam que conheciam seus visitantes. Eram um povo que na sua língua chamavam de *shouwunnock*, que quer dizer "Pessoas Salgadas". Os avós dos Lenape que estiveram com Hudson podem ter conhecido outra Pessoa Salgada, o italiano Giovanni da Verrazano, que navegou por aquela costa, com sua tripulação, a serviço de Francisco I, rei da França, em 1524. Verrazano preferiu ancorar seu barco ao largo de Staten Island, mais acima de Hudson, na embocadura estreita que leva seu nome e onde Staten Island hoje está ligada ao Brooklyn por uma ponte. Verrazano viu também a baía interior, com seus rios largos e bem situadas ilhas e a descreveu como "um lago agradável". Deu-lhe o nome de Santa Margarida, em honra da irmã de seu patrono, Francisco. "Entramos com nosso barco pelo mencionado rio e vimos a terra bem povoada. As pessoas são quase idênticas e se cobrem com penas de aves de diversas cores. Vieram até nós alegremente, com grandes gritos de entusiasmo, mostrando-nos onde poderíamos atracar nosso barco com toda a segurança."

Mas logo uma alteração nos ventos forçou os europeus a retornarem relutantes ao seu barco e a continuarem viagem. Essa foi provavelmente a primeira vez que Pessoas Salgadas foram vistas pelos habitantes do porto, apesar de ser possível que seus antepassados tenham visto Estebán Gómez, um explorador português que por ali passou. Um antigo mapa português sugere que europeus, talvez pescadores portugueses ou bascos, andaram navegando por ali na época de Colombo. Alguns daqueles que agora encontravam Hudson e seus homens podem ter ouvido falar, ou mesmo tido contato, com o francês Samuel de Champlain, que apenas uns meses antes viajara para o Sul, saindo do que hoje é o Canadá, em direção ao lago que leva seu nome. Jamestown, perto da entrada da baía de Chesapeake, que ficava logo ao sul da baía de Delaware (a dos Lenape), fora fundada dois anos antes da chegada de Hudson a Nova York. Quando Hudson aportou, os Lenape já conheciam as Pessoas Salgadas. Havia muito tempo elas vinham àquela região, sem muitas conseqüências.

Esse grupo ficou mais tempo que os outros; explorou a parte setentrional do porto, depois escolheu o rio a oeste da ilha e subiu pelo rio que agora chamamos Hudson até o local onde hoje está Albany. Dali deve ter ficado evidente que não seria esse rio mais estreito que os levaria à China, e então seguiram viagem.

Na língua Lenape, *lenape* significa "o homem comum". Algumas vezes se chamavam de *lenni lenape*, que significa "nós, o povo". Os europeus chamaram a língua e seu povo de Delaware. Formavam uma confederação livre de nações, vivendo entre os rios South, Delaware e North, este último o que viria a ser o Hudson. Até o século XX, acreditava-se que 8 a 12 mil membros desse povo vivessem nos atuais estados de Delaware, Pensilvânia, Nova Jersey, Nova York e Connecticut, quando Hudson lá chegou. Mas essas estimativas por baixo basearam-se numa conta feita no ano de 1700, quando eles já eram somente 3 mil. Começaram a conta pelo ano de 1633, quando os Lenape já tinham sofrido com doenças como varíola, malária e sarampo. Mais recentemente, arqueólogos concluíram que umas 15 mil pessoas viviam no que é hoje Nova York e que, possivelmente, a região Lenape era habitada por umas 50 mil pessoas.

As aldeias Lenape eram agrupamentos movimentados, com pequenas cabanas feitas de cortiça e grama. Viviam da caça, da pesca e da coleta de nozes, frutas e crustáceos. Faziam roupas com a pele curtida de gamos e alces. Na primavera, os Lenape da costa erguiam grandes acampamentos para se abrigar durante a temporada de pesca. Eles capturavam, pescavam com rede ou com espetos, os grandes peixes de rio como a savelha e outros. Seus casamentos eram monogâmicos, mas as relações sexuais antes do casamento eram aceitáveis até o surgimento de doenças venéreas, introduzidas pelos europeus. Seus mortos eram altamente pranteados. Algumas vezes os parentes do morto pintavam o rosto de negro durante um ano inteiro. Acreditavam que os mortos viajavam por um caminho estrelado. Cada estrela da Via Látea eles julgavam ser a marca de um passo.

Os Lenape acreditavam que sua história começou quando *Kishelemukong*, o criador, trouxe uma grande tartaruga das profundezas do oceano. O casco da tartaruga transformou-se numa enorme ilha, a América do Norte. Eles diziam que vieram ter no Mid-Atlantic[3], vindos de bem longe, do Oeste, e os arqueólogos concordam, dizendo que eles chegaram ao Atlântico há 3 mil anos.

Eram três as mais importantes nações Lenape e dentro desses grupos, havia numerosas divisões. Tinham poucas instituições que os unissem, exceto talvez a língua, que acabou sendo subdividida em dialetos. Um dos grupos, os Munsey, que significa "montanheses", controlava as montanhas perto da cabeceira do Delaware. Também mantinha áreas de caça na região onde hoje está a cidade de Nova York. Foi a língua Munsey que criou o nome Manhattan e o de muitos outros lugares de Nova York. Não se sabe ao certo de qual palavra os Munsey tiraram o nome Manhattan. Uma das teorias diz que vem da palavra *manahactanienk*, que significa "local de inebriação"; outra, que vem de *manahatouh*, que significa "um lugar onde se encontra madeira para fazer arcos e flechas". A possibilidade mais prosaica e a mais freqüentemente citada diz que a origem é *menatay*, que significa simplesmente "ilha".

Lenape ou *Lenni Lenape* são palavras Munsey. Muitos dos subgrupos se tornaram nomes de localidades. Em Long Island, os Canarsee, os Rockaway e os Massapequa, todos falavam Munsey. Os Raritan, os Tappan e os Hackensack,

---

[3]Mid-Atlantic (Meio do Atlântico) se refere à região que abrange Nova York, Nova Jersey e Pensilvânia. (*N. da T.*)

que falavam Unami, língua diversa, mas do mesmo ramo Munsey, controlavam diferentes partes de Staten Island, o norte de Manhattan, o Bronx e partes de Nova Jersey. Todos esses povos, assim como outros nativos, por exemplo, os Wieckquaesgeck de Westchester, comiam ostras, e alguns podem ter viajado bastante para consegui-las. A nação Lenape que ofereceu a Hudson a primeira prova das ostras nova-iorquinas era do lugar que hoje conhecemos como Yonkers.

Sabemos que os Lenape comiam ostras em abundância, porque as conchas duram muito tempo e eles deixaram para trás uma enorme quantidade. Formam pilhas contendo milhares de conchas e têm sido encontradas em toda a região de Nova York. São chamadas pelos arqueólogos de concheiras. O vestígio mais comum de um assentamento europeu em qualquer lugar da área da foz do Hudson é uma pilha de conchas de ostras, às vezes com mais de 1.200 metros de altura, algumas vezes enterrada, outras somente empilhada. Os holandeses do início do século XVII foram os primeiros a observar as concheiras. Pearl Street, que nessa época margeava o mar ao sul de Manhattan, recebeu esse nome graças a uma dessas grandes pilhas. Contrariando a crença popular, foi depois de ser assim nomeada que a rua veio a ser pavimentada com conchas. Os holandeses encontraram outra concheira no atual cruzamento de Canal Street com o Bowery e a chamaram de *Kalch-Hook*, Shell-Point[4].

Outra pilha foi encontrada ao longo de uma lagoa com 12 metros de profundidade, mais para o interior da ilha, em terras pantanosas ao Sul; era um dos locais de pesca favoritos dos Lenape e depois também se tornou o preferido dos ingleses. Os holandeses a batizaram, por causa da pilha de conchas, de *Kalck*, palavra holandesa para "calcário", o componente principal das conchas de ostras. Mais tarde, ainda no século XVII, quando os ingleses substituíram os holandeses como administradores da ilha, eles também se impressionaram com essas pilhas. Em 1692, Charles Lodwick escreveu uma carta para a Inglaterra na qual relatava que "muitas conchas de ostras e de outros moluscos são encontradas nas colinas elevadas, assim como nos vales,

---

[4]Ponta das Conchas. (*N. da T.*)

algumas vezes enterradas a 60 ou 90 centímetros de profundidade. Acredita-se que foram pescadas e depois trazidas para ali pelos nativos para servir de alimento, e que sua putrefação sirva como adubo, o que é comum agora com a chegada dos cristãos".

Na verdade, as conchas não se putrefazem, nem mesmo para os cristãos, e algumas têm milhares de anos. Mas colonizadores europeus dos séculos XVII e XVIII às vezes pegavam essas conchas e as enterravam no campo, onde o óxido de cálcio neutralizava o solo ácido, numa técnica conhecida na época como "adoçar" o solo. Também queimavam conchas para obter uma pasta calcária a fim de usar nas construções coloniais.

As concheiras eram apenas pilhas de conchas. Ninguém pensou em estudá-las até quase o final do século XIX. Mas sempre foram fascinantes para alguns nova-iorquinos. Daniel Tredwell, escritor e jornalista do Brooklyn, que viveu de 1826 até 1921, escreveu em seu diário como ele e seu pai gostavam de explorar as concheiras na década de 1830. Em 1839, escreveu:

> Na saída passamos por montes de conchas indígenas brancas que lembram, muito de longe, neve. Algumas, nas margens do riacho, se estendem por quatro a 9 metros, e embaixo da água, em alguns casos atravessando para a outra margem. Esses montes de conchas, muito antes disso, já aguçavam nossa curiosidade, e já tínhamos pensado em muitas hipóteses sobre quem seriam seus criadores. Essas perguntas, meu pai nunca fez e não poderia respondê-los satisfatoriamente, o que nos deixava insatisfeitos, e resultava sempre em mais perguntas.

Muitas concheiras sobreviveram. Até o final do século XIX, havia grande número delas na área da Península Rockaway — nos pântanos da baía de Woodmere, em Inwood, em Hog Island (ou Barnum) e em Far Rockaway. Chegaram a sobreviver à transformação de Rockaway em local de banhos de mar, com a chegada do trem que, por 50 centavos, levava as pessoas de Manhattan até lá. Mas, no início do século XX, quando se começou a abrir estradas para os novos automóveis, milhares de toneladas de conchas foram rebocados para servirem como aterro para estradas.

A maioria das concheiras de Manhattan, Staten Island e da parte oeste de Long Island desapareceu. Muitos dos sítios conhecidos estão sob trilhos ferroviários, ruas, aterros sanitários, rodovias que circundam a costa e docas. A via férrea do Hudson foi construída ao longo da margem oriental do rio, rasgando inúmeras concheiras ao norte da cidade, sem nenhum cuidado com seu valor arqueológico. O pouco que resta dessa área de concheiras perto de Kalck Pond está ocupado por tribunais estaduais e federais, lojas e restaurantes de Chinatown. Arqueólogos já encontraram conchas sob os prédios dos tribunais. No século XXI, arqueólogos e ambientalistas têm se batido contra companhias construtoras, ao longo da margem oriental do Hudson, na tentativa de salvar alguns dos depósitos mais antigos. Em Dobbs Ferry, alguns moradores do local lutaram para impedir o projeto de um condomínio com 44 acres, que ameaçava obliterar a mais antiga concheira jamais encontrada na costa atlântica da América do Norte.

Pilhas de conchas têm sido encontradas em toda a costa atlântica dos Estados Unidos e outras ainda mais antigas foram localizadas na Europa, especialmente na Dinamarca; mas o trecho sul do rio Hudson, de Peekskill a Staten Island e a leste em direção a Long Island, tinha uma extraordinária concentração de concheiras.

Nos primeiros 100 dos 510 quilômetros de extensão do Hudson, da ponta da ilha de Manhattan até perto de onde hoje fica a cidade de Newburgh, a água é suficientemente salgada para ostras e outras espécies oceânicas. O ponto exato em que isto termina e o Hudson torna-se um rio de água doce é conhecido como "linha do sal" ou "cunha do sal," e muda de lugar de ano em ano, de estação em estação. Num ano de seca, a linha do sal pode estar a mais de 100 quilômetros da costa. Alguns dias de chuva pesada podem levá-la para o sul de Manhattan. Mas a água salgada subirá rapidamente de novo, mesmo que isso vá contra a corrente normal do rio. A mais ou menos 50 quilômetros ao norte de Manhattan, perto da cidade de Peekskill, o Hudson desvia para noroeste, o que leva as águas da maré a se dirigirem para a margem oriental, transportando para lá quaisquer ovos de ostras depositados na água salgada. Viveiros de moluscos e, por causa disso, concheiras, se amontoavam naquela margem.

Acredita-se que muitas das centenas de sítios de concheiras que foram identificados na área de Nova York, alguns com poucos metros quadrados, outros com vários acres, formando densos montes, representam apenas uma parte do número existente na época da chegada de Hudson. Ainda hoje são encontradas concheiras. Em 1980, uma foi achada na ilha Liberty, por ocasião de uma obra. Em 1988, operários consertando cabos acharam outra, essa sob os trilhos do metrô. As mais antigas espécies de ostras são muito anteriores ao homem.

FÓSSEIS DE MINÚSCULAS, quase invisíveis ostras, foram datadas como sendo do período cambriano, há 520 milhões de anos. Durante o período permiano, há 250 milhões de anos, antes do aparecimento de mamíferos ou dinossauros, houve um extenso abalo na vida marinha, que extinguiu milhares de espécies. As ostras, no entanto, não apenas sobreviveram, como se tornaram maiores e mais numerosas. Continuaram a florescer no período cretáceo, a época luxuriante em que os dinossauros desapareceram misteriosamente, de 144 a 65 milhões de anos atrás. Há mais ou menos 65 milhões de anos, quando os humanos começaram a se desenvolver, as ostras também iniciaram sua evolução, originando as espécies que hoje encontramos. Apesar das espécies modernas diferirem significativamente de suas ancestrais, o fóssil de uma ostra pré-histórica é extraordinariamente parecido com a concha de uma ostra contemporânea.

Acredita-se que os viveiros de ostras da área de Nova York e seu componente, a *Crassostrea virginica*, surgiram aproximadamente em 10 mil a.C. A mais antiga concheira atlântica, em Dobbs Ferry, foi datada por carbono como sendo de 6.950 a.C., com margem de erro de 100 anos — muito antes do aparecimento dos Lenape, há 3 mil anos. É a mais antiga prova da existência de humanos no Vale do Hudson. Numerosas outras concheiras foram datadas como muito anteriores aos Lenape, o que significa que foram deixadas por povos mais antigos. Muitas são do tempo dos Lenape. No século XIX, as pessoas ainda continuavam a empilhar conchas de ostras.

Ao longo de mais de um século, desde que as concheiras do Hudson vêm sendo estudadas, os historiadores e os arqueólogos quebram a cabeça querendo resolver um mistério insondável. Apesar de sabermos que, como os Lenape, seus predecessores comiam da enorme variedade de moluscos existentes no vasto estuário do rio Hudson, as concheiras contêm quase que exclusivamente conchas de ostras. Onde estão as conchas de mexilhões e mariscos? Ao mesmo tempo em que valorizavam as ostras como alimento, os Lenape viam os mariscos de conchas duras como moeda, especialmente os grandes, e outros cujo interior é azulado, que os nova-iorquinos chamam de *quahog*. Faziam com suas conchas contas compridas e cilíndricas, azuis e brancas, com um furo ao comprido no centro; não se sabe como conseguiam fazer isso com os instrumentos que possuíam. Enfiavam essas contas e comerciavam com esses cordões. Um cordão com 200 centímetros, de valor considerável, podia ter umas 700 contas. Isso pode explicar o destino das conchas *quahog*, mas não o que aconteceu com as conchas dos mexilhões ou outros moluscos.

Para aumentar a confusão e o mistério, os Lenape enterravam seus mortos, e muitas vezes os cobriam com conchas de ostras. Faziam o mesmo quando enterravam seus cachorros, e inúmeras dessas covas foram encontradas por toda Manhattan, com os animais encurvados até o focinho encostar no rabo e cobertos com conchas de ostras. Teriam um significado religioso? Ou foram colocadas nos túmulos por serem calcárias?

Arqueólogos identificaram dois diferentes tipos de concheiras, que rotularam de depósitos de cozinha e depósitos de processamento. A principal diferença entre as duas é que a concheira identificada como de cozinha contém evidência de ossos, nozes e outros restos de comida, e algumas vezes instrumentos — machados com cabo de madeira e uma pedra na ponta são muito comuns nas concheiras de cozinha de Manhattan —, enquanto a de processamento contém exclusivamente conchas de ostras. Supõe-se que esse tipo de depósito era um local onde as ostras eram conservadas como provisão para o inverno. Os Lenape defumavam e secavam as ostras do mesmo modo que faziam com os peixes. A concheira dita de cozinha, por outro lado, era um local onde, acredita-se, jogavam fora as conchas depois de comer as ostras. Ainda assim, continuamos sem saber o que foi feito das conchas de outros moluscos.

Também não há uma resposta para o fato de comerem tantas ostras. Esses moluscos não são fonte nutritiva eficaz. Cerca de 90 e 95% de seu peso corresponde à concha, que não é comestível; portanto, colher montes de ostras em seus viveiros e carregá-las e abri-las quase não valiam o esforço. Os Lenape recolhiam ostras em suas pirogas, o que deve ter sido o mesmo método usado por seus antecessores, que de algum modo minora o esforço. Talvez para diminuir o trabalho de carregá-las, nenhuma concheira foi encontrada a mais de 50 metros da água. Mas, ainda assim, não era um modo fácil de obter alimento.

Além disso, até a chegada dos europeus, os Lenape não tinham como abrir uma concha de ostra. Nunca ninguém viu um instrumento de pedra capaz dessa tarefa. O pequeno músculo adutor que mantém a concha de uma ostra viva fechada e exerce uma pressão de aproximadamente 10 quilos. Uma das teorias diz que os Lenape devem ter utilizado um instrumento de sílex que podia ser enfiado para dentro da concha, a fim de cortar o músculo adutor. Mas como as conchas nessas pilhas estão quase todas intactas, outra teoria diz que, em vez de forçar, alguma espécie de calor era empregada para matar a ostra, o que relaxaria o músculo. Não é preciso mais do que 48 graus para matar a ostra e depois abrir sua concha. Acredita-se que algumas covas profundas eram usadas para assá-las. Os índios de Nova York ensinaram aos primeiros europeus como envolver as ostras em ervas marinhas ainda úmidas e depois jogá-las sobre carvão em brasa até que se abrissem. Seja como for que conseguiram abri-las, o processamento de ostras é considerado a primeira forma de produção em massa continuada praticada pelos nova-iorquinos.

Mas mesmo admitindo-se o esforço, as ostras não servem como alimento nutritivo. Os nutricionistas modernos estimam que para uma dieta dessa iguaria, com ingestão calórica necessária a uma boa saúde, uma pessoa teria de comer umas 250 ostras por dia. Um pesquisador de nossos dias calculou que para obter o mesmo número de calorias que se obtém comendo um cervo, seria necessário comer 52.267 desse molusco.

Surge uma idéia instigante. É evidente tanto pela lógica quanto pelos resíduos deixados nas concheiras ditas de cozinha que nenhum povo do vale do Hudson vivia com uma dieta baseada principalmente em ostras. Há uma tendência a acreditar que os primeiros seres humanos lutavam por sua sobrevivência e que, portanto, comiam o que fosse nutritivo, facilmente encontrado e explorado. Mas parece que no caso dos ocupantes pré-históricos do baixo Hudson, exatamente como seus sucessores, eles complementavam sua dieta com as ostras servindo de petisco, uma iguaria gastronômica que se comia apenas pelo prazer que isso proporcionava. E essa iguaria era reclamada também para além das áreas próximas aos viveiros. As ostras eram negociadas em permuta com povos do interior, como os Iroquois.

As 52 mil ostras necessárias para igualar um cervo é um cálculo europeu. O cervo europeu é maior do que aquele natural da região de Nova York. A Europa tinha cervos maiores e ostras menores que Nova York. Para calcular o valor nutritivo das ostras nova-iorquinas em comparação com o cervo daquela região, teríamos que saber se as ostras provinham do topo ou do fundo da concheira. É fato conhecido que quanto mais fundo os arqueólogos cavam, maiores são as conchas que encontram. As grandes conchas da base da pilha são mais antigas que as menores do topo, o que demonstra que, contrariando a crença popular, antes da chegada dos europeus, os povos da região já esgotavam os viveiros. As conchas maiores encontradas no fundo, descritas como "ostras gigantes", medem de 20 a 30 centímetros. Isso sugere que os relatos holandeses de ostras medindo o mesmo que um pé eram apenas ligeiramente exagerados.

Essa discrepância entre os tamanhos das ostras no topo ou em baixo da pilha foi o primeiro dos inúmeros alertas sobre a abundância dos viveiros de ostras nova-iorquinas, ignorado pelas "Pessoas Salgadas". A *Crassostrea virginica*, como os peixes, e ao contrário dos humanos, se não for capturada pelo homem ou por predadores, ou morrer de alguma doença, crescerá um pouco a cada ano de sua vida estimada em 12 a 15 anos. Fatores tais como a salinidade e a temperatura da água determinam a velocidade desse crescimento. Mas o fator principal é a idade: durante quanto tempo lhe foi permitido ficar em seu viveiro até ser colhida. Aparentemente, já em milênios distantes, havia uma tendência a colher todas as ostras maiores, mais velhas, e quando não as encontravam mais, passavam às menores, mais jovens. De fato, onde quer que tenham sido encontradas pilhas de conchas de ostras, tanto em Maryland quanto na Dinamarca, por exemplo, notou-se o mesmo fenômeno: as conchas maiores estavam no fundo, indicando que eram as mais valorizadas e, por isso, apanhadas primeiro. Há mesmo um fenômeno pré-histórico mensurável: à medida que a densidade populacional aumentava, o tamanho das ostras diminuía. Essa pouca visão e a atração descontrolada pelo maior parecem ser um traço universal, inerente ao ser humano. Com o passar dos tempos, isso poderia ter levado a uma crise, mas os nova-iorquinos pré-históricos nunca chegaram a exaurir seus viveiros a esse ponto.

CAPÍTULO 2

O monte de adubo "bivalvar"

> Logo que a colônia foi estabelecida, floresceu como uma vinha luxuriante,
> deitando raízes e prosperando extraordinariamente; pois parecia que essa
> ilha triplamente favorecida era como um magnífico monte de adubo,
> onde tudo encontra nutrição generosa e logo cresce
> e se expande até o esplendor.
>
> WASHINGTON IRVING, *A History of New York from the Beginnings
> of the World to the End of Dutch Dynasty*, 1809

Os holandeses que vieram para os Novos Países Baixos se apaixonaram pelo baixo Hudson e principalmente pela ilha de Manhattan. Logo nos primeiros dias no porto, ainda a bordo no *Halve Maen*, começaram a fazer relatórios entusiasmados. Um dos oficiais, Robert Juet, escreveu sobre as flores e a relva "agradáveis", as "belas árvores" e o "cheiro delicioso". No primeiro dia em que circundaram o Sandy Hook e entraram no porto de Nova York, ele anotou em seu diário: "Essa é uma boa terra para se encontrar e muito agradável de ver." O poeta Jacob Steendam, que viveu nos Novos Países Baixos de 1650 a 1660, chamou a região de Éden. Escreveu sobre a "pureza do ar". Muitos outros holandeses e ingleses fizeram comentários semelhantes sobre o ar de Manhattan, observando que logo que o barco rodeava Sandy Hook, o vento soprava uma brisa descrita como deliciosa. Havia um grande debate sobre o que poderia ocasionar esse ar extraordinariamente agradável.

Os holandeses descreviam lindos prados cobertos de relva, bosques, campos de flores selvagens, riachos, uma variedade de aves trinando e cantando, o sabor das nozes nativas, cerejas silvestres, groselhas, amoras, avelãs, maçãs, peras e, especialmente, morangos. Adriaen van der Donck escreveu em seu *Description of New Netherlands*, publicado na metade do século XVII, que as pessoas que viviam à beira-mar não podiam dormir à noite por causa do barulho dos cisnes e outras aves aquáticas. Notou que os perus selvagens eram tão grandes e numerosos "que não deixavam passar a luz do sol". Nicolaes van Wassenaer escreveu: "As aves são tão abundantes nos bosques que o homem mal pode passar por elas, por causa de seus silvos, barulho e matraqueado."

Os rios e riachos tinham tantos peixes — robalo, esturjão, savelha, corvina, carpa, perca, lúcio e truta — que estes podiam ser apanhados com as mãos. Os holandeses se divertiam examinando os peixes que apanhavam, para ver se eram de uma espécie nova, desconhecida. Identificaram 10 espécies conhecidas e batizaram as novas com números. Apelidaram a savelha de *elft*, 11, por ser a décima primeira, o robalo ficou conhecido como *twalft*, 12, e as corvinas como *dertienem*, 13. Como as ostras e numerosos outros alimentos muito valorizados, creditaram ao robalo poderes de estimulação sexual. Assim sendo, o Hudson era um rio com uma seleção de afrodisíacos. Isaack de Rasière, um agente comercial de Nova Amsterdã, escreveu sobre o robalo, em 1620: "Parece que esse peixe os torna (os índios) libidinosos, pois se observa freqüentemente que aqueles que os trazem da pesca, ao voltar, os entregam às mulheres, que esperam por eles ansiosas. Nossa gente confirma isso."

O porto estava abarrotado de robalos, pescada, arenque, cavala, corvina, assim como mamíferos brincalhões — baleias, golfinhos e focas. Ursos, lobos, castores, guaxinins, lontras, alces, cervos e até alguns "leões", com certeza panteras ou leões da montanha, viviam nessa região. Catskill, originalmente chamada de Katzbergs pelos holandeses, foi assim batizada pela enorme quantidade de linces e gatos selvagens.

Jasper Danckaerts, um holandês que viajou por essa região entre 1679 e 1680, escreveu: "É impossível descrever quantos peixes essa baía abriga — grandes e pequenos — baleias, atuns, golfinhos, cardumes de inumeráveis outros peixes, que as águias e outras aves de rapina capturam velozmente com suas garras, quando o peixe vem à tona."

Os tamanhos eram enormes. Juet relatou a respeito da primeira manhã de pescaria — não se tem muita certeza se seu barco ancorou na altura de Sandy Hook ou a estibordo em Coney Island — que com a rede pescaram "10 grandes tainhas, de cerca de 50 centímetros cada, e uma arraia que necessitou de quatro homens para ser trazida para o barco". De acordo com van der Donck, as peras eram do tamanho de um punho, os perus pesavam 18 quilos, as lagostas mediam 1,80 metro e as ostras uns 30 centímetros. Van der Donck assegurou aos holandeses que "há pessoas que pensam que os animais deste país com o tempo serão exterminados, mas creio que isso é uma ansiedade desnecessária".

A maioria das descrições que os europeus faziam da América do Norte compartilhava desse entusiasmo, mas também havia, sem dúvida, uma tendência à hipérbole. Washington Irving chama a atenção para relatos de unicórnios, e o missionário Hans Megapolensis descreveu uma tartaruga quadrúpede com duas cabeças. Apesar de os holandeses repetidamente afirmarem que havia salmão no rio Hudson, isso deve ser algum equívoco, pois nunca se viu tal peixe no Hudson. Algumas dessas notícias talvez se devam a erros de tradução das palavras holandesas *salm* e *salmpie*, que podem se referir à trutas. Mas mesmo Robert Juet, um inglês, relatou ter visto salmão no porto, talvez identificando mal o robalo. A maior parte das narrativas exuberantes sobre a natureza fecunda da América do Norte era provavelmente verdadeira, inclusive as extasiadas descrições da ilha de Manhattan, seus riachos, prados e pântanos. Qualquer nova-iorquino de nossos dias já comprovou como a natureza retoma um terreno baldio em plena cidade de Nova York. O sul de Manhattan era um conjunto de terras alagadas e verdejantes que os Mohawk chamavam de Gänóno, cheias de juncos, habitadas por pássaros e seres marinhos. Um pântano salgado se estendia até onde hoje fica Rivington Street. Mais ou menos onde hoje a Center Street corta a White Street, um riacho nascia em Kalck Pond e se voltava para noroeste, correndo por onde hoje é a Canal Street e atravessando um campo relvado até alcançar o Hudson. Um segundo riacho fluía para o East River. Na época de chuvas pesadas, esses dois riachos cortavam a ilha em duas partes. Outro riacho, menor, corria por onde hoje é o lado oeste de Times Square, indo desaguar no Hudson. Minetta Brook, regato batizado com a palavra holandesa para "pequeno", que passava por onde hoje encontramos Greenwich Village, também era conhecido por suas trutas. Teawater Spring, que alimentava Kalck Pond, era conhecida por sua deliciosa água potável. O pântano onde hoje fica Washington Square era famoso pelos patos. Os primeiros europeus sempre louvaram a riqueza natural do local, e em suas descrições poéticas sempre incluíram as ostras.

Os colonos escreveram sobre como as ostras eram boas para cozinhar ou fritar e que "como cada uma enche uma colher, é um bom bocado". Estavam sempre se referindo ao tamanho das ostras e um deles acrescentou que às vezes encontravam umas "contendo uma pequena pérola", o que é difícil de acreditar, já que a *Crassiostrea virginica* não é da espécie que produz pérolas.

NA HOLANDA, apesar de todas essas descrições líricas, Nova Amsterdã era vista mesmo como uma oportunidade de negócios. Quando Henry Hudson retornou, comerciantes holandeses visitaram a costa perto da foz do Hudson, o que originou a formação da Companhia dos Novos Países Baixos, em 1614. Os estatutos privilegiavam alguns mercadores, excluindo outros. Isso incluía o direito exclusivo de fazer quatro viagens num prazo de três anos, a partir de janeiro de 1615, para as terras novas situadas entre 40 e 45 graus de latitude, e que, pela primeira vez, eram chamadas de "Novos Países Baixos".

O objetivo era o comércio e não a colonização, o que explica os prazos curtos no contrato. Mas as viagens continuaram após os contratos expirarem e, em 3 de junho de 1621, foi criada a Companhia das Índias Ocidentais, uma idéia proposta pela primeira vez por Willem Usselinx, em 1529. Foi-lhe dado o monopólio das viagens para a costa das Américas do Norte e do Sul, para a costa ocidental da África desde o Trópico de Câncer até o Cabo da Boa Esperança, para todas as ilhas e localidades a oeste da ponta oriental da Nova Guiné, durante 24 anos. Dentro dessas fronteiras, a companhia tinha o direito de negociar alianças com líderes locais, estabelecer colônias, nomear e dispensar governadores e outros funcionários, administrar sua própria justiça e promover a colonização. Mas o governador não era um chefe de governo no sentido inglês ou francês. Era um funcionário que tomava decisões baseado nas necessidades da companhia. Não havia governo no sentido estrito do termo. Qualquer um que quisesse se estabelecer nos Novos Países Baixos se colocava sob a autoridade absoluta da companhia.

O interesse da companhia era fazer lucro, mas o governo da Holanda, que a garantira por decreto, também tinha um objetivo político. Em 1562, os holandeses começaram a lutar, contra os espanhóis, por sua independência, sob cujo domínio estavam há um século. Em 1618, o ano marcado para o término dos contratos da Companhia dos Novos Países Baixos, os holandeses iniciavam a fase final de sua luta pela independência, conhecida como a Guerra dos Trinta Anos, que durou, como o nome indica, até 1648.

Em 1621, quando o governo holandês concedeu a licença para a Companhia das Índias Ocidentais, a idéia fundamental era atacar a Espanha, as colônias espanholas e o maior número possível de navios espanhóis. Isso afastou os investidores. Então o contrato passou a incluir as minas de sal de Punto del Rey, o que atraiu os comerciantes que tinham interesse no comércio do arenque holandês. Assim mesmo, não atraiu grandes investimentos.

Os Novos Países Baixos, distantes do centro da assim chamada América Espanhola — as terras que a Espanha ocupava nas Américas, principalmente o litoral, do Panamá ao rio Orinoco, a costa caribenha da América do Sul —, tiveram um impacto limitado na guerra contra a Espanha. Mas esse Éden cercado de água parecia possuir riquezas, e a missão da companhia nas terras novas era explorar seus recursos. Lembraram-se do que Verrazano especulara a respeito da região: "deve conter grandes riquezas, já que as colinas mostram muitos indícios de minerais".

A maior parte dos registros da Companhia Holandesa das Índias Ocidentais, inclusive o diário de bordo de Henry Hudson, desapareceu numa série de incêndios e outras desgraças, e o pouco que sobrou, nas mãos do governo holandês, foi vendido em hasta pública. Os nova-iorquinos só vieram a tomar conhecimento dessa perda 20 anos mais tarde, quando o poder legislativo mandou buscar os registros para refutar o retrato depreciativo que Washington Irving fez dos colonos holandeses, a quem chamou de administradores preguiçosos e incompetentes. "Como a maior parte dos membros do Conselho era pouco capacitada em diferenciar cabos de panelas de cabides", Irving escreveu, "eles determinaram, muito sensatamente, não confundir a si mesmos ou a posteridade, com registros muito volumosos."

Os poucos registros encontrados mostram que, acima de tudo, o interesse dos holandeses nos Novos Países Baixos se resumia à pele dos castores e outros animais. A pele dos castores, o segundo maior roedor depois da capivara, foi, de 1550 a 1850, a mais valiosa de todas. Era usada principalmente em chapéus, e os russos, que sempre foram os maiores fornecedores, tinham se dedicado a essa indústria com tanto empenho que na aurora dos Novos Países Baixos esses roedores estavam quase extintos na Rússia e na Escandinávia. Os europeus ocidentais, ao tentar competir com os russos, acabaram por extinguir completamente seus castores. A indústria de chapéus de castor só pôde continuar graças às peles norte-americanas. Os franceses continuaram a fabricar esses chapéus graças aos castores canadenses, e então chegou a vez dos holandeses. Van der Donck estimou, em meados do século, que 80 mil castores eram mortos a cada ano.

Somente os russos sabiam remover os pêlos mais grossos do couro dos bichos. Mas como esses pêlos se desgastavam após um ano de uso, a pele de castor mais procurada, conhecida como casaco de castor, era a que já havia sido usada durante um ano por um índio. Por isso peles não usadas, ainda não tratadas, só podiam ser vendidas para os russos, até que os ocidentais, no final do século XVII, depois da queda dos Novos Países Baixos, aprenderam a técnica de arrancar aqueles pêlos com o polegar e a lâmina de uma faca.

Os Novos Países Baixos incluíam toda a terra dos Lenape, *Lenepeboking*, do South River — o Delaware — ao North River — o Hudson; seu domínio ia de Albany, ao Norte, onde os holandeses levantaram os Fortes Orange e Rensselaer, até Fresh River — o Connecticut —, onde ergueram uma colônia na atual Hartford. A capital, Nova Amsterdã, na parte sul de Manhattan, era, para um povo que vivia do mar, a perfeição em matéria de terras para morar, com sua costa de mais de mil quilômetros de extensão e um porto inteiramente defensável, num rio imenso. Um navio podia navegar através dos Narrows, saindo da baía inferior que contorna Sandy Hook, e seguir a linha da costa até a foz do Delaware e depois subir para onde hoje está a Filadélfia. Também podia seguir pelo Newark ou Raritan acima, até a atual Nova Jersey. Ou se dirigir para Leste deixando o porto e margeando o litoral sul de Long Island, entrar no mar e atravessar o Atlântico. Podia navegar pelo Hudson acima até Albany; subir o East River até o canal de Long Island; subir o rio Connecticut até Hartford ou ir mais além, cortando o coração da Nova Inglaterra.

Em 1623, um navio carregado de colonos partiu para os Novos Países Baixos — duas famílias e seis homens para o rio Connecticut, duas famílias e oito homens para o rio Delaware, oito homens para Nova Amsterdã; os demais seguiram rio acima para o Forte Orange, hoje Albany, que era considerada a parte mais importante do território porque era onde as peles podiam ser negociadas com os índios. Catelina Trico, uma das colonas que se dirigiram ao Forte Orange, escreveu, anos mais tarde, que os índios eram "silenciosos como cordeiros, vinham e negociavam com uma liberdade inacreditável".

Em 1624, os Regulamentos Temporários da Companhia das Índias Ocidentais determinavam que os colonos podiam fazer negócios mais para o interior do país, desde que vendessem tudo que comprassem para seus agentes. Também eram livres para caçar animais, inclusive aves, e pescar, mas "todos os minerais, recentemente descobertos, ou as ainda-a-ser-descobertas minas de ouro, prata, ou qualquer outro metal, assim como pedras preciosas, tais como diamantes, rubis e similares, bem como a pesca de pérolas, só podem ser explorados por homens da Companhia. Mas a qualquer um que descubra o acima mencionado lhe será assegurado, e a seus herdeiros, um décimo do que for obtido nas transações, durante os primeiros seis anos".

Os colonos "não permitirão a nenhum estranho (subentendem-se todas as pessoas fora da jurisdição da Companhia ou seus comissários) que venham até suas margens fazer qualquer comércio..." Também tinham que prestar juramento sobre qualquer coisa que viessem a saber sobre o funcionamento interno da companhia e se comprometer a ficar durante seis anos onde houvessem sido mandados por ela, e plantar aquilo que fosse determinado. Também lhes era exigido, sob a ameaça de "serem rigorosamente punidos", que honrassem qualquer acordo feito com um índio.

Não admira que a companhia enfatizasse o comércio de peles. Apesar de nunca terem podido embarcar peles em quantidade suficiente para realizar os lucros que sonharam, ao menos as peles eram reais e tinham valor. Ouro, prata, diamantes, pedras preciosas, eram uma fantasia. Quanto à "indústria de pérolas", foi um enorme equívoco biológico que perdura até nossos dias. Os holandeses tinham ouvido falar nos formidáveis viveiros de ostras em todo o imenso estuário. Foi uma ótima notícia, pois suas atividades perlíferas no Brasil e na Ásia eram tão lucrativas que a palavra *pérola* era quase sinônimo de riqueza, motivo pelo qual toda cidade holandesa tem uma Pearl Street. As ostras eram abundantes no baixo Hudson. E, como quase todo mundo sabe, as pérolas vêm das ostras.

O problema estava em que não era bem assim.

Se qualquer partícula estranha, alguma coisa indigerível, é sugada por uma Óstrea, a verdadeira ostra, o molusco imediatamente a expulsará. Em apenas alguns casos, uma camada formada por uma substância cinzenta cobrirá essa partícula, formando uma esfera irregular. Muitos cronistas da época se queixavam das pérolas "amarronzadas". Van der Donck escreveu sobre as ostras locais:

> Algumas são como as ostras de Colchester, e são próprias para serem comidas cruas; outras são enormes, e nelas freqüentemente são achadas pérolas, mas, como têm uma cor amarronzada, não são valiosas.

Lustrosas, luminosas, valiosas, são as pérolas encontradas em um animal conhecido como ostra perlífera, cujo nome em biologia é *Meleagrina* ou *Pintada*. Apesar de ser um bivalve cuja concha é fisicamente parecida com a de uma ostra — a perlífera — e mais comumente encontrada em águas tropicais, pertence à família Pteridae e não à família Ostreidae. Por mais mínima que seja a partícula de alimento — e não um grão de areia, como popularmente se diz — aprisionada pela concha de uma Pteridae, o molusco criará uma camada de cristal de carbonato de cálcio chamada aragonita, e de uma proteína, a perlucina, as duas substâncias que utiliza para criar sua concha. Essas duas matérias, ao envolver a partícula, transformam-se no nácar, ou madrepérola.

A ostra perlífera e suas parentes da família Pteridae são mais próximas dos mexilhões que das ostras. Elas se fixam aos objetos por um fio que produzem e estendem, igual ao mexilhão, e não ao secretar uma substância expelida pela valva inferior, como a verdadeira ostra faz.

ENTÃO OS FAMOSOS mercadores holandeses se decepcionaram com esse recém-descoberto tesouro de ostras. Mariscos de concha dura eram mais valiosos para os holandeses, apesar de eles preferirem ostras. As conchas dos mariscos eram dinheiro. Os holandeses adotaram a moeda de troca dos Lenape, e com ela comerciavam com todas as tribos americanas; com sovelas e furadores de metal, podiam fazer os *wampum*, isto é, as contas de conchas, muito mais eficazmente do que as pessoas que as tinham inventado. Era só o caso de apanhar as conchas e modelá-las, o que custava pouco material ou trabalho para os holandeses. Alguns *wampum* eram feitos com conchas de caracol. Usavam os detidos nas prisões e asilos para fazer os *wampum* ou para enfiar em cordões as contas feitas pelos índios; com o tempo, passaram a suspeitar que a companhia estivesse prendendo ou internando pessoas para que pudessem ter uma boa equipe de fazedores de *wampum*. Mas os índios do lado oeste de Long Island eram considerados os melhores criadores de *wampum*. Os holandeses mostraram seu tino econômico ao regular o valor dos *wampum* e o preço das peles. Apesar de nunca terem podido controlar sua "base monetária" — a quantidade de *wampum* em circulação —, eles desvalorizavam e elevavam o seu valor em relação ao florin como se fosse uma moeda regular, bem como também fixavam o preço das peles. Desse jeito, podiam manter o preço de modo que induzissem os índios a fornecer as peles e ainda assim conservá-lo baixo, enquanto na Europa esse preço só fazia subir.

Isaack de Rasière veio para os Novos Países Baixos em 1626, aos 30 anos, como principal agente comercial da Companhia das Índias Ocidentais e secretário da província. Pouco depois de chegar, escreveu uma carta para a Câmara de Comércio de Amsterdã na qual observou que os índios aliados aos franceses "vêm, até nós, com o único propósito de conseguir *wampum*, o que os franceses não podem conseguir, a não ser que façam escambo com nossos nativos ao Norte, tal como os Brownists[5] (os puritanos) de Plymouth, que vêm para perto daqui para trocar o que produzem por *wampum*". Os holandeses se puseram na posição invejosa de serem os principais produtores da moeda para comerciar.

APÓS SUA CHEGADA à Nova Amsterdã em abril de 1628, o reverendo Jonas Michaëlius, o primeiro-ministro da Igreja Reformada Holandesa a ir para a América, escreveu sobre "grandes quantidades de conchas de ostras sendo queimadas para a obtenção de cal em pasta". Mas as ostras eram consideradas menos um recurso lucrativo que um dos prazeres deste Éden.

Os holandeses, como os ingleses e os franceses, eram formidáveis apreciadores de ostras. Mexilhões e ostras eram componentes essenciais da cozinha holandesa e um tema comum nas grandes naturezas-mortas pintadas na Holanda do século XVII, com sua composição complexa e luminosidade suave. Os holandeses inventaram o termo *stilleven*, objetos inanimados, vida imóvel, natureza morta. As ostras não estão apenas presentes onde seria lógico esperar por elas, tal como em uma bandeja de ostras abertas numa natureza-morta pintada por um anônimo e intitulada *Preparativos para um banquete*; a natureza-morta assinada por Clara Peeters, com ostras, bacalhau, camarões e lagostins; *A mesa de peixes para o almoço*, de Jacob Foppens van Es; *Preparação para uma refeição*, de Abraham van Beyeren, com vísceras de boi penduradas pela traquéia, um galo depenado, e ostras abertas e fechadas; *O peixeiro*, de Frans Snyders; ou a natureza-morta de Joris van Son,

---

[5]Seguidores de Robert Browne, líder protestante, nascido na Inglaterra por volta de 1550, e que emigrou para a Holanda em 1581. (*N. da T.*)

com frutos do mar representando a água. Mas as ostras apareciam de forma curiosa em pinturas sobre outros temas, tal como na natureza-morta de Jan van Kessel, com frutas e ostras abertas, num quadro de Clara Peeters, com doces, biscoitos e ostras abertas, ou na *Natureza-morta com copos e ostras* de Jan Davids de Heen. Todas essas pinturas foram feitas durante o tempo dos Novos Países Baixos. A Pátria Mãe gostava muito de ostras.

O único livro de culinária holandesa do século XVII, conhecido, *De Verstandige Kock, The Sensible Cook*, foi publicado na Holanda pela primeira vez em 1667, sem o nome do autor. Apesar de só ter aparecido alguns anos depois de os ingleses já terem tomado posse dos Novos Países Baixos, a população ainda era majoritariamente holandesa e acredita-se que o livro, que evidentemente atravessou o Atlântico, repercutiu e influenciou a cozinha dos holandeses na América.

Rechear um capão ou galinha com ostras e assar

Pegue um bom capão limpo por dentro, depois ostras; esmague bem fina farinha de rosca, pimenta, casca da noz-moscada ralada, noz-moscada, uma fina e pequena fatia ou três limões frescos, misture tudo recheie (o bicho) com isso. Quando estiver assado usa-se para o molho nada além da gordura na panela. É considerado bom (desse jeito).

DE VERSTANDIGE KOCK
Ed. 1683, traduzido para o inglês por Peter G. Rose

Os colonos dos Novos Países Baixos tentaram conservar sua cozinha tradicional. Domesticaram o gado, para ter carne, que era popular na Holanda depois de ter sido importada da Dinamarca no século XVI. Com o gado vieram os produtos leiteiros porque os holandeses do século XVI amavam queijo e manteiga. Desconfiavam do leite, que fermentava rapidamente, e recomendavam que, após beber leite, a pessoa enxaguasse a boca com mel. Também criavam porcos e galinhas, antigos recursos da cozinha holandesa. Criavam seus animais segundo o estilo inglês, gado menor, mais fácil de manter, enquanto na Holanda, preferiam gado e porcos bem grandes.

Os colonos também adquiriram o hábito local de comer caça, comida de aristocratas na Holanda. Análise de ossos de restos das cozinhas mostra que nos primeiros anos, tanto no Forte Orange quanto em Nova Amsterdã, uma grande proporção da carne consumida era de cervo. Isso sugere que apesar de tentar comer como holandeses, eles também se aproveitavam, especialmente no início, dos abundantes produtos de seu novo Éden. Trigo, sempre escasso na Holanda e importado, ali crescia generosamente e, junto às peles, era o artigo mais exportado do alto Hudson. Os colonos se tornaram padeiros entusiasmados, mas a companhia, sempre atenta à necessidade de trigo na terra natal, ficou preocupada por achar que muitos pães diminuiriam a oferta de trigo. Em Forte Orange, a companhia declarou ilegal vender pão ou biscoitos aos índios. Um homem foi multado por que um índio foi visto saindo de sua casa com um pão doce.

Os holandeses do século XVII eram famosos em toda a Europa por seus legumes, e os primeiros colonos de Nova Amsterdã logo plantaram ervas e legumes. Cominho, cenoura, beterraba, assim como alface e repolho, e alecrim, cebolinha, salsa e estragão, tornaram-se, em Nova Amsterdã, essenciais na cozinha. Mas percebe-se a influência nativa no uso difundido de milho, abóbora e feijões.

Os holandeses bebiam cerveja, acreditando que era mais seguro que leite ou água fresca, porque a água era fervida durante o processo de fermentação. Os habitantes dos Novos Países Baixos, ao contrário de outras colônias americanas, não eram puritanos, e bebiam à vontade e pesado. Uma das primeiras cervejarias americanas foi erguida em Nova Amsterdã no lado norte da Bridge Street, entre as atuais Whitehall e Broad.

A primeira taverna de Nova Amsterdã, Stadt Herbergh, Taverna da Cidade, foi construída em 1641. Era um dos mais belos prédios do lugar, com dois andares e vista para o East River. Tinha um porão, o que não era comum à época, e foi a precursora de uma antiga tradição nova-iorquina — os estabelecimentos para comer e beber, instalados em caves. No século XIX, tais locais para refeição ficaram associados a ostras e conhecidos como caves de ostras.

O lado norte da Pearl Street, entre Whitehall e Broad, começou a ser conhecido pelas tavernas que ofereciam boa comida, cerveja da casa e ostras. A especialidade exótica local era a tartaruga de água doce, única entre as tartarugas, pois vive nas mesmas águas salobras das marés onde estão as ostras e os mariscos, de que se nutre. Apesar de essa especialidade local figurar em receitas elaboradas, à base de vinho, nos cardápios dos famosos restaurantes de Nova York no século XIX, foi criação original dessas primeiras tavernas, preparadas à moda nativa americana, assadas inteiras sobre uma fogueira.

Ao contrário dos ingleses da Nova Inglaterra, os nova-iorquinos não desenvolveram a pesca em alto-mar até a década de 1760. Isso talvez se deva ao fato de terem tanta comida ao seu dispor naquelas águas calmas e rasas. Não tinham o bacalhau e o arenque da Holanda, mas os rios eram fartos em savelhas e esturjões, e qualquer um podia pescar com anzol nas praias de Manhattan e acabar pegando um robalo.

O estuário do baixo Hudson tinha 906 km² de viveiros de ostras. Eles ficavam ao longo da costa do Brooklyn e de Queens, na baía Jamaica, no East River, em todo o litoral de Manhattan, enfiados em muitas grutas de uma linha costeira muito mais acidentada do que hoje, devido aos inúmeros aterros. Os viveiros também prosperavam por todo o Hudson até Ossining, e ao longo do rio Jersey até Keyport, nos rios Keyport, Raritan e Hackensack, em muitos arrecifes ao largo das ilhas Staten, City, Liberty e Ellis. Os holandeses chamavam as ilhas Ellis e Liberty de ilha das Ostras Pequenas e ilha das Ostras Grandes, por causa dos viveiros naturais que se estendiam ao longo de suas costas. De acordo com a estimativa de alguns biólogos, o porto de Nova York continha seguramente metade das ostras do mundo.

Ninguém da região precisava viajar para longe para alcançar as águas pouco profundas e pegar ostras como se pega fruta madura no pé. O incidente a seguir, registrado, sugere a colheita acidental. Em 29 de dezembro de 1656, um grupo de holandeses deixou o Forte Amsterdã para viajar de canoa até a atual Westchester, possivelmente New Rochelle. Em Hell Gate, na curva onde as águas agitadas do East River encontram o canal de Long Island, há rochas traiçoeiras que eles não ousavam ultrapassar na maré baixa. Atracaram ao largo de uma praia de Manhattan, num local hoje sob a ponte Triboro, e, enquanto aguardavam a maré subir, apanharam umas ostras para comer.

Washington Irving, em seu livro *A History of New York from Beginnigs of History to the End of the Dutch Dynasty*, de 1809, onde narra os tempos dos holandeses com certa provocação, também se refere a essa espécie de passatempo numa história sobre um naufrágio em Hell Gate, e situa os sobreviventes na costa de Mana-hata:

> As provisões que as boas donas de casa de Communipaw tinham arrumado para a viagem estavam quase no fim, mas, ao olhar em volta, o comandante reparou que a costa abundava em ostras. Imediatamente coletaram uma grande quantidade; fizeram uma fogueira ao pé de uma árvore; toda a tripulação se encarregou de assar, ferver, cozinhar e fritar, e um suntuoso repasto foi apresentado. Acredita-se que essa é a origem de todas aquelas festas cívicas, nas quais, até os dias de hoje, celebramos nossos assuntos públicos, e nos quais a ostra tem um papel importante.

Os europeus adotaram o hábito indígena de designar essa colheita casual, trazer ostras para o jantar, como tarefa de mulher. Em 1634, esse poema de William Wood foi publicado em Londres:

> The luscious lobster, with crab-fish raw,
>   The brinish oyster, mussels, perriwigge,
> And tortoise sought by the Indian Squaw,
>   Which to the flats dance many a winter's jigge,
> To dive for cockles and to dig for clams,
>   Whereby her lazy husbands guts she crams.[6]

---

[6] A lagosta suculenta, com caranguejos crus,/ A ostra salgada, mexilhões, *perriwigge* (peruca),/ E tartaruga trazida pela mulher do Chefe Índio,/ Que no terreiro dançava muitas gigas no inverno,/ Mergulhava para pegar conchinhas e cavar mariscos,/ Com as quais saciava seu marido preguiçoso. (Tradução livre. N. da T.)

As ostras também eram colhidas comercialmente e servidas nas tavernas. Em um diário de 1621, alguém se queixa de que "ostras muito grandes" eram apanhadas com tanta facilidade na costa, que era difícil encontrar comprador em Nova Amsterdã. Um colono da região se referiu às "ostras apanhadas antes de construir nosso forte... algumas tão grandes que tinham que ser cortadas em dois ou três pedaços". Os colonos de Nova Amsterdã pegaram tantas ostras numa beira-mar próxima, que em 1658 o conselho holandês publicou uma regulamentação contra a colheita de ostras nos dois rios que iam dar na costa mais próxima da cidade. Isso significava terem que remar até uma das duas ilhas para poder apanhá-las.

Lá no alto Hudson, na região de Forte Orange, uma área sem ostras, era um grande prazer para os holandeses, amantes de ostras, receber um carregamento enviado por um parente ou amigo de Nova Amsterdã. Maria van Rensselaer, nascida em Cortlandt no dia 20 de julho de 1645, foi uma das primeiras nova-iorquinas de origem européia — acredita-se que a filha de Catalina Trico, Sarah, foi a primeira. Ao completar 16 anos, Maria se casou com Jeremias van Rensselaer, diretor da colônia Rensselaerwyk, perto de Albany, uma colônia dentro da colônia cujo comércio de peles e trigo a fez mais próspera do que Nova Amsterdã. Uma extraordinária mulher do século XVII, ela administrou a Rensselaerwyk sozinha, após a morte do marido. Nas cartas que deixou, há inúmeros agradecimentos às ostras que recebia. Ela enviava maçãs para seu irmão em Nova Amsterdã, e ele enviava ostras de Nova York para ela.

A NAÇÃO LENAPE CONTINUOU a apreciar e negociar ostras. Fizeram facas com as conchas, provavelmente para raspar o couro ao negociar peles com as Pessoas Salgadas. Hudson observou que os índios "mataram um cachorro gordo e o esfolaram rapidamente com conchas que tiraram das águas". Mas os poucos registros holandeses a respeito do assunto mostram que essas facas eram utilizadas para outras coisas. Houve uma queixa contra um holandês que dava álcool para os índios, um dos quais, embriagado, cortou alguém com uma faca feita de concha de ostra. Em outro incidente, um Lenape torturou um holandês aprisionado por eles, cortando diversos de seus dedos com uma dessas facas.

As relações não andavam nada boas entre o Povo Lenape e as Pessoas Salgadas. Na verdade, apesar de todos os relatórios sobre a cordialidade e comércio fácil, desde o início a relação fora difícil. No terceiro dia de Hudson em Staten Island, um dia após prósperas negociações, estourou um conflito ocasionado pela morte do suboficial John Coleman, que, chefiando um grupo desembarcado, foi ferido e morto por uma flechada na garganta. Hudson recuou para Sandy Hook, segundo muitos pesquisadores, mas, de acordo com uma lenda do Brooklyn, ele atravessou o porto indo ancorar em segurança numa baía pequena e estreita, hoje conhecida como baía Gravesend. A faixa montanhosa de terra ao longo dessa baía, que tinha uns 8 quilômetros de comprimento e uns 800 metros em sua parte mais larga, era abarrotada de coelhos selvagens ou lebres. O nome Coney Island[7] pode ter surgido dessa associação, como pode também ser uma homenagem a Coleman. Uma terceira teoria diz que recebeu esse nome pelo fato de um holandês chamado Cnyn ter se estabelecido ali. Quando os holandeses chegaram, Coney Island era a principal localidade usada pela nação Canarsee para fazer seus *wampum*.

À parte seu amor pelas ostras e uma inclinação para o comércio, os Lenape e as Pessoas Salgadas pouco tinham em comum. Os Lenape nunca chegaram a compreender que as Pessoas Salgadas viviam sob regras completamente diferentes das deles. Essa incapacidade em compreender o invasor e de não captar por completo seu desejo de conquista do poder logo veio a ser o fim da Nação Lenape.

Nada descreve melhor a falta de entendimento entre os dois grupos do que a célebre "venda" de Manhattan. Talvez porque nenhuma outra história encante tanto a imaginação do nova-iorquino do que esse relato de uma barganha imobiliária, o fato mais célebre da pouco conhecida história dos

---

[7]*Coney*, derivado de *conies*, nome dado a uma espécie de coelho. (N. da T.)

Novos Países Baixos, que é a compra feita por Peter Minuit, em 1626, logo após desembarcar como diretor-geral dos Novos Países Baixos: ele comprou dos índios, por 24 dólares, a ilha de Manhattan. Essa cifra, que permanece a mesma através de séculos de flutuação do dólar, parece um cálculo duvidoso. Uma quantidade de panos, *wampum*, anzóis, machadinhas, e outros bens, foi entregue aos chefes Lenape da nação conhecida como Confederação Wappinger. Não há documentos que comprovem os bens incluídos no negócio. São muitas as descrições de "contas e bugigangas", mas algumas contas serviam como moeda, e objetos de metal ou vidro eram muito valiosos para uma sociedade que não os fabricava. Em 1626, um holandês calculou o valor dos bens entregues "aos selvagens" como sendo 60 florins holandeses, em valores de 1626. Mas itens como *wampum* e anzóis de ferro valiam muito mais para os Lenape do que para os europeus, assim como castor e outras peles valiam muito mais para os europeus. Em 1846, um historiador de Nova York calculou que 60 florins holandeses, em valores de 1626, valiam 24 dólares americanos em 1846.

Os termos do acordo também geraram avaliações diferentes dos dois lados. Minuit pensava ter comprado a terra e ergueu assentamentos em grande parte da ilha. Mas na cultura Lenape, assim como na maioria das culturas indígenas norte-americanas, o conceito de posse da terra não existia. A terra era usada e uma tribo podia negociar com outra os direitos sobre o seu uso. A terra foi criada por Deus e não podia pertencer a ninguém, da mesma forma que ninguém pode comprar um pedaço do oceano, dizer que é dono do céu ou adquirir uma estrela. Talvez seja esse o motivo dos Lenape, apesar de terem seus surtos de violência, nunca terem se engajado em guerras do tipo das européias. A Confederação Wappinger aceitou o tributo dos europeus em troca de seu pedido para usar a terra. Isso significava que os Wappinger defenderiam o direito dos holandeses de usarem a terra. Para eles, era um tratado, uma aliança. Os índios viviam em numerosos grupos, sempre competindo entre si, e as alianças facilitavam seu modo de vida.

Outras vendas se seguiram. Em 1630, Minuit comprou Staten Island dos Tappan por pedacinhos de metal perfurados, *wampum*, e machados.

Algumas harpas judias também fizeram parte do acordo. Kiliaen van Rensselaer comprou mil acres perto de Forte Orange e lá estabeleceu a Rensselaerwyk. No mesmo ano, 1630, uma ilha conhecida em Lenape como Kioshk ou Gull Island, foi comprada pelos holandeses e rebatizada ilha das Ostras Pequenas. No século XVIII, receberia o nome de seu proprietário de então, Samuel Ellis. Em 1652, os holandeses compraram dos Nyacks várias partes do Brooklyn, inclusive a que hoje conhecemos como Bay Ridge. Uma colônia foi erguida nos bosques do Brooklyn chamados *Vlackebos*, palavra holandesa para "planície coberta de árvores". O nome acabaria sendo pronunciado pelos ingleses como "Flatbush". Ao todo, 22 vendas iguais foram negociadas, a última em 1684, entre os ingleses e a nação Canarsee, que envolveu uma parte do Brooklyn.

Os europeus acreditavam na necessidade de um recibo de compra e venda para tomar posse, e eram extremamente escrupulosos a esse respeito. Só após ter "comprado" Manhattan, Peter Minuit começou a erguer a colônia de Nova Amsterdã, que seria a futura capital dos Novos Países Baixos, com suas 30 casas de madeira e um prédio mais sólido para o quartel-general da companhia. Dois moinhos de vento na ponta da ilha movimentavam uma serraria. Construíram canais também e começaram a erguer uma pequena Amsterdã.

Mas observaram um fenômeno estranho e não estavam certos de como deveriam reagir. Depois da venda, os vendedores não foram embora. Manhattan continuou a ter uma grande população de Lenape e muitos visitantes temporários, que acampavam onde estavam acostumados e caçavam em suas florestas e pântanos, pescavam em seus rios e riachos e colhiam ostras.

A COMPANHIA HOLANDESA das Índias Ocidentais sempre viu as relações com os índios como da maior importância. Isaack de Rasière, agente da companhia, escreveu, em 1626, em uma carta para Amsterdã: "Acho importante que os índios sejam bem tratados, cada qual de acordo com sua disposição e situação, e quando duas nações estiverem presentes, que não se trate melhor um chefe que outro." Promulgaram leis tornando ilegal fraudar ou, por qualquer outro meio, destratar os índios.

Por trás da maioria das guerras há desentendimentos culturais. Os holandeses sabiam que não compreendiam os nativos. Em 1611, os capitães holandeses Adrieaen Block e Hendrick Christeaensen levaram de volta para a Holanda, como matéria de estudo, dois índios que tinham rebatizado de Orson e Valentine.

Parece que aprenderam muito pouco com Orson e Valentine. Avaliações erradas deram origem a vários incidentes. Em 1626, no mesmo ano em que Manhattan foi "vendida", um pequeno grupo de Wieckquaesgeck, do local hoje conhecido como Dobbs Ferry, viajava para Nova Amsterdã a fim de vender suas peles. Ao se aproximarem de Kalck Pond, a lagoa ao norte da cidade, um grupo de europeus os atacou, matou e vendeu as peles. O número exato de mortos não é conhecido, mas sabe-se que apenas um menino pequeno, sobrinho de uma das vítimas, escapou.

De acordo com a lei Lenape, o menino, quando atingisse a idade adulta, teria que vingar a morte do tio. Ele esperou 15 anos. As Pessoas Salgadas cresciam em número e tomavam conta de tudo. Os holandeses não tinham se estabelecido só em Manhattan, mas nesses 15 anos se espalharam por Staten Island e pelo Brooklyn. Não dominavam somente o North River, atual Hudson, e sua conexão com o Forte Orange, como começavam a se apossar do East River também. Apesar de nenhum píer ter sido construído no East River até 1648, eles iniciaram um serviço de transporte por barcos entre a Pearl Street e a Fulton, no Brooklyn. Para os Lenape interessados nesses detalhes, não eram só os holandeses que entravam em suas terras. Em 1642, os holandeses permitiram um assentamento inglês, Newton, onde hoje é o Queens, enquanto no Leste, Norte e Sul de Lenapehoking, a terra dos Lenape, os ingleses, os suecos e os franceses começavam a se instalar.

Após 15 anos, em agosto de 1641, o garoto, agora com 27 anos, cumpriu sua obrigação.

Claes Swits era muito conhecido por todos os europeus de Nova Amsterdã como um velho e tagarela carpinteiro de rodas. Sua nacionalidade é incerta. Lá pelos anos de 1640, muitos diferentes tipos de colonos viviam em

Nova Amsterdã, inclusive católicos, quakers, batistas e judeus. Havia holandeses, ingleses, dinamarqueses, franceses, suecos, poloneses e africanos — tanto escravos, quanto homens livres. No entanto, na maioria dos casos, parecia haver somente dois grupos: índios e colonos.

Swits arrendava 200 acres no que é hoje conhecido como Harlem, para cultivar trigo e pasto para o gado; em pagamento anual, dava metade dos grãos e 90 quilos de manteiga ao proprietário das terras. Quando ficou velho demais para trabalhar a terra, estabeleceu-se como comerciante no caminho dos Wieckquaesgeck. Sua desgraça pode estar associada apenas à escolha do local. Era o caminho dos Wieckquaesgeck, a rota dos índios até Nova Amsterdã, ao longo da qual o grupo tinha sido assassinado, 15 anos antes. A trilha passava pelo que conhecemos como parte alta da Broadway e por campos de morangos silvestres, depois atravessava para o East Side e descia pela atual Segunda Avenida, dobrando para oeste até um regato onde agora encontramos o Hotel Plaza, cruzava os bosques para tornar a pegar a Broadway na altura da atual rua 23, descendo até chegar à cidade na extremidade sul da ilha. Em 1641, essa estrada já era movimentada, fora alargada pelos holandeses e era muito diferente do caminho tranqüilo onde ocorrera o crime. Os Wieckquaesgeck e outras tribos de Westchester, e da parte mais alta do rio Hudson, costumavam usá-la para vender seus produtos em Nova York. Brancos e negros que trabalhavam a terra no interior a usavam para chegar até Nova Amsterdã.

A casa e a loja de Swits, ao longo dessa estrada afluente, ficavam na esquina da rua 47 com a Segunda Avenida, numa baía chamada Deutel, uma referência ao seu formato de cavilha. A baía foi aterrada e hoje a região é chamada incorretamente de baía Turtle.

Toda a comunidade européia tinha a mesma opinião sobre o que se passou. Um Wieckquaesgeck de 27 anos, conhecido de Swits — conhecia muitos deles e esse em particular, pois ele havia trabalhado para seu filho — apareceu com peles para vender. Swits o convidou a entrar e a fazer uma refeição; quando ele se abaixou sobre uma arca, procurando artigos para negociar com o índio, esse pegou o machado de Swits e bateu com tanta força na cabeça do velho, que a partiu ao meio.

Os europeus haviam se esquecido do crime de 15 anos antes e ficaram indignados com a violência gratuita. Naquele verão de 1641, o diretor da colônia dos Novos Países Baixos era Willem Kieft, natural de Amsterdã, que devido a suas conexões familiares, era homem destinado ao poder. Mas sua única reivindicação à imortalidade, além do fato de um primo figurar no quadro *Ronda noturna*, de Rembrandt, foi a tragédia que se seguiu à decapitação de Swits, da qual os Novos Países Baixos jamais se recuperaram. Especula-se que Kieft foi escolhido para o serviço em Nova Amsterdã, por ter sido ele o enviado ao Império Otomano para negociar o pagamento de resgate em troca da libertação de cristãos aprisionados pelos mouros. Libertando apenas aqueles por quem pediam pequenas somas, ele transformou essa missão em uma operação lucrativa, apesar de muitas pessoas ricas permanecerem nas prisões turcas. Para a companhia, frustrada pela pouca rentabilidade de suas posses na América do Norte, Kieft parecia o homem certo para o caso.

A resposta de Kieft ao assassinato de Swits era aniquilar os Wiecquaesgeck. Os holandeses são notoriamente pragmáticos, e os colonos, apesar de encolerizados, perceberam que isso criaria situações difíceis. Convocaram uma conferência de paz a se realizar na casa de pedra de Jonas Jonassen Bronck, um capitão-de-mar nascido na Suécia, cujo nome batizou o burgo. Mas em 1643, contrariando as ordens da Companhia das Índias Ocidentais, as tropas de Kieft mataram cerca de 80 Wieckquaesgeck, homens, mulheres e crianças, e mutilaram seus corpos. Consta que as crianças foram cortadas até morrer e seus restos atirados no Hudson. As tropas retornaram com as cabeças das vítimas. Nada voltou a ser como antes entre os colonos e os índios. O escalpo de colonos e os incêndios nas fazendas logo se espalharam. Uma década mais tarde a província dos Novos Países Baixos — os holandeses nunca a chamaram de colônia — estava terrivelmente enfraquecida por conta da violência, justo no momento em que os holandeses começavam uma guerra com os ingleses.

EM 1653, A Companhia Holandesa das Índias Ocidentais ordenou a construção de um enorme muro para proteger Nova Amsterdã. A maior parte do trabalho físico foi feita por escravos negros que pertenciam à companhia. Os 43 cidadãos mais ricos emprestaram o dinheiro com juros de 10%, criando a primeira transação financeira em Wall Street, e a primeira dívida da cidade. A parede era feita de tábuas de madeira com mais de 4 metros de altura e acompanhava a atual Wall Street do Hudson até o East River, com dois portões, um no cruzamento de Wall Street com Pearl Street, e o outro onde a Broadway corta Wall Street. Os colonos de Nova Amsterdã não tinham mais acesso livre ao resto de Manhattan.

Hoje, a crença mais popular é que a parede foi construída para defender o assentamento dos ataques dos índios. Dadas as relações deterioradas entre colonos e nativos, isso tem lá a sua lógica. Mas, de fato, a parede foi concebida no início da guerra entre holandeses e ingleses para se defenderem de um ataque inglês vindo da Nova Inglaterra. Por que um povo do mar esperava que outro povo do mar atacasse seu porto pelo continente? Quando o ataque inglês finalmente aconteceu, foi pelo mar, o que não era de surpreender, vindo da maior potência marítima do mundo, e a parede foi uma defesa inútil.

Por essa época, 1664, os mil colonos de Nova Amsterdã tinham passado 11 anos amontoados atrás de uma parede. Jogavam seu lixo por cima dela, para bem longe dos olhos, e um enorme monte de lixo começou a tomar forma no pântano logo abaixo da tranqüila Kalck Pond. Pior ainda, os cidadãos simplesmente esvaziavam seus penicos e jogavam outros detritos no meio das ruas, ignorando os regulamentos que proibiam essa prática. A cidade tinha construído canais de escoamento das chuvas e eles se transformaram em fossas, a maioria a céu aberto. Dejetos sólidos freqüentemente entupiam esses canais e causavam transbordamento. Isso fez de Nova Amsterdã uma cidade não apenas malcheirosa como insalubre — uma situação perigosa para uma cidade sem hospitais até 1659, quando a companhia instalou um médico em uma casa.

Os responsáveis pela cidade estavam preocupados com esse risco para a saúde, mas ninguém parecia desperdiçar um minuto de seu tempo com o fato de esses canais irem dar no Hudson e no East River, que fluíam sobre os viveiros de ostras. As ostras levaram 500 milhões de anos para se transformar, de seres de águas profundas, em criaturas que viviam em águas menos salgadas, nas grutas protegidas dos estuários, onde a água do mar se mistura com a água doce dos rios. Foram os rios de Nova York que deram vida aos viveiros de ostras e, com o tempo, esses mesmos rios iriam matá-las.

CAPÍTULO 3

A fertilidade dos bivalves

Na ciência nada é trivial ou sem importância.
WILLIAM K. BROOKS, *The Oyster*, 1891

Na biologia, família é importante. Todas as verdadeiras ostras, independentemente de onde são encontradas, pertencem à família das Ostreidae. Os bivalves se dividem em inúmeros gêneros, com características distintas, totalizando umas 200 espécies; o gênero Ostreidae, a família das ostras, tem características bem definidas, tudo que faz de uma ostra, ostra. Na biologia, ao contrário de em Tolstoi, mesmo as famílias felizes não são iguais. As ostras, diferentemente dos mariscos e das vieiras, estão sempre agarradas a alguma coisa, e não o fazem por um fio que criam e estendem, como os mexilhões, mas por uma substância que secretam pela valva inferior. Também, ao contrário dos mexilhões e mariscos, suas duas conchas são distintas e sempre se assentam sobre a mais curva e profunda. Para uma vieira, isso seria ficar de cabeça para baixo; mas é justamente esse detalhe que faz com que as ostras possam ser despachadas vivas, com o lado côncavo para baixo, o que evita a perda do líquido natural que as mantêm vivas dentro de suas conchas.

Os cientistas concordaram em evitar a clareza ao chamar a concha superior achatada de lado direito, e a inferior, curva de lado esquerdo. Somente o lado esquerdo tem a capacidade de se fixar, por isso ele geralmente fica para baixo, a não ser que a ostra esteja fixada verticalmente, o que muitas vezes acontece. Assimetria, ou seja, ter dois lados desiguais, não é comum na natureza. Os humanos, os insetos, os peixes, e a maioria dos bivalves, são simétricos. A ostra também o é, até o momento em que fixa a concha esquerda, que então se deforma, como um pé mal-calçado, se arqueando para formar uma espécie de taça na qual o animal se assenta. Como há um princípio no evolucionismo, muito bem fundamentado, que o desenvolvimento de uma espécie imita o desenvolvimento evolutivo da espécie como um todo, essa primeira fase simétrica da ostra indica que seus ancestrais pré-históricos eram itinerantes providos de pernas, como seus primos, os mariscos.

Pode ser uma surpresa para os *gourmets*, os *gourmands* — os *feinschmeckers*[8] — e os amantes dos bivalves em geral saber que as ostras da América do Norte, da Louisiana e do Golfo do México, da costa da Flórida, da baía de Chesapeake, de Nova York, Long Island, Canal de Long Island, Wellfleet, Maine, Nova Escócia, e mesmo mais ao norte, são biologicamente idênticas. São todas da mesma família, gênero e espécie, *Ostreidae Crassostrea virginica*. O fato de todas essas *Crassostrea virginicas*, ao longo desse extenso trecho da costa atlântica, variar em tamanho, forma, cor e gosto, é simplesmente uma prova de que, com as ostras, assim como com os vinhos, o fator decisivo não é a variedade, mas onde são plantadas e como são colhidas. A temperatura da água é crítica. As ostras crescem mais rápido em águas mornas, apesar do fator tempo também ser importante. Água mais fria tende a produzir ostras que os apreciadores acham mais saborosas e detratores chamam de muito fortes. Os nortistas tendem a achar que as ostras do Sul são grandes e insípidas, e os sulistas acham que as ostras do Norte são pequenas e espessas. Além da temperatura, as ostras são alteradas por muitos fatores, inclusive a salinidade e o tipo de comida encontrada na água, a estrutura do viveiro e o grau de amontoamento.

A *Crassostrea viriginica*, às vezes chamada de ostra oriental ou ostra-americana, começa como um ovo fertilizado de mais ou menos 50 mícrons ou 2 milionésimos de uma polegada de diâmetro — uma criatura invisível

---

[8] *Feinschmecker* é palavra alemã que designa tanto o *gourmet* quanto o *gourmand*. (N. da T.)

a olho nu. Um recipiente com quase um litro de capacidade pode conter 5 bilhões de ovos de ostras. Ao contrário da maioria dos animais, a vida social da ostra tem uma característica curiosa: os machos e as fêmeas são idênticos. Compreensivelmente, isso confundiu os estudiosos de ostras e deixou muitas dúvidas sobre sua sexualidade. Mas isso não parece confundi-las, e no século XIX chegou-se à conclusão, como observou muitos anos depois o compositor Cole Porter, que até as ostras da baía Oyster, *do it*.

Apesar das ostras macho e fêmea parecerem idênticas, num certo momento umas começam a secretar ovos e outras esperma, e os dois elementos fluem com o plâncton. Antes da fertilização, cada ovo é apenas um entre os 10 milhões ou mais secretados na água por uma ostra fêmea adulta. Hoje, as *Crassostrea*, ao ficarem condicionadas para desovar, podem descarregar mais de 50 milhões de ovos por vez. A desova ocorre quando a temperatura da água sobe a mais de 20 graus centígrados, o que normalmente acontece na Nova Inglaterra no meio do verão, e um pouco mais cedo em Nova York. A descarga é estimulada pela presença dos ovos ou do esperma na água. Em outras palavras, uma ostra macho se excita ao se sentir cercada de grandes quantidades de ovos, e uma fêmea, quando há esperma à sua volta. Como os ovos flutuam e se dispersam rapidamente, é importante para a reprodução que haja um grande número de ostras adultas por perto.

Leva apenas algumas horas para um ovo fertilizado virar uma larva nadadora, que se move com rapidez na água com o auxílio de órgãos finos como fios chamados cílios. As duas conchas iguais se formam em 24 horas. A ostra jovem se alimenta de fitoplâncton, uma enorme quantidade flutuante de organismos minúsculos, e depois de 10 dias mergulha para o fundo e começa a rastejar, procurando um lugar onde se agarrar. Uma concha de ostra vazia é uma superfície que as atrai, assim como a concha superior de uma ostra viva, garrafas, latas, bolas de golfe, sapatos velhos, e as folhas das plantas aquáticas.

Agora ela já está seis vezes maior do que o ovo original. Nesse instante é muito semelhante a um marisco, com duas conchas iguais e mancando sobre o fundo do oceano. Mas logo que encontra uma superfície adequada, ela abandona sua falta de jeito, perde seus dispositivos de natação, e nela se fixa secretando uma substância de uma glândula em sua concha inferior. A concha que se agarra começa a se curvar e a ostra nunca mais vai ser capaz de se mover, tornando-se diferente dos outros bivalves.

A ostra que a natureza colocou no litoral europeu, que os holandeses, os ingleses e os franceses dos séculos XVII e XVIII estavam acostumados a comer, é completamente diferente, de um gênero e de uma espécie diversos da que foi encontrada por eles na América do Norte. Esta não é uma discussão científica minuciosa. O molusco parece diferente, se reproduz diferentemente e é anatomicamente diferente. A *Ostrea edulis*, a ostra européia plana, algumas vezes chamada de *belon* por causa dos famosos viveiros encontrados na foz do rio Bélon, na Bretanha, França, um dos únicos lugares que ainda a produz, é uma ostra mais arredondada e achatada. É a que aparece nas naturezas-mortas pintadas na Holanda no século XVII.

Ostras do gênero *Ostrea* produzem menos ovos que a *Crassostreas*, apenas cerca de 1 milhão, e os ovos têm o diâmetro três vezes maior — aproximadamente 150 mícrons. Vivem em águas muito mais salgadas e começam a desovar quando a temperatura da água chega a apenas 15 graus centígrados, o que significa que não têm o alcance sulista de uma *Crassostrea*, que se desenvolve da península do Labrador ao México. Em vez de serem excretados na água, os ovos são secretados pelas gônadas femininas e ficam retidos dentro da ostra fêmea. O macho libera esperma dentro da água e a fêmea o sorve para dentro dos ovos. Os ovos fertilizados ficam no interior da fêmea por mais de uma semana, assim, quando são descarregados para a água, já estão na metade de sua passagem ao estado larval. O gênero *Ostrea* passa muito menos tempo flutuando junto ao plâncton e tem menor propensão a se movimentar para áreas menos favoráveis. Eis por que produzem um menor número de ovos. A natureza sempre equilibra os riscos com a fecundidade.

ATÉ O SÉCULO XIX, pensava-se que a ostra fosse um simples animal primitivo. Gostamos de pensar assim a respeito das criaturas que comemos, especialmente daquelas que jogamos inteiras e cruas para dentro de nossas bocas. Mas acontece que a ostra tem cérebro e sistema nervoso. Nas palavras do darwinista inglês do século XIX, Thomas Huxley: "Suponho que quando o saboroso e escorregadio bocado — que passa como o brilho de um relâmpago de verão — desliza pelo nosso palato, poucas pessoas imaginam que estão engolindo uma peça de maquinaria (e que máquina esplêndida!) muito mais complicada que um relógio de pulso."

A criatura está envolvida no que é chamado de capa e esta tem o que aparenta ser uma franja escura, que na realidade é uma bateria de terminações nervosas sensíveis. A ostra em repouso tem sua capa franjada exposta para se aperceber do perigo. Quando essa mensagem chega ao cérebro, este envia impulsos para o músculo e sua concha se fecha.

As ostras se alimentam sobretudo de plâncton. Sugam a água com os cílios finíssimos que ficam no exterior das brânquias. Como passarinhos famintos, ficam com as conchas abertas, deixando que a água as alimente. Mas, se perturbadas, fecham-se e podem permanecer assim durante dias. É exatamente isso que fazem ao serem arrancadas de dentro da água. Quando estão se alimentando, expelem partículas indesejadas, fechando abruptamente as conchas para expulsar a água. Essa ação durante muito tempo foi confundida com o hábito dos mamíferos de fechar a boca sobre a comida. Até hoje, o estalar das conchas ao se fechar é chamado de alimentação, quando é exatamente o contrário, elas estão é expelindo comida. As ostras não podem processar celulose, portanto recusam qualquer coisa com grossas paredes de celulose, tais como a maioria das plantas. Rejeitam qualquer partícula maior que 10 mícrons.

A ostra fecha suas conchas por meio de um ligamento que ela pressiona quando quer se fechar. Se ela relaxa, o ligamento abre as conchas, como se fosse uma mola. Esse ligamento é igual a um pedaço de borracha e não é vivo. Como a própria concha, é fabricado pela ostra a partir de uma substância que ela excreta. O ligamento fará as conchas se abrirem sempre que não estiver sendo pressionado, o que explica por que uma ostra morta tem as conchas abertas.

O músculo que uma ostra usa para fechar sua concha tem uma força extraordinária para seu pequeno tamanho. Abridores de ostras às vezes se referem a ele como "o coração". Pensam nele como em um órgão vital, porque, uma vez rompido, a ostra se abre facilmente e é então declarada morta — esfaqueada no coração. Os abridores de ostras talvez não queiram que os consumidores saibam a verdade. Tudo que fizeram foi destruir a capacidade da ostra em pressionar o ligamento. William K. Brooks, natural de Maryland, que no século XVIII foi pioneiro no estudo das ostras, disse: "Uma ostra fresca com a concha entreaberta está tão morta quanto um boi com o tendão cortado." Se a ostra é aberta cuidadosamente, o comensal está se servindo de um animal com cérebro, estômago, intestinos e fígado funcionando, e um coração que ainda bate. Quanto ao "líquido", aquela essência aquosa com sabor de ostra que todos os bons escritores sobre comida aconselham a reservar é, predominantemente, o sangue da ostra.

Em 1932, numa convenção da Associação dos Criadores de Ostras em Atlantic City, a doutora Vera Koehring, do Departamento de Pesca dos Estados Unidos, disse que era cruel entreabrir uma concha e arrancar o animal vivo. Ela propôs: "As ostras, antes de serem abertas, deveriam ser anestesiadas." Sugeriu vários anestésicos inofensivos, como ácido lático, ácido bórico, ou uma leve solução de dióxido de carbono. Chegou a calcular que, como a ostra anestesiada soltaria seu músculo adutor e ficaria aberta, o custo de retirar as cascas seria reduzido de 25 centavos para 2 centavos o galão. Mas os ostreicultores acharam melhor não abordar esse assunto em público.

Como acontece com a maioria das criaturas, quanto mais as ostras comem, mais crescem. As águas mornas fornecem mais nutrientes para elas, e por isso levam o mesmo tempo para produzir moluscos maiores. Uma ostra com 3 anos, criada na baía de Chesapeake, é bem maior que outra da mesma idade criada em Nova York, mas menor que uma da Flórida. Não é somente uma questão de alimentação. A *Crasssostrea virginica* cresce melhor em águas com temperatura entre 20 e 30 graus centígrados, 68 a 86 graus Fahrenheit, e seu crescimento é imediatamente interrompido em águas a 5 graus centígrados, 41 graus Fahrenheit. Sob condições ideais, uma ostra desovada no final da primavera ou no início do verão terá mais que 50 milímetros de comprimento lá pelo meio do outono, que é quando termina o primeiro período de seu desenvolvimento.

As *Cassiostrea* se dão muito bem em águas mornas e salobras, em áreas cobertas pelo fluxo das marés, ao longo de costas onde deságua a água doce dos rios, ricas em matéria orgânica — uma perfeita descrição do estuário do Hudson. As ostras do gênero *Ostrea* preferem águas mais limpas e com alta salinidade, e se criam melhor em áreas onde as marés não interferem tanto. Nova York pode querer comer as *Ostreas*, mas elas não iam querer viver lá. As *Ostreas* também crescem mais devagar, necessitando de quatro a cinco anos para alcançar um tamanho aceito pelo mercado, enquanto a *Crassostrea* geralmente atinge esse estágio, com uma concha medindo 75 milímetros, pesando 50 gramas, em apenas três anos.

As ostras hibernam no inverno e recomeçam sua nutrição e crescimento na primavera seguinte, quando a água torna-se mais morna. É nessa época, no início da primavera, que a *Crassostrea* começa a desenvolver células reprodutivas e se define como macho ou fêmea. O hermafroditismo, presença dos dois sexos no mesmo organismo, é raro, mas acontece.

Os filhotes da *Crassostrea* são perfeitamente capazes de se reproduzir e, a não ser que sejam devorados por um predador, enterrados na lama durante uma tempestade, ou infectados por uma doença fatal, viverão pelo menos mais 10 anos. Apesar da declaração do poeta Robert Burns de que invejava a ostra porque "ela não conhece nem desejo, nem medo", a ostra tem muito que temer. Os predadores incluem perfuradores de ostras, pequenos caramujos que se agarram às conchas da ostra e vagarosamente vão formando um buraco redondo com sua língua longa e dentada e depois inserem um cano pelo qual sugam o animal. Entre outros assassinos de ostras assim eficientes, encontramos a estrela-do-mar, caranguejos, caracóis e humanos. As ostras jovens também são comidas por platelmintos (*Stylochus ellipticus*).

A estrela-do-mar é tão mortal para as ostras que séculos atrás o tribunal do Almirantado inglês multava pescadores de ostras que não tentassem matar qualquer uma que cruzasse seus caminhos, o que alguns hesitavam em fazer por causa dos poderes mágicos, inclusive veneno, muitas vezes atribuídos a essas criaturas. A estrela-do-mar mordisca as conchas dos moluscos com minúsculos mas inúmeros dentes até que a criatura é exposta e comida. Sem qualquer incentivo real, os coletores de ostras de Nova York, dos séculos XVII e XVIII, apanhavam todas as estrelas-do-mar que encontravam, amarravam e faziam pequenos pacotes com elas, depois cortavam estes ao meio e jogavam tudo dentro do mar novamente. Depois eles ficaram sabendo que as metades que cortavam, readquiriam os membros perdidos, portanto em vez de diminuir, eles estavam aumentando essa população. Algumas variedades, ao perceber o perigo, se subdividiam, cada pedaço depois retomando seu corpo de estrela-do-mar. Às vezes andam em batalhões, invadem um viveiro e destroem seus habitantes. O que é pior, elas têm poucos inimigos. Quase nenhum peixe as come, com a exceção do bacalhau, que come quase qualquer coisa. No entanto, as estrelas-do-mar acabaram por encontrar um inimigo natural nos franceses, que as moem, depois que descobriram que a comida para peixes que obtinham com aquele pó é, na verdade, um excelente fertilizador para seus vinhedos.

As populações de ostras podem ser dizimadas por epidemias, tempestades violentas, furacões, derramamento de óleo, pesticidas, esgotos e outros poluentes. Ao abrir e fechar suas conchas para sorver a água e absorver nutrientes, a ostra está recebendo todas substâncias que estiverem na água. Sob condições normais, se alimentam continuamente, e uma única ostra deixa passar, através de suas guelras, de 20 a 50 galões de água por dia. Em boas condições, as ostras desempenham um bom papel, filtrando e limpando a água. Já se verificou que um punhado de ostras, num tanque cheio de água verde pelo acúmulo de plâncton e algas, a deixará limpa em poucas horas. A população de ostras original do porto de Nova York era capaz de filtrar toda a água do porto em alguns dias. Uma das fórmulas da natureza, para manter seu equilíbrio, é fazer com que os estuários produzam vida vegetal em demasia e dependam dos animais para consumi-las. As ostras e outros bivalves desempenham uma importante função nesse processo. Em seu brilhante estudo sobre o papel das ostras da baía de Chesapeake, publicado em 1891, antes da palavra *ecologia* ser usada, William K. Brooks disse: "Nas ostras temos um animal muito nutritivo e palatável, especialmente adaptado para viver na lama macia de estuários e baías, que, ao colher os habitantes microscópicos, se transforma em comida para o homem."

Ao contrário de outros bivalves que vivem em torno da *Cassiostrea* — mariscos de concha macia, mexilhões e vieiras —, as ostras são capazes de sobreviver a longos períodos fora da água por causa da proteção de suas grossas conchas. Também sobrevivem a uma extraordinária quantidade de condições. A ostra-americana, a mesma espécie que prospera ao longo da Flórida e na Louisiana em águas que ultrapassam os 32 graus centígrados, ou 90 graus Fahrenheit, pode viver em águas que sazonalmente baixam a temperatura para menos zero. Estão à vontade em águas quase doces e naquelas com mais de 30% de salinidade.

LEVOU MUITO TEMPO, já ia bem entrando o século XIX, quando os americanos compreenderam que a melhor coisa a fazer com as conchas das ostras não era fabricar *wampum*, ou queimá-las para obter pasta de cal, ou utilizá-las em aterros. O melhor é jogá-las de volta na área dos viveiros. Isso se tornou evidente com o estudo da fisiologia das ostras. A capa que envia sinais de alerta para o cérebro das ostras também produz a concha. Primeiro, uma fina camada perolada, e durante toda a vida do animal cria constantemente novas camadas, cada uma um pouco mais espessa que a anterior. Eis por que a concha de uma ostra parece uma porção de camadas finas como papel, prensadas juntas. Ela se adapta à superfície na qual se fixa, fica lisa se estiver agarrada a uma garrafa, com os contornos de uma rocha se esse for o lugar onde se prendeu, e consegue se modelar à pata de um caranguejo, se foi aí que se fixou. As ostras também podem reparar suas conchas e emendar fissuras. Podem fazer isso usando o carbonato de cálcio que extraem da água. Elas necessitam dessa substância para crescer; pouco importa quão rica em nutrientes é a água que as cercam: se não houver carbonato de cálcio não se desenvolverão. Jogar as conchas de novo para dentro do mar, além de fornecer um ótimo material para as ostras novinhas se agarrarem, o que ficou conhecido como agarramento, também enriquece o ambiente para seu crescimento. O mar decomporá a concha e a ostra absorverá o carbonato de cálcio. Quanto mais cálcio, mais rápida e espessa a concha será. Quanto mais depressa uma ostra conseguir uma concha forte e espessa, mais segura será sua defesa contra seus vários inimigos.

Foi necessária uma longa observação para se chegar a essas conclusões. Em outros aspectos da natureza, isso é mais rapidamente visível. William Brooks observou que as ossadas encontradas nos bosques têm, invariavelmente, caramujos vivendo em sua parte de baixo, e que os rios que correm através de leitos formados por pedras calcárias são geralmente ricos em mexilhões de água doce. A natureza escolhe estuários alimentados por rios que correm sobre pedras calcárias para criar seus viveiros de ostras. Às vezes, os viveiros oceânicos também são ricos em carbonato de cálcio, freqüentemente obtido pela decomposição de arrecifes de coral e das conchas de mariscos. Essa é a razão pela qual pedras calcárias com freqüência contêm fósseis marinhos. Tais pedras com ostras fossilizadas, como foram encontradas no Kansas, revelam mares pré-históricos desaparecidos. A água do mar contém carbonato de cálcio, mas essa substância quando se origina da decomposição de conchas de ostras, ou de pedras calcárias, torna a água mais adequada ao crescimento de ostras.

Mas nada disso era conhecido pelos holandeses do século XVII. Eles se alegravam com o fato de seus Novos Países Baixos, apesar de não apresentarem muitas das verdadeiras riquezas, terem um aparentemente inesgotável fornecimento de ostras.

CAPÍTULO 4

Um bom viveiro para se visitar

> Desse modo, os membros do importante conselho de Nova Amsterdã fumavam, dormitavam e ponderavam, semana após semana, mês após mês, ano após ano, sobre qual seria a melhor maneira de organizar sua incipiente colônia; enquanto isso, a colônia crescia por conta própria, e como uma criança robusta que deseja correr solta, livre de ataduras e bandagens, ou outras abominações com que vossas famosas governantas e velhas sábias aleijam e desfiguram as crias dos homens, aumentou de tal modo em força e magnitude, que antes dos veneráveis burgomestres chegarem a definir um plano, já era tarde demais para pô-lo em execução — no que eles, inteligentemente, abandonaram o assunto por completo.
>
> WASHINGTON IRVING, *A History of New York from the Beginnings of the World to the End of the Dutch Dynasty*, 1809

Em 1654, os holandeses haviam perdido suas colônias de pérolas e cana-de-açúcar no Brasil e começaram a pensar que seu Éden de ostras na América do Norte talvez viesse a ser a estrela de suas propriedades no Novo Mundo. Mas não parecia promissor. Uma auditoria feita em 1644 mostrava que os Novos Países Baixos, que haviam custado à companhia mais do que 550 mil florins, só produziam 60 mil florins por ano. O relacionamento com os índios era apenas um dos problemas importantes. Os colonos já estavam cansados de viver num assentamento e queriam uma pátria com um verdadeiro governo.

Tentando fazer com que os Novos Países Baixos funcionassem, a companhia trouxe seu quebra-galho, o obstinado perneta Peter Stuyvesant. Militar de formação religiosa (seu pai era um ministro calvinista), ele não era conhecido pela mente aberta, nem pela paciência. Não era filho da florescente intelectualidade de sua nativa Holanda do século XVII. Foi expulso da universidade após dois anos, de acordo com alguns relatos, por ter tido relações sexuais com a filha da pessoa errada. No Caribe, foi um guerreiro cruel e entusiasmado durante a guerra brutal travada pelos holandeses contra Portugal e Espanha, pelo domínio dos territórios.

Na luta pela posse de Saint Maarten, uma bala de canhão espanhol destruiu sua perna direita. Antes de perder a consciência, ele ordenou que continuassem o cerco. Depois, sobrevivente de uma amputação, cirurgia freqüentemente fatal naqueles tempos, tornou-se o administrador do Caribe a serviço da Companhia Holandesa das Índias Ocidentais, baseado na ilha de Curaçao. Em 1647, a companhia enviou Stuyvesant para os Novos Países Baixos, para substituir Kieft, que se tornara uma figura repulsiva após o massacre e tortura de incontáveis índios.

Stuyvesant era mais atraído pelo conhecido amor dos holandeses pela ordem que pelo também sempre invocado amor dos holandeses pela tolerância. Decretou, mal havia chegado, regulamentos contra o álcool e a obrigatoriedade do respeito religioso aos domingos. Perseguiu todas as práticas religiosas que não fossem as da Igreja Reformada Holandesa, especialmente os quakers, e tentou impedir os judeus de se estabelecerem em Nova Amsterdã, de servirem na milícia ou de possuirem terras, dizendo que eram "uma raça ardilosa". Asser Levy, judeu polonês, e o primeiro açougueiro *kosher* de Manhattan, se opôs a Stuyvesant; uma posição tornada mais fácil, para tristeza de Stuyvesant, quando se soube que um bom número de oficiais da Companhia Holandesa das Índias Ocidentais era composto de judeus. Os colonos holandeses sempre se orgulharam de sua cidade não ser como Boston — uma cidade aberta, diversificada. Mas Nova Amsterdã começava a se parecer com a Nova Inglaterra.

Na Holanda, o governo não reconhecia a escravidão, mas nas Américas, a Companhia Holandesa das Índias Ocidentais criou sua própria lei. Vindo de Curaçao, onde havia um mercado de escravos, Stuyvesant trouxe escravos para construir, em Nova Amsterdã, fortificações contra os ingleses. Mas o poder dos mercadores e de seus planos crescia a ponto de eles tomarem o controle da cidade, forçando Stuyvesant a permitir um poder governamental, em lugar dos regulamentos da companhia. Havia apenas três construções de bom tamanho em Nova Amsterdã, o forte notoriamente mal construído, a sede da companhia e a Taverna da Cidade. Esses eram os três lugares onde os avisos eram postados. Quando a população começou a ficar impaciente com as tirânicas regras da companhia e o despotismo de Peter Stuyvesant, a Companhia das Índias Ocidentais foi obrigada a criar algumas instituições governamentais e, em 1652, a Taverna da Cidade tornou-se a sede do governo municipal. Também servia de prisão e, em 1656, detinha 23 ingleses que tentaram se estabelecer na atual Westchester, sem permissão da companhia.

O novo governo da pequena cidade ordenou que as ruas de terra batida, ou cobertas por tábuas, fossem pavimentadas com pedras. Em 1658, essa aldeia com 120 casas pela primeira vez começou a chamar seus caminhos e vielas de ruas. O longo caminho que cortava toda a extensão de Manhattan, usado pelos índios para entregar as peles, era agora oficialmente chamado de "Beaver Path", ou Caminho dos Castores. Mas logo que esse caminho foi alargado, as pessoas passaram a chamá-lo de Breede Wegh, ou Broadway.

Outras melhorias vieram com o autogoverno. Os moradores começaram a construir casas de tijolos. O município proibiu os moradores de jogarem carcaças de animais e outros resíduos nas ruas, e cada proprietário passou a ser responsável pela limpeza da extensão de rua em frente à própria casa. Mas os habitantes continuaram, a despeito dos regulamentos do município, a esvaziar seus penicos nela.

O assentamento continuava em guerra com as tribos indígenas, e Stuyvesant, ainda no comando, chegou a ordenar um ataque contra os espanhóis que tentavam se fixar em terras dos Novos Países Baixos. Em 1664, o coronel inglês Richard Nicolls saiu da Inglaterra com uma esquadra de quatro navios, parou em Boston, onde os colonos não mostraram interesse em se unir à expedição, e continuou viagem visando cercar Nova Amsterdã. Quando os ingleses ameaçaram atacar, evidentemente que a partir do porto e não escalando uma parede, poucos residentes se interessaram em lutar pela companhia. A maioria não objetava ao domínio inglês, desde que recebessem um tratamento justo. Noventa e três de seus mais importantes cidadãos, inclusive seu próprio filho, requereram a Stuyvesant que se rendesse e evitasse sofrimentos. Stuyvesant respondeu que preferia morrer, mas, no entanto, negociou os termos da rendição em sua fazenda, onde hoje fica a Stuyvesant Street, no East Village. Richard Nicolls tornou-se o primeiro governador de Nova York.

OS INGLESES HERDARAM uma pequena cidade holandesa, com moinhos de vento e canais, na verdade, poucos. Referiam-se, maliciosamente, aos holandeses como *Jankees*, junção sarcástica do nome John com a palavra *cheese*. Logo os próprios colonos adotaram esse nome. Os holandeses aceitaram bem os conquistadores. Muitos anglicizaram seus nomes. Brugge tornou-se Bridge. Em vez de usar o modo holandês, ou seja, nome, a partícula van e o nome do pai, passaram a usar o sobrenome completo, tal como os ingleses.

O sistema legal inglês, sob o domínio de Nicolls, combinava leis inglesas, holandesas e da Nova Inglaterra, mas, ao contrário desta última, não havia provisões para escolas públicas, reuniões de conselho ou de alguma assembléia eleita. Mas também, diferentemente da Nova Inglaterra, havia liberdade religiosa.

Em 1681, quando a Coroa inglesa enviou George Carteret para estabelecer uma colônia em Nova Jersey, este prometeu aos colonos: "A baía e o rio Hudson estão bem servidos de esturjões, garoupas, e outros peixes com escamas, enguias e frutos do mar, como ostras etc., em grande quantidade e fáceis de apanhar." Os novos colonos que substituíram os holandeses escreviam para casa mencionando as ostras. Uma carta originária do lugar hoje conhecido como Perth Amboy diz: "E na ponta do Amboy e em vários outros lugares há abundância de ostras." Outra diz que há ostras suficientes para "servir toda a Inglaterra". Ainda uma outra relata que as ostras forneciam calcário para a construção de casas baratas, "aquecidas no inverno e frescas no verão".

Nesse meio-tempo, Nova Amsterdã estava sendo reformada. Em 1679, Jasper Danckaerts, visitante holandês, ainda mencionava o cheiro agradável de Manhattan: "Devo acrescentar que andando por esta ilha algumas vezes percebemos um cheiro tão agradável, que parávamos quietos, porque não sabíamos o que iríamos encontrar." Mas, em 1699, quando a província inglesa de Nova York derrubou o muro, encontraram um depósito de lixo que se estendia até o Kalck Pond, lagoa que os ingleses chamavam Collect. Essa lagoa, onde os Lenape costumavam pescar, e os holandeses faziam seus piqueniques nas colinas adjacentes, para melhor apreciá-la, estava se transformando em um charco imundo e malárico, cheio de detritos e disseminador de doenças. Quanto mais sujo ficava, mais era maltratado. Como se tornara uma zona espoliada, as indústrias mais poluentes, tais como matadouros e curtumes, foram instaladas ali. Os açougueiros se reuniam na vizinha Taverna Bull's Head, que lhes oferecia cercados para seus animais. Por volta de 1700, as margens da Collect eram o único local onde se permitia o abate de animais; a área tinha um odor insuportável. Os animais eram mortos numa ilha no centro da lagoa. Quando houve um levante de escravos, em 1741, muitos conspiradores negros foram levados para lá e enforcados. Alguns foram queimados em fogueiras.

Na cidade, mais ao sul, Peter Kalm, um botânico da Universidade de Abbo, na Finlândia sueca, que fora enviado à América pela Academia Sueca, em 1747, relatou que os moradores da cidade eram tão picados por mosquitos durante a noite, que tinham "vergonha" de mostrar seus rostos inchados. Também observou que os nova-iorquinos sofriam do que ele chamava de "febre e tremedeira". Era provavelmente malária. Até 1748, não se sabia que a malária era transmitida por mosquitos. E o pouco que se conhecia de medicina, naquela época, não estava disponível em Nova York. Após o abandono do pequeno hospital holandês, em 1674, Nova York ficou sem um hospital até 1776; inclusive durante uma epidemia de varíola, em 1727, que matou 500 pessoas em menos de um mês.

A água potável também estava acabando. Ela vinha de poços locais que recebiam a água da chuva que corria sobre ruas imundas. Em meados do século, a qualidade da água em Manhattan tinha se tornado tão ruim, que os cavalos que vinham de fora se recusavam a bebê-la.

Faltava água potável, mas ostras não. Kalm as comparou em qualidade às famosas Colchesters inglesas. Em 1748, escreveu:

> O mar perto de Nova York oferece anualmente uma enorme quantidade de ostras. São encontradas principalmente em solo lamacento, no limo, e não no fundo arenoso: o fundo do mar rochoso e coberto de areia não é comum por aqui.

JÁ QUE OS NOVA-IORQUINOS sempre se acharam diferentes do restante dos americanos, é curioso refletir sobre o que sobrou da cultura holandesa em Nova York. Nova Jersey e Connecticut também foram colonizadas por holandeses. Mas foi em Nova York que os holandeses plantaram seu estilo de vida em plena colônia inglesa, e esse é um dos fatores que faz a cidade ser diferente. Nova Amsterdã era mais cosmopolita que Boston e outros portos porque, com a notável exceção de Stuyvesant, a Companhia Holandesa das Índias Ocidentais era aberta a qualquer um que ali quisesse se estabelecer para trabalhar para ela. De fato, no século XVII, Amsterdã era uma das cidades mais abertas da Europa, recebendo pessoas da Inglaterra e da França, inclusive, por um período, os puritanos que mais tarde se estabeleceram em Massachusetts.

A Nova York inglesa continuou com a tradição holandesa. Nova York era menos inglesa e mais diversa que qualquer outra colônia inglesa na América do Norte. Ficou famosa por seus judeus. Kalm disse que quando estava em Nova York, freqüentemente se encontrava em companhia de judeus. Surpreendeu-se ao ver que, ao contrário da Europa, os judeus ali tinham plenos direitos de cidadania. "Têm sinagogas, são proprietários de suas moradias, possuem grandes propriedades rurais e lhes é permitido ter lojas na cidade. Têm também muitos navios que carregam e despacham com seus produtos. Por fim, eles gozam de todos os privilégios comuns aos outros habitantes desta cidade e província." Em 1679, Jasper Danckaerts comentou a integração racial na Broadway: "Em ambos os lados deste caminho havia muitos habitantes negros, mulatos, e brancos." O primeiro negro em Manhattan foi um explorador chamado Jan Rodrigues, que chegou em um navio holandês em 1613, e durante alguns anos foi o único não índio residente na ilha em tempo integral. Lá pelos anos de 1630, uma comunidade negra livre se estabelecera perto da lagoa. Em 1750, Manhattan era 18% negra, em relação aos nossos dias. Entretanto, isso não indicava atitudes progressistas. A Nova York inglesa se envolveu muito mais com o tráfico negreiro que Nova Amsterdã, e entre 1701 e 1774, 6.800 escravos foram trazidos para Nova York, mais ou menos 1/3 vindo diretamente da África. Em 1750, Nova York tinha mais escravos que a maioria das cidades americanas, com exceção de Charleston.

As ostras eram vendidas em carrocinhas, e esse era tradicionalmente um trabalho para os negros. Também eram vendidas em botes amarrados nos canais que os holandeses tinham construído na parte baixa de Manhattan, mas no século XVIII esses canais tinham desaparecido e os barcos foram parar no fim da Broad Street.

Com as ostras, veio a bebida. Nova York era a cidade que mais consumia ostras e álcool, assim como onde a prostituição mais crescia. Sarah Kemble Knight, que aos 38 anos foi a primeira mulher a viajar sozinha de Boston a Nova York, anotou em seu diário que os nova-iorquinos "não são rigorosos no respeito ao *sabbath*, como em outros lugares onde já estive". Nova York era conhecida como o porto certo para desembaraçar mercadoria roubada, e o local onde os piratas iam para vender seus butins. Os piratas vendiam por preços baixos, o que tornava o negócio lucrativo para os comerciantes de Nova York, que recebiam bem essas figuras sinistras e pitorescas. Costumavam passear com eles pela ilha. O capitão William Kidd, um dos mais famosos piratas do século XVII, viveu como uma celebridade em Nova York. Casou-se com uma viúva nova-iorquina e se estabeleceu onde hoje fica o número 119-121 da Pearl Street — com uma casa de verão, que todos os nova-iorquinos bem de vida devem possuir, ao longo do East River, onde hoje encontramos a rua 74. Foi um nova-iorquino respeitável, com assento privado na Igreja Trinity, até que um dia cometeu a imprudência de navegar até Boston. Imediatamente detido, foi levado de volta para a Inglaterra e enforcado. Boston nunca foi Nova York.

Nova York tornou-se inglesa muito rapidamente, mas conservou os modos holandeses. A contribuição holandesa mais citada, e que é mesmo uma grande contribuição para a língua americana, é a palavra *cookies*, que vem do holandês *koeckjes*. Se não fosse pelos holandeses, os americanos estariam usando a palavra *biscuit*, como os ingleses ainda fazem. Na verdade, nos tempos coloniais, os nova-iorquinos eram os únicos americanos a usar a palavra *cookies*. O primeiro livro de receitas a ser publicado nos Estados Unidos pós-Revolução tem duas receitas de *cookies*, numa entrada chamada *cookey*. A adoção dessa palavra nova-iorquina pode ter sido um esforço consciente para usar uma linguagem diferente da dos ingleses — o primeiro dicionário americano, feito por Noah Webster, criou intencionalmente grafias diferentes — ou talvez a autora fosse nova-iorquina. O livro *American Cookery*, foi publicado em 1796 em Hartford e Albany, e especula-se se a autora Amelia Simmons era de Nova York ou da Nova Inglaterra. O uso de *cookies* sugere que fosse nova-iorquina, apesar de terem esquecido que Hartford também tem origens holandesas. De qualquer modo, depois que Amélia Simmons publicou seu livro, eles vêm sendo chamados de *cookies* em todos os cantos dos Estados Unidos.

A receita com ostras que ela incluiu em seu livro também diz muito de suas origens nova-iorquinas. Pelo simples fato de que necessita de uma quantidade obscena de ostras — e tudo isso apenas para cozinhar uma ave.

❦ Para abafar uma ave com ostras

> Limpe a ave por fora e por dentro, recheie com ostras secas, costure e ferva em água suficiente para cobrir a ave, salgue e condimente a gosto — quando estiver macia, ponha em travessa funda e derrame por cima um quartilho de ostras cozidas, bem untadas com manteiga e temperadas com pimenta, enfeite o peru com ramos de salsa ou folhas de aipo: as aves ficam melhores com molho de salsa.

A pergunta é: o que significava para os nova-iorquinos do século XVIII as ostras estarem cozidas? As famílias van Cortlandt e van Rensselaer, de Albany, deixaram muitas receitas escritas a mão. Todos esses manuscritos contêm receitas de ostras, indicando que a tradição de enviá-las para o norte do Hudson perdurou após o domínio holandês. Há receitas para molhos com ostras, torta de ostras, ostras fritas, ostras cozidas, envoltas em farinha de milho indígena, conserva de ostras, envoltas em finas fatias de toucinho, e sopa de ostras. Maria Sanders van Rensselaer, que viveu entre 1740 e 1830, e morava em Cherry Hill, escreveu a mão esta receita de família:

Para cozinhar ostras

Tome um quartilho de ostras, coloque-as sobre o fogo em seu próprio líquido, com um copo de vinho, um pedaço de manteiga, um pouco de sal, pimenta e flor de noz-moscada. Deixe cozinhar lentamente.

QUANDO OS INGLESES tomaram Nova Amsterdã, suas centenas de quilômetros de viveiros de ostras caíram nas mãos de outro povo apaixonado por esses moluscos. Conchas de ostras-inglesas foram encontradas em ruínas da Roma Antiga. Os romanos também as apreciavam, preferindo as maiores que pudessem encontrar, gostavam das provenientes de Essex e do Kent. Acredita-se que as que mais amavam eram as que vinham de Richborough, perto de Whitstable, que chamavam de Rutupianas, ou as que vinham do rio Colne, de Colchester. Ambas são até hoje as favoritas dos ingleses. De fato, em 50 a.C., o historiador e político romano Sallustius escreveu: "Pobres ingleses — há algum bem neles afinal de contas — eles produzem ostras." Em Poole, Dorset, uma concheira foi datada da época dos saxões. Anglos, dinamarqueses, saxões, normandos — todas as antigas culturas inglesas deixaram traços das ostras que comiam, apesar dos celtas preferirem outros mariscos e mexilhões.

Esta receita, em um manuscrito do século XV, em inglês medieval, diz:

❦ Ostras ao molho

Abra as conchas, ponha as ostras numa panela, com seu líquido. Ponha água fresca; bote para esquentar. Retire as ostras e ponha em outra água fresca. Deixe ficarem limpas. Tire as peles das amêndoas, esmigalhe, tempere com o mesmo caldo: obtenha um bom leite nutritivo. Coloque isso numa panela, com cebolas e ervas inteiras e um pouco de açúcar em pó. Ferva tudo junto e acrescente as ostras & pode servir & junte tudo, salpique com as ervas & as amêndoas em pó.

Em 1699, Billingsgate, uma área onde mercadores de moluscos e peixes sempre apregoaram suas mercadorias, tornou-se o mercado oficial de frutos do mar, aumentando enormemente a oferta de ostras e peixes. Os ingleses dos séculos XVII e XVIII eram apaixonados por ostras, que custavam muito pouco. Em 1701, 200 delas eram vendidas por meros quatro xelins. Os preços devem ter permanecido bem baixos, pois Chaucer, em seu *O conto do monge*, se refere a uma coisa insignificante como "não vale uma ostra", e Dickens, em *As aventuras do senhor Pickwick*, equipara a pobreza a ostras. De acordo com Tobias Smollet, autor do século XVIII, estarem frescos não era o aspecto mais apreciado desses frutos do mar, e algumas ostras eram deliberadamente mantidas, por vários dias, em buracos cheios de limo viscoso, cobertas por uma "espuma vitriólica", até que adquirissem a desejada cor esverdeada.

Samuel Pepys, em seu famoso *Diário*, freqüentemente menciona ter comido, oferecido ou recebido ostras para o café da manhã, almoços e jantares; ao todo, ele as menciona 50 vezes em seu diário. Dr. Johnson as servia para seu gato, Hodge, comprando-as pessoalmente, pois temia que se enviasse os criados, eles acabassem implicando com o gato. Sir Robert Walpole, primeiro-ministro inglês em 1715, que ficou conhecido por seu programa de redução da dívida nacional, incorreu em dívidas pessoais enormes por contas dos barris de ostras que importava para si. Os livros de receitas ingleses do século XVII invariavelmente contêm algumas para ostras, e não foi surpresa ver que essas receitas acabaram por chegar a Nova York. A que será mostrada, parecida com uma do manuscrito van Rensselaer, de Albany, foi tirada do *Elinor Fettiplace's Receipt Book*, livro inglês escrito na primeira metade do século XVII:

Para cozinhar ostras

Tire a água das ostras, e a fatia de uma cebola, e ferva as ostras nisso, quando estiverem fervidas coloque um pouco de manteiga e casca de laranjas picadas & um pouco de limão cortado muito fino, e sirva. Você deve colocar um pouco de vinho branco no cozido.

Um prato popular inglês do século XVII, que continua na moda na Nova York do século XX, é a torta de ostras. Essa receita, de um livro de culinária inglesa, de 1694, escrito por Anne Blencowes, é típica da culinária inglesa da época, que relutava em cozinhar fosse o que fosse sem uma "porção de manteiga", algumas anchovas, sempre preservadas em salmoura, e um pouco de noz-moscada, ou de sua casca ralada. Essa acabou sendo também a maneira americana de cozinhar. A noz-moscada, que os ingleses cultivavam em suas ilhas do Caribe, tornou-se uma mercadoria de comércio garantido no porto de Nova York. Tortas, como no caso dos *pâté* franceses, eram uma maneira de cozinhar em um invólucro. A crosta não tinha importância alguma e era muitas vezes jogada fora.

⚜ Torta de ostras

Pegue um quarto de um galão de ostras e retire as nadadeiras pretas e lave-as muito bem e deixe-as brancas e retire seu líquido; depois pegue umas cem gramas de manteiga fresca e anchovas cortadas finas e duas colheres de pão ralado, e uma colher cheia de salsa picadinha, e um pouco de noz-moscada ralada, não coloque sal (porque na anchova já tem sal suficiente).

Amasse até formar uma bola, forre a forma com a crosta de pão fria, mas crocante, e ponha metade da massa de manteiga, anchova etc., no fundo; depois duas ou três camadas de ostras, no máximo; depois a outra metade da massa de manteiga, anchova etc. e pegue pedaços bem pequenos de limão e ponha por cima (e gemas de ovos cozidos se você gostar).

Coloque duas ou três colheres do líquido das ostras e cubra com bastante crosta de pão que deve cobrir as ostras para não deixar escapar o líquido. Ponha para assar e quando sair do forno dê um corte na cobertura e tenha já preparado um pouco de líquido de ostra misturado com suco de limão e derrame dentro da torta e corte a torta em pedaços e ofereça.

O mais importante livro inglês de cozinha do século XVIII, *The Art of Cookery Made Plain and Easy*, de Hannah Glasse, foi publicado em 1747 e também se tornou um dos mais conhecido nas colônias inglesas da América. Um dos mais influentes livros de culinária já publicados, retrata uma cozinha que usava ostras, e quase tudo o mais, com extravagância. Há 10 receitas de ostras, incluindo uma sopa, um molho, dois cozidos, um pão de ostras, uma torta de ostras, ostras em conserva — todos pratos encontrados nas mesas de Nova York, no século XVIII. O fato de os pães de ostras serem simplesmente um acompanhamento para entradas dá uma idéia da quantidade de comida servida nas casas prósperas do século XVIII.

❧ Para assar uma perna de carneiro com ostras

Pegue uma perna de um carneiro sacrificado há uns dois ou três dias, recheie com ostras e asse. Enfeite com rabanetes.

❧ Para fazer caracóis de ostras

Coloque suas ostras em conchas de caracol para esse fim, coloque-as numa grelha em cima de um bom fogo, deixe que cozinhem até você achar que estão no ponto, pegue um pouco de migalhas de pão esfarinhadas num guardanapo limpo, encha as conchas, ponha diante do fogo, e vá regando com bastante manteiga. Deixe até ficarem douradas por igual; um forno de alumínio é melhor diante do fogo. São mais bem apreciadas feitas dessa maneira, apesar de muitas pessoas cozinharem as ostras antes em uma panela, com uma lâmina de noz-moscada, engrossadas com um pedaço de manteiga, e depois colocadas nas conchas, e depois cobertas com as migalhas de pão e douradas com um ferro quente — mas o pão não fica tão saboroso como no modo anterior.

Um forno de alumínio, também chamado de forno holandês, era uma caixa de alumínio polido na qual se colocava o alimento. Um lado era aberto e colocado perto do fogo. O alimento cozinhava graças ao calor direto do fogo e ao calor refletido pelo alumínio polido. Uma abertura na parte de trás permitia regar o alimento.

❧ Para fazer ostras com pão

Frite os pães franceses como ensinado acima (pegue três pães franceses, tire o miolo, antes tire um pedaço da casca para poder retirar o miolo, mas tenha cuidado para o pedaço encaixar de novo no mesmo lugar.

Frite os pães até ficarem dourados em manteiga fresca) pegue meio litro de ostras, cozinhe-as em seu próprio líquido, depois retire as ostras com um garfo, escorra o líquido que estiver nelas, ponha de nova numa panela, com um copo de vinho branco, um pouco de noz-moscada macerada, um pouco de noz-moscada ralada, cem gramas de manteiga envolta em farinha, sacuda tudo junto, depois recheie os pães com essa mistura; isso é um bom acompanhamento para a entrada. Você pode esfregar com as migalhas de dois pães e jogar por cima das ostras.

PROVAVELMENTE O DESTINO mais comum das ostras, na Nova York do século XVIII, era serem postas em conserva. Peter Kalm achou esta receita em Nova York:

Logo que as ostras forem apanhadas, suas conchas são abertas e o molusco é limpo; coloca-se um pouco de água numa panela, as ostras são colocadas ali, e são fervidas durante algum tempo; depois se tira a panela do fogo, retiram-se as ostras que são colocadas num prato até ficarem quase secas. Depois se acrescentam noz-moscada, pimenta-inglesa, pimenta-do-reino, e quantidade de vinagre suficiente para dar um gosto acre. Tudo isso é misturado com metade do líquido em que as ostras foram cozidas, e colocado de novo no fogo. Enquanto estiver fervendo, deve-se tomar o cuidado de remover toda a espuma grossa que vai se formando. Por fim tudo é colocado num vidro bem grande ou num pote de cerâmica, as ostras são colocadas ali, e o vasilhame é muito bem tampado para que não entre ar. Dessa maneira, as ostras duram anos, e podem ser enviadas para as mais distantes partes do mundo.

Kalm relatou que as ostras conservadas como ensina essa receita "têm um sabor muito bom". Sua única queixa era que não podiam ser fritas. As ostras fritas já eram uma paixão consolidada em Nova York. Ele sugeriu uma outra receita para conservar ostras que também era usada pelos comerciantes de Nova York.

> As ostras são tiradas das conchas, fritas na manteiga, colocadas num pote de vidro ou de cerâmica com manteiga derretida por cima, até que fiquem inteiramente cobertas e nenhum ar possa penetrar. As ostras preparadas dessa maneira também têm um gosto agradável e são exportadas para as Índias Ocidentais e outras partes.

A primeira receita é a maneira mais típica de conservar ostras. A conserva é uma velha técnica usada para peixes, vegetais e carne — um modo de manter a comida para longas viagens. As ostras, no entanto, também podiam ser embarcadas vivas. Ao contrário da opinião popular, elas não são frágeis e de fato duram mais do que a maioria das comidas. Sua concha nada mais é do que uma grossa caixa calcária, e elas podem viver fora da água por um bom número de dias. Se pulverizadas com aveia para sua nutrição, podem viver ainda mais.

❧ Para alimentar as ostras

> Coloque-as na água, limpe com uma escova feita de galhos de bétula até que estejam bem limpas; depois as ponha com o fundo para baixo numa panela, pulverize com farinha ou aveia e sal e cubra com água. Faça a mesma coisa todos os dias e elas irão engordar. A água deve ser bem salgada.
>
> MARIA ELIZA KETELBY RUNDELL
> *The Experienced American Housekeeper or Domestic Cookery formed on Principles of Economy for the Use of Private Families*, 1823

NA EUROPA, os holandeses, ingleses e outros costumavam pegar ostras caminhando com dificuldade dentro da água, quando a maré estava baixa; ou colhendo com as mãos ou com o auxílio de um ancinho, uma técnica que servia para apanhá-las para o almoço, mas que era extenuante quando usada para conseguir coletar quantidades que servissem ao comércio. Em Nova

York, só ocasionalmente encontravam-se ostras em águas rasas o suficiente para poder ser apanhadas dessa maneira. Os Lenape mostraram aos ingleses como remar de 3 a 5 metros para fora da baía e usar pinças, uma ferramenta parecida com um ancinho, para agarrar as ostras. Quando o chão do bote estava cheio, eles remavam de volta para a margem e descarregavam-nas. No século XVIII, os pescadores de ostras começaram a usar a força do barco a vela, especialmente pequenos veleiros de um só mastro na frente e um grande convés aberto. Alguns eram maiores, com uma cabine onde dormiam dois homens. Mas os viveiros de ostras estão muito próximos da costa e portanto esses barcos não faziam longas viagens. A força do veleiro permitia a esses pescadores colher maiores quantidades e levá-las ao mercado a preços baratos.

Um tema de grande interesse para os comerciantes de Nova York dos séculos XVII e XVIII era como converter os viveiros de ostras do porto em mercadoria lucrativa. Sem refrigeração, e dada a longa duração das viagens a cavalo ou em navios a vela, esse era um problema difícil, mas era o próximo desafio lógico para um abundante produto nova-iorquino.

Nova York rapidamente se transformava no mais importante porto norte-americano. Depois de 1664, quando o governo colonial inglês veio substituir os regulamentos da Companhia Holandesa das Índias Ocidentais, a economia da cidade se desenvolveu, saindo da dependência da caça para se basear na agricultura e na pesca. Em 1686, os últimos lobos de Manhattan, os únicos predadores ainda temidos, foram exterminados. A barrica de farinha substituiu a pele de animais como a mais valiosa das cargas, e assim foi durante mais de 100 anos. Em 1678, o governo colonial exigiu que a farinha fosse peneirada e as barricas aferrolhadas no próprio porto, facilitando a inspeção e o controle de qualidade. Como resultado, a atividade portuária cresceu. Em 1678, 3 navios, 8 corvetas e 7 barcos entraram em Nova York; 16 anos depois, 60 navios, 62 corvetas e 40 barcos chegaram à cidade. Entre 1714 e 1717, uma média de 64 navios por ano deixava o porto de Nova York. Em 1721, a média era de 215 navios.

Em 1770, Nova York crescera a ponto de ser o quarto porto de maior tonelagem depois de Boston, que tinha seu primeiro lugar desafiado por

Charleston e pela Filadélfia. A população da Nova Inglaterra era muito maior do que aquela da região de Nova York e, em conseqüência, Boston recebia mais mercadorias. E enquanto Nova York deixou-se futilmente transformar-se num centro de pirataria, Boston firmava contratos importantes para a exportação de bacalhau salgado, produtos agrícolas e manufaturados. Os nova-iorquinos chegaram a receber produtos ingleses vindos de Boston até os anos 1740, quando Nova York começou a aplicar um imposto sobre os produtos ingleses vindos via Boston.

A competição entre Nova York e a Nova Inglaterra, entre os portos de Nova York e Boston, era brutal e grosseira. Os mercadores de Boston recebiam sólidas moedas de prata em Nova York, as raspavam até diminuir sua espessura, e compravam o trigo de Nova York com essa moeda mais fina, amealhando o excesso de prata para outros negócios. Também se recusavam a comprar farinha, insistindo no grão inteiro, que moíam eles mesmos a custo menor, para vender por preço mais baixo nas Índias Ocidentais.

Nova Inglaterra, Nova York e Pensilvânia sofriam com o mesmo problema. Sob as regras do colonialismo, deveriam vender seus produtos para a pátria mãe, mas todas as três produziam mais do que a Inglaterra podia comprar. A solução foi vender madeira, farinha, peixe salgado e ostras em conserva para as Índias Ocidentais e para o sul da Europa. Com o lucro resultante, podiam comprar mais produtos ingleses. Os produtos de Nova York eram vendidos ao longo da costa atlântica, nas Índias Ocidentais e no sul da Europa, e muito pouco ia para a Inglaterra. Nova York, tal qual Boston, abastecia de alimentos as Índias Ocidentais inglesas, permitindo que os escravos das ilhas usassem toda a terra cultivável no plantio de cana-de-açúcar. Forneciam, além das ostras em conserva, trigo, centeio, milho, porco e carne de boi salgados, maçãs, ervilhas e cebolas. Os barcos de Nova York voltavam com melaço para o rum e, o mais importante, com crédito para os comerciantes de Nova York comprarem produtos manufaturados na Inglaterra. Eventualmente, iam para a África e trocavam rum e produtos manufaturados por escravos, e negociavam esses escravos, junto com as ostras em conserva e outros produtos, nas Índias Ocidentais. Os ingleses não davam importância a esse comércio ilegal porque rendia aos mercadores nova-iorquinos dinheiro para comprar produtos ingleses. A importação desses produtos pelos nova-iorquinos crescia ano a ano, enquanto as exportações para a Inglaterra não se alteravam. Em 1715, entraram no porto de Nova York 54.600 libras em produtos ingleses e foram exportados, de Nova York para a Inglaterra, produtos no valor de 21.300 libras. Em 1740, as exportações para a Inglaterra eram mais ou menos as mesmas, mas o valor dos bens ingleses entrando em Nova York tinha mais do que dobrado, indo para mais de 118.800 libras. Parecia que a Inglaterra estava aumentando constantemente a balança comercial com sua colônia, o que era suposto acontecer. Mas isso era ignorar o comércio cada vez mais forte entre a colônia e os outros centros de comércio. Na verdade, a Inglaterra tinha uma participação cada vez menor na economia de colônias como Nova York e Massachusetts. Com o tempo, isso levou a uma maior independência econômica, tornando a independência política uma idéia poderosa.

Da mesma maneira que o bacalhau salgado de Boston, as ostras em conserva de Nova York constituíam um subproduto do envolvimento dos portos com o comércio de escravos. O bacalhau salgado tinha uma margem comercial considerável, porque podia ser pescado em maiores quantidades e o produto fornecia mais proteína por peso e preço, e era isso o que importava para os proprietários de escravos. Ainda assim, os nova-iorquinos vendiam com muito lucro suas ostras em conserva para as grandes plantações das Índias Ocidentais inglesas. Os mercadores de Nova York recebiam pelas ostras em conserva seis vezes, ou mais, do que haviam pagado para os coletores de ostras frescas.

No outono, as ostras eram postas em conserva e despachadas. Apesar dos nova-iorquinos comerem ostras o ano inteiro, acreditava-se que as apanhadas nos meses sem a letra R — maio, junho, julho e agosto[9] — eram de qualidade inferior, por isso esperavam pelo outono para obter as melhores. Essa é uma crença antiga e de algum modo mitológica. Em 1599, William Butler, um contemporâneo de Shakespeare, escreveu: "Não é saudável e é inoportuno comer ostras em todos os meses que não tenham em seu nome

---

[9] Os meses de verão no hemisfério norte. (N. da T.)

a letra R." Em Nova York, o mito tem um quê de verdade. As ostras são levadas a desovar quando as águas começam a esquentar, o que acontece por volta de maio; é verdade que na desova as ostras são mais magras, translúcidas e, de modo geral, menos apetitosas. Há quem argumente que deixar os viveiros em repouso durante a desova é bom para sua conservação. As ostras de verão, são, no entanto, perfeitamente saudáveis, a não ser que se estraguem, no mercado, devido ao calor.

DIVIDIDA ENTRE comer ostras em conserva e pô-las em conserva visando a sua comercialização, Manhattan acumulava mais conchas do que nunca. Kalm escreveu:

> Em nossa viagem para Nova York, vimos grandes montes de conchas de ostras perto das casas de fazenda à beira-mar, e por toda Nova York observamos que as pessoas as espalhavam sobre os campos semeados de trigo, notamos com surpresa que em vez de moê-las para fertilizar a terra, os fazendeiros as enterravam inteiras.

O botânico europeu não acreditou muito nessa prática, achando que o calcário moído seria melhor. Mas os nova-iorquinos precisavam encontrar um uso para seus cada vez maiores montes de conchas. Como o comércio de ostras da cidade de Nova York crescia par a par com o do trigo, os dois sempre estiveram ligados, muitas vezes compartilhando mercados e até recipientes. No final do século XIX, o hábito colonial de embarcar ostras nas barricas de farinha ainda era comum.

A população crescia e Nova York construía. A cidade pavimentava suas ruas e as guarnecia com árvores. Nova-iorquinos afluentes construíam prédios de tijolos de dois ou três andares, cobertos por telhas de cerâmica, em cujas cumeeiras muitas vezes construíam uma varanda, para poder ver o porto, ou Brooklyn, do outro lado do East River. As famílias passavam agradáveis tardes de verão em suas varandas. Muitas igrejas de pedra foram erguidas, a maior de todas sendo a Igreja Trinity, uma cidadela anglicana para competir com a recém-construída Igreja Reformada Holandesa.

Todas essas construções necessitavam de argamassa e para isso precisavam de cal em pasta, que podia ser obtido pela queima de conchas. A Igreja Trinity foi criada por um decreto real em maio de 1697 e em agosto já começava a anunciar que precisava de "pasta de conchas de ostras". A queima das conchas, para obter essa pasta, era uma atividade tão comum, que muitas casas particulares, em Nova York, tinham um espaço vazado em seus porões para a sua queima, assim quando necessitassem de algum conserto na casa, seus proprietários podiam produzir sua própria argamassa.

A fumaça das conchas queimando era doce e acre, e um número crescente de nova-iorquinos começou a achar que não podia ser saudável respirá-la. Em 19 de junho de 1703, o governo da província de Nova York aprovou uma lei que proibia tanto a destilação de rum, uma crescente atividade econômica à medida que o porto se envolvia com o tráfico de escravos e de melaço originário do Caribe, como a queima de conchas de ostras dentro dos limites da cidade, ou seja, a 800 metros da sede do governo. O governador-geral, lorde Edwind Hyde Cornbury, conseguiu apressar a tramitação da lei alegando que "essas indústrias contribuíram para alguns casos fatais" no verão anterior. Mas lorde Cornbury era um líder duvidoso, famoso por não pagar suas dívidas — falavam que as pessoas se escondiam de sua mulher, porque ela pedia jóias e vestidos emprestados e nunca os devolvia. Uma tentativa de repelir a lei em 1713 falhou e, em 24 de março de 1714, um novo decreto especificava que "nenhuma concha de ostra ou calcário será queimada em áreas públicas desta cidade do lado sul do moinho de vento comumente chamado de Jasper's Windmill".

Mas nenhuma lei foi aprovada para resolver o problema dos mosquitos que apareciam no verão ou a respeito do lixo nas áreas pantanosas.

AS OSTRAS DE NOVA YORK continuavam abundantes e grandes. Kalm escreveu: "A respeito de Nova York eles têm inumerável quantidade de ostras excelentes, e há poucos lugares onde elas sejam tão grandes." O tamanho era significativo, pois revelava que o número de ostras retiradas era ainda uma pequena porcentagem do total das deixadas quietas até crescerem. Nova

York ainda era um Éden onde a natureza podia ser usada com extravagância. A baía Gowanus, no Brooklyn, era famosa por suas ostras enormes. Em 1679, Jasper Danckaerts, o viajante holandês, e seu companheiro Peter Sluyter, se hospedaram em casa de Simon Aerson de Hart, perto de Gowanus Cove. Danckaerts escreveu:

> Encontramos na lareira um bom fogo alto que queimava carvalho claro e castanheiro, que os donos não tinham escrúpulos em queimar em tal quantidade. Deixamos que penetrasse inteiramente. Já haviam jogado no fogo um balde cheio de ostras Guanes, que são as melhores do país. São grandes e espessas, algumas com nunca menos do que 30 centímetros de comprimento.

Na verdade, ninguém ia querer comer uma ostra com 30 centímetros de comprimento. No século XIX, o romancista inglês William Makepeace Thackeray queixou-se de que comer uma ostra-americana era "como comer um bebê", o que, é de supor, não era um elogio. Na casa dos De Hart, em Gowanus Cove, as ostras maiores eram postas em conserva e enviadas para Barbados.

Aparentemente, elas eram tão abundantes e tão fáceis de apanhar, que continuaram a custar pouco. Um anúncio em dezembro de 1772 dizia que "em diferentes trechos do porto, nunca há menos do que 600 mil ostras à venda". Kalm notou que comprar ostras frescas, colocá-las em conserva e exportar era muito lucrativo; observou também que os pobres de Manhattan viviam o ano inteiro na base de "pão e ostras". Em 1763, abriram um restaurante num local escuro e pouco recomendável, no porão de um prédio na Broad Street, a velha rua dos vendedores de ostras. Esse bar de ostras, num porão da classe operária, foi o primeiro *oyster-bar* de Nova York.

Em 22 de novembro de 1753, um artigo no *Independent Reflector* declarava que nenhum outro país tinha ostras com a mesma qualidade que a cidade de Nova York. "São de boa qualidade durante oito meses por ano, e, durante os outros dois meses, continuam a ser o alimento diário de nossos pobres. Seus viveiros estão ao alcance da vista dos cidadãos e, segundo fui informado, os coletores de ostras industriosos conseguem de oito a dez xelins por dia."

Mas nem tudo estava bem no Éden. No fim do século XVII, Nova York e Nova Jersey começaram a aprovar leis de preservação das cidades. Já em 1679, a cidade de Brookhaven, em Long Island, tinha aprovado uma lei restringindo a 10 o número de navios permitidos na baía de Great South, um imenso viveiro natural de ostras entre Long Island e Fire Island. Os colonos europeus em Brookhaven logo perceberam o potencial desse viveiro. Em 1767, a cidade negociou um acordo chancelado pelo rei da Inglaterra, no qual, em troca do controle sobre os viveiros de ostras, concordava em dar por toda a vida, ao proprietário William Smith e seus herdeiros, reconhecidos como tal pela Coroa, a metade de todo "o lucro advindo para a cidade do uso do fundo da baía".

Os viveiros de ostras são muito diferentes dos locais de pescaria porque elas estão permanentemente presas aos viveiros. Por esse motivo e porque negociar com ostras era reconhecido como valioso, os nova-iorquinos começaram a brigar pela posse do fundo do mar — um conceito que os Lenape achariam ainda mais absurdo que a idéia de brigar por aquela imensidão de pradarias.

Em 1715, o governo colonial, como medida preventiva, proibiu a coleta de ostras durante os meses sem R, de 1º de maio a 1º de setembro, por ser a estação da desova. A medida também diminuiu a coleta ao proibir que escravos e criados pegassem ou vendessem ostras. A lei visava aos moradores de Nova Jersey, assim como aos das baías de Raritan e de Arthur Kill, em Staten Island, ambos locais ricos em viveiros naturais. Não residentes flagrados trabalhando nos viveiros de Staten Island teriam seus equipamentos e barcos apreendidos. Em 1719, a assembléia colonial de Nova Jersey revidou com um ato pela "preservação das ostras na província de Nova Jersey". O ato fechava todos os viveiros de Nova Jersey, de maio até setembro, e também mencionava que "nenhuma pessoa ou pessoas que não fossem residentes desta província" poderia, direta ou indiretamente, "raspar, coletar ostras ou conchas dentro desta província, e colocá-las a bordo de canoas, pirogas, chatas, barcaças, botes ou outras embarcações", sendo que os não residentes teriam seus barcos e equipamentos confiscados. Por volta de 1737, os funcionários de Staten Island começaram a se preocupar com a sobrevivência de seus viveiros e proibiram a coleta de ostras para quem não residisse na ilha.

Nos tempos coloniais, essas leis dependiam dos cidadãos locais para que fossem obedecidas. Os coletores de ostras trabalhando nos viveiros fora da estação alegavam estar apanhando mexilhões, e os funcionários municipais não tinham como comprovar o contrário. Esse sistema pouco eficiente de prender cidadãos agindo nos viveiros continuou até o século XIX.

Em meados do século XVIII, já se ouvia falar na possível destruição dos viveiros na região de Nova York. Nova Jersey, em 1769, aprovou outra lei destinada a conter seus vizinhos gananciosos. O costume de coletar ostras apenas para queimar, e obter pasta de cal, foi proibido. Um dos motivos por trás de uma lei tão severa era a preocupação em garantir que as ostras continuassem a ser uma fonte de nutrição barata e um modo de ganhar a vida para os pobres. A lei de 1719 dizia que a preservação dos viveiros de ostras "será um grande benefício para as pessoas pobres". Mas a de 1769 declarava que a lei de 1719 "não tinha sido suficiente na preservação das ostras" e que:

> Os costumes são incentivados, não impedidos por tal lei (de 1719), a qual, se for permitida continuar, irá, em pouco tempo, destruir as ostras nos rios e baías desta colônia.

A baía Jamaica, cujo nome não deriva da ilha no Caribe mas do nome Jameco, em língua canarsee, era rica em ostras, mariscos e caranguejos, especialmente no lado norte, que é pontilhado de ilhas que só aparecem na maré vazante. Os moradores de Rockaway tentaram regularizar a coleta de ostras na baía a partir de 1704, quando coletores, não residentes, foram detidos ao serem flagrados em pleno trabalho nos viveiros. Em julho de 1763, uma proclamação determinava:

> Considerando que variadas pessoas, sem direito ou licença, ultimamente têm ousado entrar na baía Jamaica, com corvetas, botes e outras embarcações, a fim de pegar, destruir e carregar quantidades de mariscos, mexilhões e outros peixes, com grandes danos para a mencionada cidade, este é um aviso para todas as pessoas que não têm direito ou permissão para cometer essa invasão da baía, que no futuro não o façam, de outra maneira serão processadas pela lei por esse crime, assinado Thomas Cornell Jr. e Waters Smith, por ordem da cidade.

Em 1791, foi determinado que qualquer um que pegasse ostras na baía Jamaica tinha que pagar à cidade de Rockaway um xelim por cada mil ostras. A multa por não cumprir essa determinação era de 40 xelins.

Em toda a região de Nova York, os governos locais estavam sendo pressionados a impedir estranhos, até vizinhos, de pescar em viveiros locais. Com certeza até os negociantes de ostras se apercebiam de que o Éden tinha limites. Enquanto em Manhatttan, acima da linha da água, ainda havia terra em profusão para caçar, caminhar pelos bosques, e amontoar lixo, a propriedade do solo sob o mar de águas salobras estava sendo contestada.

NÃO ERA NECESSÁRIO sair de Manhattan para uma viagem ao campo. Uma conhecida casa na Manhattan rural, chamada Union Flag, era uma estalagem com 22 acres de campos extensos, doca e área para desembarque. A estalagem oferecia bebidas, brigas de galo e jogo, o que era ilegal. Com os transportes existentes nos séculos XVII e XVIII, Manhattan era uma grande ilha. Danckaerts descreve o Harlem como uma aldeia a 3 horas da cidade. Os nova-iorquinos viajavam até a baía Turtle subindo o East River. Em 1748, um pastor visitante, o reverendo Burnaby, escreveu:

> Os divertimentos são bailes e excursões de trenó no inverno, e no verão ir em grupos para perto da água e pescar, ou fazer passeios no campo. Há várias casas, agradavelmente situadas ao longo do East River, perto de Nova York, onde é comum realizarem banquetes com carne de tartaruga. Essas acontecem de uma a duas vezes por semana. Trinta ou quarenta damas e cavalheiros se encontram, almoçam e tomam chá juntos, depois retornam a suas casas em caleças italianas [a carruagem da moda nessa época], um cavalheiro e uma dama em cada caleça.

Para diversão na própria cidade, o mais comum eram os campos de boliche e críquete. Os americanos venceram os ingleses num célebre jogo, em abril de 1751.

Muitas outras tavernas iam sendo inauguradas. Não eram lugares apenas para beber, mas também para falar de política e negócios. Em 1776, 282 tavernas funcionavam em Nova York. Em 1773, já eram 396. Beber era barato. O rum de Nova York competia com o rum da Nova Inglaterra, chamado *Kill-devil*, que custava apenas 25 centavos o galão, e a aguardente de maçã de Nova Jersey, conhecida como o relâmpago de Jersey. O alcoolismo era um problema em ascensão. Havia quem acreditasse que o álcool era um substituto para a cada vez mais repugnante água de Nova York, que vinha de poços e regatos naturais, até a instalação dos primeiros canos em 1799.

A prostituição continuou sendo um comércio nova-iorquino, muito embora Griet Reyniers, considerada a primeira prostituta de Nova York, tivesse se casado com um pirata, um representante daquele outro comércio bem comum em Manhattan, e os dois terem dinheiro bastante para se mudar para Long Island e se tornarem ricos proprietários de terras naquela região. Em 1770, consta que 500 prostitutas trabalhavam em Nova York uma cidade com pouco mais de 1.200 habitantes.

A cidade crescia, o porto prosperava, ganhava-se muito dinheiro. Os ricos viviam em casas de tijolos com vista para o porto ou para os rios e assavam ostras em aconchegantes lareiras. Os pobres viviam em casebres de madeira, perto da lagoa entupida de lixo, a Collect, e comiam ostras nas caves. Uma cidade de piratas, de empreendedores e de pobres trabalhadores — Nova York caminhava a passos céleres para ser a cidade que é hoje. Então veio a catástrofe.

CAPÍTULO 5

Transformando-se na ostra do mundo

No que se refere à sociabilidade e à hospitalidade, nenhuma
cidade americana ultrapassa Nova York.

NOAH WEBSTER, numa carta ao deixar Nova York, em 1788

Nenhuma cidade americana sofreu mais, ou ganhou mais, com a Revolução Americana, do que Nova York. Quando a guerra terminou, Nova York era um porto que podia suprir uma nação jovem, vigorosa e em crescimento. Mas, durante o conflito, foi uma cidade ocupada, sob domínio militar hostil, a vida social e comercial interrompida, suas conexões com o resto do país cortadas, a população diminuída, só tendo permanecido ali aqueles que de todo não quiseram deixá-la, ou os que não conseguiram escapar.

O poeta Walt Whitman durante muitos anos argumentou que o dia 27 de agosto deveria ser tão comemorado quanto o 4 de julho. Em 27 de agosto de 1776, os ingleses iniciaram uma batalha pelos campos e fazendas do Brooklyn. Um dos tios-avôs de Whitman estava entre os muitos mortos daquele dia, o começo de uma luta que durou cinco dias, chamada então de Batalha de Long Island, ou de Nassau Island, como a ilha era mais conhecida no século XVIII. Mas hoje a referência mais exata é a Batalha do Brooklyn. Foi a maior batalha da Revolução Americana.

Procurando por um porto para sua base de operações, os militares ingleses escolheram a cidade de Nova York, que havia sido o quartel general e o lar de muitos oficiais ingleses até o início da guerra, em 1775. Eles lançaram uma campanha de três meses para retomar e manter a cidade. Nesse meio-tempo, das colônias nortistas leais, do Canadá, veio uma força militar que conquistaria Albany e o alto Hudson. Depois de assegurada a posse da cidade de Nova York, os ingleses dominariam o Hudson, e a Nova Inglaterra estaria isolada das outras colônias rebeldes.

Nova York era a cidade que os ingleses chamavam de lar, a cidade da qual gostavam, onde não tinham que levar a austera vida puritana das colônias. Lá, eles tinham prazeres urbanos e fins de semana no campo, boas tavernas e, não menos importante para ingleses do século XVIII, boas ostras. Nova York foi a única das 13 colônias que teve uma presença militar permanente durante a maior parte do período colonial. Estavam lá para guardar o porto e manter um olho nos Iroquois. Nova York era sua base de comando — a sua cidade. Os chefes do comando inglês, general William Howe e almirante Richard Howe, gostavam da América e dos americanos. Massachusetts tinha erguido uma estátua para seu irmão mais velho, o comandante da Guerra dos Sete Anos. Os Howe estavam convencidos de que a maioria dos nova-iorquinos era legalista e que eles entregariam alegremente sua cidade aos ingleses.

Mas, aparentemente, nem todos estavam convencidos disso, porque os ingleses trouxeram para Nova York a maior força invasora jamais reunida pela Inglaterra até a Primeira e a Segunda Guerra Mundial. Incluía 420 navios transportando 34 mil homens, numa época em que a população total de Nova York era composta de cerca de 24 mil pessoas. George Washington foi derrotado em cinco dias desastrosos. Os ingleses passaram o resto do verão caçando e golpeando o Exército Continental, mas fracassando em seu intento de cercá-lo e capturá-lo, o que teria posto um fim à Revolução. Em vez disso, conseguiram seu objetivo inicial, tomar Manhattan e o porto de Nova York, e lá se instalaram para uma guerra bem mais longa.

A cidade de Nova York tinha mais legalistas que qualquer outra colônia rebelada. Aliás, a delegação de Nova York optou por se abster na votação da Declaração de Independência e não a assinou. Antes da chegada dos Howe, foi descoberto um plano engendrado por mais de 700 nova-iorquinos, inclusive o prefeito, David Mathews, para seqüestrar Washington e emboscar o Exército Continental.

Enquanto muitos nova-iorquinos eram legalistas, os coletores de ostras de Staten Island agiam livremente. Estavam mais preocupados com os concorrentes do outro lado da baía que com os ingleses. Quando os coletores de ostras de Nova Jersey eram legalistas, eles eram revolucionários. Mas quando os de Nova Jersey se tornaram revolucionários, os de Staten Island passaram a ser legalistas. Sua guerra era com Nova Jersey, não com os ingleses. Em 1700, o governo provincial tentara resolver o assunto e instituíra uma linha de fronteira através da baía de Raritan, o que dava metade dos viveiros para cada lado. Mas as turbulências continuaram e a Revolução forneceu os meios para que se transformasse em um conflito armado.

Em Manhattan, uma minoria ativa de revolucionários se amotinou, derrubou a estátua de Jorge III e, de acordo com relatos orais, derreteu o metal para fazer balas de mosquetes. Criaram muitos desses incidentes, a ponto de fazer os ingleses se sentirem indesejáveis. Os ingleses reagiram com brutalidade e corrupção. A cidade de Nova York tornou-se um exemplo do que havia de pior no domínio inglês. Os nova-iorquinos já antecipavam isso. Em junho, quando o almirante Howe entrou no porto de Nova York e o general William Howe desembarcou e acampou suas tropas em Staten Island, ambos traziam mensagens conciliatórias para os nova-iorquinos, mas esses já desocupavam sua cidade invadida. Muitas das casas de Manhattan estavam escuras e vazias.

Sob o domínio colonial, a cidade criara um eficiente corpo de bombeiros. O primeiro carro de bombeiros fora importado da Inglaterra em 1731, e em 1737, Nova York tinha um corpo de bombeiros voluntários muito bem organizado. Em 1740, foi-lhes entregue um novo capacete de couro, apropriado para deixar a água escorrer para trás, ou, revertendo sua posição, proteger o rosto do calor das chamas. Com a ocupação, o departamento contra incêndios, que contava com 170 voluntários, se desorganizou. A Marinha Real tentou organizá-los como soldados do fogo. Uma série de incêndios, com aspecto típico de dolosos, varreu a parte sul de Manhattan, destruindo 493 casas, quase 1/3 da ilha. Dois anos mais tarde, em 1778, outro incêndio destruiu mais de 60 prédios ao longo do East River. Enquanto a população da cidade diminuía para apenas 12 mil habitantes, grandes levas de negros, escravos fugidos, chegavam acreditando que, apesar de seu histórico de escravização e do brutal regime em suas plantações de cana-de-açúcar no Caribe, seria mais provável os ingleses lhes conceder a liberdade que os novos americanos.

Manhattan permaneceu uma cidade queimada, somente em parte habitada, até a retirada dos ingleses em 1783. Não havia comércio de trigo, nem de ostras em conserva, nem de nenhuma outra coisa. O porto era usado pela frota inglesa e para a detenção de maltratados prisioneiros de guerra, enfiados em navios atracados ao largo do Brooklyn, no Hudson e no East River. Oitenta por cento dos prisioneiros morreram nos navios fundeados no porto de Nova York.

Nova York serviu aos militares ingleses como um porto militar, não como comercial. Não foi um bom porto dessa natureza. Uma série de bancos de areia isola a sua parte sul entre Sandy Hook e o Brooklyn. Isso o protege, e navegadores experientes procuram os canais entre os bancos de areia. Mas isso impede a saída rápida de uma grande frota quando a rapidez é vital, o que impediu que a grande armada inglesa estivesse disponível em numerosos combates durante a Revolução.

Em 1783, depois da rendição inglesa, os revolucionários nova-iorquinos retornaram para a cidade, muitos encontrando suas casas ocupadas por legalistas que agora pretendiam escapar com os ingleses. A população negra também fugiu, acreditando que, ao chegar à colônia inglesa de Nova Escócia, seriam libertados. Mas, lá chegando, poucos foram libertados; os ingleses enviaram a maioria de volta para a escravidão nas plantações de cana-de-açúcar nas Índias Ocidentais, um dos mais cruéis destinos para um escravo africano.

Os NOVA-IORQUINOS voltaram para uma cidade quase inteiramente destruída. As docas, por falta de uso, estavam cobertas por ervas marinhas e cracas. A maior parte da Broadway, entre Wall Street e o Bowling Green, havia sido destruída por dois incêndios. O filho de George Washington, Philip, de 34 anos, foi encarregado de redistribuir as propriedades abandonadas, antes confiscadas pelos legalistas. A manutenção da lei era precária, assim como a atividade comercial ou mesmo fontes de renda. Mas logo que o último navio inglês deixou o porto, no outono de 1783, os nova-iorquinos se entusiasmaram com o futuro de seu porto e com a nova república que ele podia servir. A primeira recepção a um herói foi a George Washington e seu Exército Continental, quando entraram na cidade vindos do Bronx, marcharam por Manhattan até o Bowery e desfilaram por toda a cidade até o Battery Park. A bandeira inglesa foi arriada e a nova bandeira americana, com 13 estrelas, hasteada. A cidade exaurida celebrou a vitória durante 10 dias.

Havia uma assustadora lista de coisas a serem feitas. A cidade necessitava de novos prédios, um sistema sanitário, um departamento contra incêndios, leis, tribunais. Começou por alargar e pavimentar as ruas, inclusive uma, hoje desaparecida, que se chamava Oyster Pasty Lane. Construíram uma cadeia e um asilo e, em 1784, entre esses dois prédios, surgiu uma estrutura espalhafatosa, pintada de vermelho, parecendo um pagode chinês. Era a cadeia, para onde os condenados eram enviados por infringir uma lista de crimes que aumentava rapidamente e que incluía traição, assassinato, estupro, detenção de mulheres contra sua vontade, falsificação de documentos ou de dinheiro, assalto a igrejas, invasão de casas habitadas, roubo, incêndio criminoso, e mutilação proposital. A forca era usada regularmente. Só em 1789, as execuções somaram 10, sendo cinco no mesmo dia de outubro. Para crimes menores, colocaram-se perto da cadeia um pelourinho e um tronco.

Iniciou-se um processo, sem planejamento oficial, para a ampliação das terras de Manhattan, através de aterros e estreitamento de seus canais naturais. O lixo descartado começava a se amontoar em torno dos deques, e os mercadores, ao invés de limpar a área, começaram a ampliar a sua extensão, e terminaram por aterrar até ocuparem alguns quarteirões a mais ao sul da ilha, à custa do East River, do estuário e do Hudson. Depois que quase 800 pessoas morreram por causa da febre amarela, em 1798, os nova-iorquinos abastados deixaram o centro da cidade e se mudaram para uma área recentemente aterrada, que veio a ficar conhecida como Greenwich Village.

Nova York perdera seu principal mercado, inclusive seu principal mercado de ostras, porque os ingleses proibiram seu império de negociar com a nova nação. Mas sempre havia o mercado local, à medida que cada vez mais pessoas voltavam a se instalar em Manhattan. Em 1785, John Thurman, um negociante da cidade, fez um relato por escrito que, de muitos modos, é familiar aos nova-iorquinos de hoje:

> Muitos dos novos mercadores e comerciantes se instalaram aqui depois que a guerra falhou. Não temos nada a não ser queixas de tempos ruins... No entanto, o trabalho é pesado e todos os produtos são caros. As exportações são reduzidas. Não há construção de navios, mas constroem-se muitas casas, e os aluguéis continuam caros. Há leis em abundância; a lei contra a invasão de propriedade é um maná para os advogados — no entanto dizemos que não há dinheiro. Os banquetes e todo o tipo de extravagância não param — concilie isso tudo se puder.

Nova York, que criou a primeira ordem dos advogados norte-americana, tornou-se, e permanece até hoje, uma cidade de advogados. De 1700 a 1712, o número de advogados duplicou. Entre as inúmeras novas leis muitas se referiam ao sistema sanitário. Todas as sextas-feiras, entre maio e dezembro, todo morador devia limpar seu trecho de rua, juntar o lixo e os resíduos em volta de sua casa, empilhar tudo perto da sarjeta antes das 10h da manhã, hora em que a cidade recolheria a sujeira. Mas muitos não se incomodavam em obedecer a esse regulamento.

O sistema de esgoto da cidade consistia em uma longa fila de escravos negros carregando na cabeça vasilhas com dejetos, tarde da noite, para ir despejá-los nos rios, em cima dos viveiros de ostras. Ainda havia canais de esgoto a céu aberto que iam dar nos rios, como o que os holandeses tamparam para construir a Broadway, deixando o curso de água por baixo para servir de esgoto. Todos os riachos e regatos de Manhattan, quase 12, foram eventualmente transformados em canais de esgoto e cobertos. O aterro que ampliou em mais de 60 acres as margens ao sul de Manhattan não tinha uma drenagem adequada. Ruas à beira-mar como Water Street e Pearl Street tinham seus porões freqüentemente inundados e o esgoto refluía e invadia os terrenos. As casas tinham que manter as janelas fechadas para não sentir o odor. Finalmente, em 1796, por insistência do funcionário encarregado da saúde pública, dr. Richard Bayley, começaram-se a instalar os primeiros canos subterrâneos para o esgoto.

Os funcionários da cidade de Nova York evitavam esse assunto em 1789, quando a cidade entrou em competição com o novo Distrito de Columbia pelo posto de capital permanente dos Estados Unidos. No entanto, uma notícia no *Daily Advertiser*, de 19 de dezembro de 1789, conclamava os nova-iorquinos a serem cidadãos mais responsáveis a respeito do tratamento dado ao lixo:

> Acorde, ó dorminhoco, vamos ter ruas mais limpas nessa nossa pacífica sede do mais feliz império sobre a terra. Para que nossos governantes públicos e seus seguidores possam, em comodidade e com decência, celebrar um alegre Natal e um Feliz Ano Novo.

A qualidade que Nova York apregoava era, como nos tempos de Henry Hudson, a doçura do ar e a salubridade da cidade. Enfatizavam o fato de que a cidade fora sede do Congresso numa sessão que durou três meses e que apenas um membro ficou doente nesse período. Dr. John Bard testemunhava que os nova-iorquinos eram especialmente saudáveis e punha como um dos motivos a fartura de frutos do mar:

> Nova York é muito justificadamente uma das cidades mais saudáveis do continente. Sua proximidade do oceano, de frente para uma larga e ampla baía: cercada por todos os lados por terras altas e cobertas de verde, onde crescem vegetais, que têm forte influência no ar fresco e saudável, o que freqüentemente, na estação certa, brinda os habitantes instalados no lado oeste da Broadway com os aromas perfumados dos pomares de maçãs e campos de trigo sarraceno em botão, situados nas agradáveis margens do Jersey.

Tudo isso parece muito com um anúncio de venda. Em agosto daquele ano, durante uma onda de calor, 20 nova-iorquinos caíram mortos. Mas, certamente, esse lado era tão fiel quanto o outro lado, o dos promotores do Distrito de Columbia, que alegavam — com tintas de John Smith e de Henry Hudson — que o rio Potomac se comunicava com o Ohio e juntos criavam uma hidrovia que cortava o continente.

SEIS ANOS APÓS dar adeus às suas tropas numa Nova York com cicatrizes e em reconstrução, Washington era empossado presidente e a cidade estava em franca expansão comercial, bem adiantada no caminho de se tornar o mais importante porto do país. A ponta da ilha de Manhattan tinha 4 mil casas e 29 mil habitantes, mais do dobro de sua população durante a guerra. A Igreja Trinity ainda não estava totalmente restaurada e a igreja luterana, antigo ponto de referência da cidade, na esquina de Rector Street e Broadway, continuava uma ruína enegrecida, popularmente chamada, graças ao ácido humor nova-iorquino, de Igreja Queimada Luterana. Não é de surpreender que a primeira companhia de seguros, fundada com a colaboração de Alexander Hamilton em 1789, se especializasse em incêndios — a Companhia de Assistência Mutual contra Incêndio.

Havia seis mercados de comida no baixo Manhattan, onde vendiam ostras e peixes frescos apanhados no porto, frutas, produtos agrícolas em geral e carne. O mais antigo era o mercado Fly, inaugurado em 1699, em Maiden Lane, entre Pearl e Water Street. Logo todos esses mercados seriam substituídos por novos. Mas os antigos eram bem fiscalizados pelo governo, com altos padrões de qualidade e de higiene. No século XIX, os tribunais decidiram que esses códigos de mercado eram uma interferência ilegal na livre-iniciativa dos comerciantes. Em 1843, uma sentença virtualmente acabou com a proteção ao consumidor em Nova York, o que perdurou por 100 anos.

A cidade via surgir muitas tavernas e casas de ostras. Por exemplo, na aldeia do Bowery, um subúrbio ao norte da cidade onde antes Peter Stuyvesant tinha sua fazenda, perto da atual rua 10 Leste, o correio funcionava numa casa de ostras.

A cidade não chegou a ser a capital da nova nação; nem foi escolhida a capital de seu estado, perdendo o lugar para Albany, em 1797. Mas continuou a crescer e, no mesmo ano em que perdeu o posto para Albany, tornou-se o principal porto americano, ultrapassando Boston e Filadélfia.

ROBERT FULTON é freqüentemente citado como tendo inventado o barco a vapor, o que não fez, e nunca lembrado como inventor do submarino, o que fez. Isso porque nunca vendeu seus submarinos, enquanto seus barcos a vapor mudaram a cidade de Nova York.

O primeiro navio a vapor a entrar na cidade foi construído por John Fitch, um homem nascido em Bristol, Connecticut. Em 1790. Fitch construíra e operara um serviço de transporte com barcos a vapor, entre Filadélfia e Trenton. O negócio não obteve lucro, como aliás todas as outras iniciativas de Fitch, em parte por sua incapacidade em atrair grandes investidores. Poucos se entusiasmaram com as possibilidades comerciais do trecho Filadélfia-Trenton ter sua duração muito pouco reduzida. O serviço nunca rendeu lucro e deixou muitas pessoas convencidas de que os barcos a vapor não eram comercialmente viáveis. Seu último projeto foi um barco a vapor com um hélice de tipo parafuso, que em 1796 ele apresentou no Collect, a lagoa cada vez mais desfigurada ao sul de Manhattan. Entre os passageiros embarcados estavam Robert Fulton e Robert Livingston, o futuro patrono de Fulton. Ninguém demonstrou o menor interesse pelo barco de Fitch, que não chegou a ser usado. Fitch se matou.

A vida de Robert Fulton também desafia uma biografia lógica. Morreu aos 51 anos, por não dar importância a um resfriado. Cresceu em Lancaster, Pensilvânia, onde estudou arte mas se tornou um armeiro. Depois, ainda com 17 anos, mudou-se para a Filadélfia, onde se tornou um pintor de retratos e paisagens. Quando o esquecido Fitch estava construindo barcos a vapor, Fulton estava pintando retratos. Foi quando estudava arte na Inglaterra, com Benjamin West, que voltou a se interessar por engenharia, o mestre armeiro renascendo nele. Começou a trabalhar em projetos de canais.

Em 1796, foi para Paris a convite de Joel Barlow, antigo capelão do Exército Continental e apaixonado entusiasta de tudo que fosse americano. Barlow estava em Paris convencendo um grupo de franceses a emigrar para Ohio. Na França, Fulton ficou fascinado, mesmo obcecado, segundo alguns relatos, pelas operações militares submarinas. Desenhou barcos submarinos que disparavam torpedos. Em 1801, demonstrou seu protótipo, que armazenava ar fresco num globo de cobre, para o Almirantado francês. Apesar de o navio conseguir ficar submerso no porto de Brest por mais de 4 horas, o governo francês recusou-se a desenvolver tal arma.

Foi quando ele visitou Robert Livingston, com quem fizera aquela viagem a vapor pela lagoa Collect, anos antes. Livingston fora deputado no Congresso Continental, sócio de banca do presidente do primeiro Supremo Tribunal Federal americano, John Jay; era natural de Nova York e servia na França como embaixador americano junto ao governo francês. Fulton também não conseguiu interessar Livingston de seu submarino. Mas Livingston estava, há muito tempo, interessado em barcos a vapor, eis por que embarcara na invenção de Fitch, em Collect. Sendo natural de Nova York, ele imediatamente viu o que significaria para a cidade o uso que Fulton dera ao motor a vapor. O motor que Fulton pretendia usar fora desenvolvido por James Watt, um escocês a quem algumas vezes se atribui a invenção dos motores a vapor, o que ele não fez. Quem os inventou foi Thomas Savery, em 1698. Watt tinha criado uma embarcação movida por duas rodas com pás, que a impulsionavam. Livingston contratou Fulton para construir um barco com um motor a vapor que acionasse um conjunto de rodas movidas a pás e que subisse o Hudson entre a cidade de Nova York e Albany. Seu primeiro protótipo afundou no Sena. No entanto, os franceses se interessaram pela teoria. Mas Fulton e Livingston não eram teóricos, pertenciam a uma nova linhagem de americanos pragmáticos, buscando o sucesso comercial.

Regressaram para a América e Livingston conseguiu que a Assembléia Legislativa lhe desse o monopólio da navegação a vapor nos rios de Nova York. No East River, centro de muitos estaleiros, eles construíram o *Clermont*, um navio de 40 metros, com duas rodas laterais movidas a pás, com diâmetro de 4,5 metros, e dois mastros com velas quadradas para mais força.

Em agosto de 1807 — os historiadores divergem quanto ao dia exato —, o *Clermont* viajou de Manhattan para Albany, uma distância de 250 km rio acima, navegando pelo Hudson durante 32 horas. No meio da viagem, o empreendedor, inventor, engenheiro e artista de 41 anos finalmente encontrou tempo para propor casamento a Harriet Livingston, uma parenta de seu sócio. Voltou para Manhattan, rio abaixo, em 30 horas. O monopólio estatal tinha sido concedido com a condição de que produzissem um barco a vapor que fizesse ao menos 6,5 quilômetros por hora. Eles conseguiram uma média de 8 quilômetros por hora. "O poder de impulsionar navios pelo vapor foi comprovado", Fulton escreveu para Joel Barlow. Imediatamente após esse sucesso, Fulton e Livingston iniciaram um serviço regular entre Manhattan e Albany. As passagens eram caras, 7 dólares só a ida para Albany, e ainda assim os barcos saiam abarrotados de passageiros. Fulton e Livingston mostraram que a viagem a vapor era lucrativa e isso mudou Nova York e o mundo; talvez seja o motivo pelo qual ele é lembrado como o inventor do barco a vapor.

O tempo de viagem entre as duas cidades ainda foi mais reduzido, para meio dia. O que antes se fazia em uma semana, ter seu tempo assim reduzido, teve implicações comerciais não apenas no tráfego de passageiros como no de cargas. Significava que produtos do vale do Hudson podiam ser despachados para Nova York e de lá para o resto do mundo; que produtos importados podiam chegar a Nova York e ser rapidamente enviados para serem vendidos no vale do Hudson. Isso era muito importante para os produtores nova-iorquinos de bens perecíveis, e no topo dessa lista figuravam os produtores de ostras.

Mas nem todos estavam felizes. O *Clermont* queimava pinho, expelia fumaça negra e cuspia fagulhas brilhantes, mas esse era o início do século XIX, uma era em que muitos temiam o progresso e outros apontavam para a fumaça negra com orgulho, como para um sinal de progresso. Um observador chamou o *Clermont* de "monstro horrível que caminha com a maré iluminando seu caminho com o fogo que vomita". Os operadores das antigas corvetas não perdiam a oportunidade de impedir ou atrapalhar o *Clermont*.

A assembléia do estado aprovou uma lei proibindo qualquer dano ao *Clermont* ou a outros barcos a vapor.

Mas as possibilidades eram infinitas e não apenas para os produtores de ostras. Em 2 de outubro de 1807, o *New York Evening Post* publicou um artigo chamado "O barco a vapor do sr. Fulton", que terminava assim: "Ontem, ele chegou de Albany, depois de 28 horas de viagem, com 60 passageiros. Não seria muito bom o chefe dos correios contratar o barco para transportar a correspondência entre esta cidade e Albany?"

Os nova-iorquinos se apaixonaram pela tecnologia, o que motivou corridas insensatas, rio acima, de barcos a vapor. Ao menos 50 passageiros morreram, em 1845, quando o *Swallow*, apostando corrida com dois outros barcos a vapor, bateu em uma ilha rochosa e pegou fogo. Mais de 60 pessoas morreram em 1852, entre elas a irmã de Nathaniel Hawthorne, quando o *Henry Clay*, também numa corrida, pegou fogo perto de Yonkers e encalhou.

Fulton passou a se dedicar às barcas. Dos atuais cinco distritos que formam a cidade de Nova York, só o Bronx não fica à beira-mar. Hoje esses burgos são interligados por túneis e pontes, mas desde o tempo dos holandeses, talvez mesmo desde os Lenape, até o final do século XIX, a única conexão eram as barcas. Até a época de Fulton, elas eram acionadas por cavalos andando em círculo no deque da embarcação, fazendo girar um poste que servia de eixo para a rotação das rodas movidas a pás. Na velocidade que elas navegavam, simplesmente chegar ao East River se transformava em uma viagem. Em 1812, Fulton começou a fabricar barcas a vapor para ligar Manhattan a Nova Jersey e ao Brooklyn. Fulton tambem é o inventor da rampa móvel, que é levantada quando a barca está em movimento e baixada ao nível do deque quando atracada, o que permite aos veículos embarcarem e desembarcarem; sistema em uso até hoje.

Fulton se interessava por inaugurar uma linha que servisse para ir de Nova York a Connecticut, mas a rota, que passava pelo canal de Long Island, ainda estava sujeita a ataques de navios de guerra ingleses. Só depois da guerra de 1812, assinado o Tratado de Ghent em 1815, com as hostilidades realmente interrompidas, foi que ele pôde criar uma linha entre New Haven e Nova York. Logo depois, a barca de New Haven passou a ir também até

Providence, alterando para sempre as características da Nova Inglaterra sulista, ao ligá-la mais a Nova York que a Boston. Um barco a vapor em direção ao rio Raritan, em Nova Jersey, ligava Nova York à Filadélfia.

Nova York agora exportava enormes quantidades de ostras frescas para o norte do estado e para a Europa, e sem produção que atendesse a todos esses mercados, comprava ostras em Long Island, Connecticut e Nova Jersey. Em 1807, a cidade suspendeu a proibição da entrada de ostras durante os meses do verão. Em 1819, foi inaugurada a primeira fábrica de latas na cidade de Nova York; ostras e bacalhau assim embalados abriram novas perspectivas para os comerciantes nova-iorquinos. Uma outra idéia estava prestes a transformar Nova York e o comércio de ostras na cidade.

Os LENAPE, os Iroquois e os Mohawk — habitantes do que viria a ser o estado de Nova York — cultivaram o mito de que o grande North River fluía de um outro grande mar, para o Atlântico. Agora as Pessoas Salgadas iam transformar esse mito em realidade. Não era um caminho marítimo para a China, mas, para os nova-iorquinos do século XIX, era melhor que isso: um caminho navegável até o Oeste americano.

Tanto Fulton quanto Livingston acreditavam que o futuro da América estava nos caminhos navegáveis para o Oeste, e tentaram estabelecer uma rota de barcos a vapor no Mississipi e em outros rios do Oeste. Mas o governador de Nova York tinha outras idéias.

Em 1808, depois que o serviço de barcos a vapor para Albany se mostrou um sucesso, um delegado na Assembléia Legislativa de Nova York, Joshua Freeman, apresentou aos seus pares uma resolução destinada à construção de um canal que ligasse o Hudson aos Grandes Lagos. Freeman era de Salina, uma região produtora de sal entre o lago Erie e Albany; os produtores de sal queriam transportar suas cargas pesadíssimas para a cidade de Nova York, dali para mercados estrangeiros, assim como para os Grandes Lagos e mercados no Oeste.

Os barcos a vapor haviam mostrado como o transporte podia modificar Nova York. No início do século XIX, 1/6 da população dos Estados Unidos vivia na área de Nova York e, com a ajuda do transporte a vapor, a cidade movimentava 1/6 de todo o comércio do país.

Mas nem todos se entusiasmaram com a idéia do canal. A cidade de Nova York ainda era majoritariamente agrícola, mesmo Manhattan ainda era composta de 2/3 de área plantada, e seus fazendeiros não queriam competir com produtos vindos do norte do estado. Muitos negociantes da cidade se opuseram à idéia, por temer que o canal viesse a desvalorizar seus produtos. O político mais influente de Nova York, o governador DeWitt Clinton, de uma famosa e bem-relacionada família — seu pai, James, foi um herói da Revolução e seu tio, George, foi vice-presidente nas administrações Jefferson e Madison, ao tempo em que o projeto para o canal procurava patrocinadores — foi um dos mais ardorosos defensores da idéia. Os trabalhos começaram em 1817 e só foram completados em 1825, a um custo estimado de 5 dólares por habitante do estado de Nova York.

O primeiro barco a navegar no canal, o *Seneca Chief*, entrou em Nova York com dois barriletes de água doce do lago Erie, que foi despejada nas águas do Atlântico, perto de Sandy Hook. A bordo também estavam os peixes brancos dos Grandes Lagos, ainda frescos, uma canoa feita por índios de uma tribo do lago Superior e potassa das minas de sal do norte do estado. Os representantes da cidade deixaram o porto num navio a vapor para ir saudar o *Seneca Chief*: "De onde vocês vêm e para onde vão?"

A resposta guardada para a posteridade foi: "Do Lago Erie para Sandy Hook."

O canal Erie ligou o porto de Nova York aos Grandes Lagos e ao meio-oeste que se expandia rapidamente. Seu sucesso levou à construção de outros canais, como o canal Ohio, que ligava os Grandes Lagos ao Ohio, afluente do Mississippi. Logo Nova York estava ligada pela água a uma parte considerável dos Estados Unidos, abrindo mercados no Oeste.

Com o canal em funcionamento, o porto de Nova York lidava com um terço do comércio americano. Isso em grande parte era devido ao canal Erie. O mais importante produto de exportação americano era a farinha. Nova York enviava farinha a preços baixos para todo o mundo. Mas também exportava ostras frescas. Antes da inauguração do canal, já apareciam anúncios nos jornais vendendo ostras frescas. Logo que o canal começou a ser utilizado, barcos a vapor, e mesmo corvetas, se dirigiam a Albany para descarregar. Havia dias em que se contavam 40 barcos de ostras nova-iorquinos descarregando em Albany, onde as ostras eram colocadas em barcaças ou em vagões para serem enviadas a outros pontos do estado, como o lago Champlain.

Como o Hudson congelava no inverno, as corvetas só aceitavam a última encomenda para os estoques de inverno, até dezembro. Escolhendo as ostras de conchas mais espessas e as empacotando cuidadosamente com o lado côncavo para baixo, os negociantes nova-iorquinos garantiam que elas durariam todo o inverno. Tentaram até treinar os bivalves a se manterem bem fechados enquanto fora da água. Os produtores descobriram que as ostras são educáveis. Eles escolhiam as ostras gordas, grandes, e as recolocavam mais perto da praia, onde ficariam expostas, algumas horas por dia, à maré baixa. Após alguns dias, levavam as ostras mais para perto da margem, deixando-as alguns minutos a mais sob a maré baixa. Esse processo continuava, sempre mais para perto do continente; as ostras foram aprendendo a sorver um bom gole antes que a água se retirasse e, eventualmente, aprenderam a segurar a água durante todo o tempo em que ficavam expostas.

Os nova-iorquinos não foram os únicos a treinar ostras para exportação. Os franceses, antes de enviá-las para Paris, as espalhavam na água e todos os dias batiam em cada uma com uma barra de ferro, fazendo com que os bivalves se fechassem de imediato. Um americano, atento observador do século XVIII, comentou que os franceses treinavam as ostras "para ficarem de boca fechada ao serem introduzidas em sociedade".

COM DINHEIRO ENTRANDO rapidamente na grande cidade portuária, Nova York pôde crescer, pavimentar suas ruas, construir calçadas e abrir estradas em direção ao norte de Manhattan. Três meses depois que o primeiro barco a vapor para Albany inaugurou a linha, a cidade viu seu primeiro hidrante contra incêndio, instalado na esquina da Liberty com a William Street. À medida que a cidade crescia, seu planejamento de cidade quadriculada, com ruas leste-oeste próximas umas das outras, e avenidas norte-sul afastadas entre si, assim criado porque seus planejadores estavam convencidos de que o grosso do tráfego seria entre as margens do Hudson e do East River, foi se mostrando eficiente.

Apesar de todo esse progresso, a cidade não oferecia sequer um restaurante de primeira classe. De acordo com a lenda, os nova-iorquinos só se deram conta dessa situação em 1825, quando o primeiro barco a trafegar pelo canal Erie foi recepcionado pelo governador DeWitt Clinton e pelo prefeito Philip Hone. Não havia nenhum restaurante onde celebrar. Mas isso não era o pior. Nada iria chamar tanto a atenção para seus restaurantes de cidade pequena, como a visita de um querido francês. Na verdade, 30 anos antes, um exilado chamado Jean Anthelm Brillat-Savarin, que mais tarde se tornaria um dos mais famosos autores de todos os tempos a escrever sobre comida, havia morado dois anos em Nova York, fugido da Revolução Francesa, e se sustentado como professor de francês e violinista. Achou a comida agradável. Mas ficou impressionado com a fartura de produtos no mercado, com o valor da comida simples preparada nas casas de família. Descreveu como caçou um peru selvagem para si mesmo, pedindo a seus hospedeiros para que assassem a ave. Ele não tinha nem cozinha, nem restaurantes para descrever. Em 1825, um francês ainda mais famoso, e com mais nomes, Marie-Joseph Paul Yves Roch Gilbert du Motier, marquês de Lafayette, o oficial francês que aos 19 anos renunciou ao seu posto para vir para a América com suas tropas e lutar pela Revolução, voltou para uma visita.

O marquês, agora com 68 anos, imaginava estar vindo para uma temporada calma, mas desde o início foi surpreendido com salvas de canhão e pela aclamação de uma grande multidão. Até os mares em volta da cidade pareciam marcar a ocasião. De repente, houve uma explosão de uma espécie diferente de corvinas, para sempre chamadas pelos nova-iorquinos de Lafayettes.

Os cidadãos mais importantes queriam homenagear o marquês com uma série de banquetes, e não apenas com um jantar; entre as tavernas e caves de ostras, não havia um que julgassem suficientemente adequado, em toda a cidade, do Battery à sede do governo. Considerando que Nova York estava sob ocupação militar durante sua visita anterior, ele talvez não estivesse desapontado com a situação do momento, mas, ainda assim, uma espécie de mortificação municipal tomou conta da cidade.

Nessa época, o suíço Giovanni Delmonico era um mercador de vinho. Em 1818, com apenas 30 anos, comandara uma escuna de três mastros, fazendo um bom comércio entre Havana e Nova York. Pegava tabaco em Havana, vendia em Cádiz, na Espanha, onde comprava o vinho que ia vender em Nova York e aí embarcava a madeira que venderia em Havana. Em 1824, com o nome anglicizado para John, juntou suas economias e se estabeleceu em Nova York, usando seus contatos para comprar vinho em pipas e engarrafar. De acordo com algumas pessoas, ele foi o primeiro a reagir a essa espantosa falta de restaurantes, mas de acordo com outros relatos, ele estava simplesmente se antecipando ao crescimento da cidade, com o advento do canal. Foi provavelmente a combinação das duas coisas que mostrou a ele a excelente oportunidade que surgia. Voltou para a Suíça para buscar seu irmão mais velho, Pietro, um pasteleiro de sucesso em Berna. Embarcaram juntos para Nova York, Pietro agora Peter, com arcas cheias de moedas de ouro, no valor de 20 mil dólares, segundo seu sobrinho Lorenzo. Nova York sempre gostou de suas histórias "da pobreza à riqueza", e durante muito tempo se acreditou que os Delmonicos chegaram sem um tostão e começaram a juntar dinheiro vendendo amendoim nas ruas da cidade. A verdade é menor como história, mas muito melhor como começo de vida em Nova York.

Como um era negociante de vinhos e o outro pasteleiro, eles abriram um café, o primeiro lugar em Nova York a vender doçaria francesa, num prédio de tijolos, com dois andares, no número 23 da William Street, no coração do distrito comercial, ao qual deram o nome de Delmonico's. Era um lugar simples, com mesas de pinho. Usando seus conhecimentos, vendiam doces, bolos, café, vinho e charutos cubanos. Uma outra novidade para os nova-iorquinos eram as xícaras com chocolate grosso e bem quente. No início, a maioria dos clientes era formada por europeus, que eram muitos em Nova York; costumavam escrever para casa sobre a comida horrível da cidade e se rejubilaram com a inauguração do café. Para os americanos, a curiosidade maior foi ver pela primeira vez uma mulher na caixa, um novo conceito, confiar o dinheiro a uma mulher. Ela era, aliás, a mulher de Peter.

Foi o Delmonico's que introduziu em Nova York um hábito que se tornaria uma de suas instituições básicas, o almoço de negócios. Mandaram vir seu sobrinho Francesco, que, num rompimento com a tradição familiar que parecia prever a direção que o negócio iria tomar, afrancesou seu nome para François. Em 1831, eles já não se anunciavam como "Delmonico & Irmão, confeiteiros", mas como "Confeiteiros e *Restaurant Français*".

Eles tinham concorrentes, tal como um café na Broadway, entre a Pine e a Cedar Street, de propriedade de um francês chamado François Geurin. Mas foi principalmente o sucesso dos Delmonico que causou uma reviravolta na cultura da cidade. Até ali, apesar da Revolução e da guerra de 1812, os cozinheiros de Nova York, quando queriam se superar, sonhavam em cozinhar a melhor comida inglesa, usando as receitas copiadas dos livros de receitas ingleses ou os próprios livros, que ainda eram de uso comum. Também havia uma quantidade de livros supostamente sobre a cozinha americana, apesar de escritos por cozinheiros ingleses. *American Domestic Cookery*, publicado no início do século XIX, na Inglaterra e nos Estados Unidos, foi escrito por Maria Eliza Ketelby Rundell, que era cidadã inglesa.

Mas lá para a metade do século, jantar bem em Nova York, moda liderada pelo Delmonico's, desenvolveu aspirações francesas. Na verdade, à medida que se tornava o mais famoso restaurante da América, a comida francesa, com maiores ou menores níveis de sucesso, começou a se tornar sinônimo, no país inteiro, de "jantar bem".

Em 1834, os Delmonico compraram uma fazenda com 250 acres, em Williamsburg, em Long Island, que depois se tornou uma parte do Brooklyn. Eles o fizeram porque, além de nova-iorquinos elegantes necessitarem de uma casa de campo, queriam terras onde plantar produtos que não encontravam no mercado americano. Muitos desses itens eram franceses ou italianos, mas os Delmonico também eram criativos com produtos naturais da América. Numa época em que os tomates eram conhecidos como maças do amor, e começavam a se tornar populares como planta ornamental para alegrar jardins, os Delmonico apresentaram aos nova-iorquinos a comida com tomates.

Mais ou menos em 1830, um freqüentador exigente podia sobreviver em Manhattan. Algumas alternativas ao Delmonico's começaram a surgir, inclusive o Astor House, um hotel de cinco andares na Broadway, entre a Vesey e a Barclay Street. Um cardápio do Astor, datado de 1837, listava muitos pratos franceses, mas também dois persistentes vestígios da cozinha inglesa: "bacalhau cozido e ostras" e "torta de ostras".

No Delmonico's, que era quem ditava as modas, a ênfase era sempre na cozinha francesa, a qual, no século XIX, favorecia ostras cruas servidas em uma de suas conchas, como entrada. Não era suficiente ter pratos franceses com ingredientes, *chefs* e *maîtres* franceses, mas que o serviço fosse à francesa. Palavras francesas, *mots*, deviam ser pronunciadas com freqüência. O serviço tinha que ter um estilo francês, e, se possível, o cardápio deveria ser escrito em francês. Tudo isso fazia o orgulho da maioria dos nova-iorquinos afluentes, mas agradava a uma considerável população de habitantes franceses. Louis Napoléon, sobrinho do imperador e futuro rei de França, enquanto viveu como exilado em Nova York, era um cliente regular do Delmonico's, sempre acompanhado de um jovem e belo ator chamado James Wallack, com quem regressou para a França. O príncipe de Joinville era outro comensal do Delmonico's, em 1840, quando, sob seu comando, a fragata *Belle Poule* estava no porto.

Nem todos estavam satisfeitos com essa sempre meio suspeita inclinação, a Francofilia. Philip Hone, homem que venceu por seus próprios méritos e ex-prefeito bastante franco, escreveu em seu diário, em 1838:

> Minha mulher, minha filha Margaret, Jones e eu, jantamos com o sr. e a sra. Olmstead. O jantar foi inteiramente *à la française*. A mesa, coberta de balas e quinquilharias, parecia com uma dessas lojas da Broadway na época de Natal, mas sem nada de comestível. Os pratos eram oferecidos; em minha opinião, uma maneira pouco satisfatória de proceder em relação a esse que é um dos momentos mais importantes na vida do homem. Fica-se sem saber o que escolher, porque se ignora o que vem a seguir, ou se vai vir alguma coisa a seguir. A conversa é, a todo o momento, interrompida por pratos gordurosos passados entre sua cabeça e a de seu vizinho, e é mais caro do que o modo antigo, de apresentar um belo jantar e deixar seus convidados livres para escolher. Isso não serve. Precisamos resistir à influência francesa.

AMBOS, O SERVIÇO de barcos a vapor para Albany e o canal Erie, estavam destinados a ser maravilhas passageiras, eclipsadas pela próxima idéia. Sete anos apenas após o *Seneca Chief* ter trazido peixes brancos para o porto de Nova York, começou a era dos caminhos de ferro na cidade. A New York and Harlem Railroad começou a operar saindo de Union Square para a rua 23. Mas logo haveria conexões ferroviárias entre a cidade e Boston, até os Grandes Lagos cortando o estado, para Washington ao sul, e para o Oeste que se desenvolvia. Como por ocasião das outras novidades, nem todos ficaram satisfeitos com essa idéia, sobretudo os fazendeiros locais. Os produtores de leite da cidade de Nova York estavam convencidos de que a Ferrovia Erie seria sua ruína, e alertaram os nova-iorquinos para o perigo da cidade vir a ser inundada por leite de qualidade inferior.

Estavam certos quanto à quantidade, mas não quanto à qualidade. Em 1842-43, a Ferrovia Erie trouxe quase 3 milhões de litros de leite para a cidade de Nova York. No final da década, essa quantia foi triplicada.

Os jornais do meio-oeste anunciaram a chegada das ostras de Nova York e suas competidoras, as da baía de Chesapeake. Como as ostras crescem mais rápido em águas menos frias, as de Chesapeake levavam vantagem, numa época em que o tamanho era importante, pois elas cresciam muito mais. Mas as do Norte tinham a reputação de viajar melhor. Ostras no gelo seguiam por trem para Buffalo, depois Cleveland, depois Cincinatti. Em, 1852, a Michigan Southern Railroad trouxe o primeiro trem da Costa Leste para Chicago. Logo chegaria a Saint Louis. E todos esses trens carregavam ostras de Nova York. Como um jovem político de Springfield, Illinois, Abraham Lincoln ofereceu festas com ostras, nas quais centenas foram consumidas.

Elas eram baratas. As casas de ostras da cidade de Nova York ofereciam, com freqüência, o chamado Plano Canal Street, no qual "tudo que você puder comer" era oferecido cru, em uma das conchas, por 6 centavos. Ao mesmo tempo, os restaurantes elegantes ofereciam morangos do Mediterrâneo, fora da estação, por 50 centavos cada um. Para muitos comensais do século XIX, "tudo que você puder comer" era uma quantidade enorme de ostras. Quem sonharia em parar na meia dúzia? Uma boa entrada consistia em algumas poucas dúzias. As receitas da metade do século pediam quantidades absurdas de ostras, e normalmente especificavam que deveriam ser grandes. Eliza Leslie, uma mulher da Filadélfia, cujo livro *Direction for Cookery* teve 60 edições, entre a de 1837 e as edições póstumas de 1870, em algumas receitas pedia centenas de ostras ou vários litros já sem a concha. Sua receita para fazê-las em conserva começa com: "pegue 150 ostras grandes..."

Sopa de ostras

Tempere 2/4 de ostras com pimenta-vermelha. Depois retire o líquido das conchas. Rale e passe o rolo sobre 1 dúzia de biscoitos *cracker*. Coloque no líquido, com um bom pedaço de manteiga fresca. Quando o biscoito ralado estiver quase dissolvido, adicione 1/4 de leite com noz-moscada ralada, e 1 dúzia de lascas da casca da noz-moscada; e, se estiver na estação, 1 haste de salsão fatiada e cortada em pedacinhos. Tempere com pimenta a seu gosto.

Misture tudo, e coloque numa panela bem tampada e leve ao fogo lento. Quando ferver, coloque as ostras; quando tornar a ferver, estarão suficientemente cozidas.

Antes de levar à mesa ponha na terrina pão torrado e cortado em pequenos pedaços, sem a casca.

Eliza Leslie,
Miss Leslie's Directions for Cookery, edição de 1851

A combinação de ter reconhecidamente as melhores ostras do mundo naquele que ficou sendo indubitavelmente o maior porto do mundo fez de Nova York, por um século inteiro, a capital mundial das ostras. A única dúvida, e apenas poucas pessoas tiveram a visão e a franqueza de fazer a pergunta, era se haveria ostras suficientes no porto de Nova York para abastecer o mundo.

CAPÍTULO 6

Os egocêntricos nova-iorquinos

> Esta é Nova York: campeã mundial dos arranha-céus, onde os vigaristas e os sabichões traficam lingotes de ouro entre si e onde a verdade, esmigalhada no chão, ressurge, mais falsa que um olho de vidro.
> BEN HECHT, *Nothing Sacred*, 1937

Uma das curiosidades da biologia marinha é que pouco se sabe sobre uma espécie até que ela seja posta frente a frente com a extinção. Desde 1810, os viveiros de Staten Island, onde a coleta de ostras era uma atividade econômica importante, mostravam sinais de exaustão. Na década de 1820, a maioria dos viveiros de Nova York tinha sido muito explorada e já não podia atender à crescente demanda por ostras de Nova York. Alguns estavam quase estéreis, com uma ou outra ostra em um solo oceânico devastado.

Foi nessa décima primeira hora que os cientistas intervieram.

A maioria das famílias de ostras, gêneros e espécies, ainda não haviam sido identificados. Felizmente, a *Ostrea* européia também tinha problemas, o que ajudou um cientista a ter algumas idéias sobre como resolvê-los.

Cultivar ostras era um antigo hábito europeu. Apesar de nenhum dos produtores comerciais se preocuparem muito com o assunto, até que no século XIX os viveiros norte-americanos e europeus começassem a mostrar sinais de exaustão definitiva, muito tempo antes disso o problema vinha sendo estudado. Ainda não se sabia bem como era o processo reprodutivo das ostras, mas já se falava na possibilidade de criar viveiros artificiais. Aristóteles observou que os pescadores transportaram ostras naturais para um local mais favorável, numa corrente onde elas "engordavam bastante", mas não se reproduziam. Criaram um viveiro artificial, mas, para mantê-lo, tinham que estar sempre introduzindo mais ostras.

O fundo dos antigos mares Egeu e Mediterrâneo estavam cheios de peças de cerâmica, inteiras ou quebradas, restos de naufrágios de navios que transportavam vinho e azeite de oliva, afundados durante tempestades. Havia tanta cerâmica perdida no mar, que em alguns lugares os mergulhadores de hoje ainda encontram peças. Por sorte, descobriram que as ostras gostavam de se agarrar a esses objetos. Será que espalhar pedaços de cerâmica quebrada numa área apropriada não criaria um viveiro artificial ideal? Ostras de outros lugares poderiam ser depositadas ali.

Os romanos se interessavam por tais questões porque associavam as ostras com riqueza e até criaram uma moeda, o *denarium*, que supostamente teria o valor de uma ostra. Também desenvolveram apego à gula. Segundo Edward Gibbon, o grande cronista da queda do Império Romano, uma calamidade nem de todo dissociada da gula, Vitélio, um imperador romano do século I, comeu, de uma vez só, mil ostras. Os romanos as comiam cruas ou cozidas. Apício, que viveu na época de Vitélio, as recomendava cruas com molhos como esta maionese:

> Para ostras: salsa, gema de ovo, vinagre, garum (molho feito com peixe salgado e fermentado), azeite e vinho. Se quiser, acrescente mel.

Mas ele também ofereceu a receita desse "ensopado Baian":

> Numa panela, coloque ostras pequenas, mexilhões, águas-vivas, pinhões assados e cortados em pequenos pedaços, arruda, aipo, pimenta, coentro, cominho, uva-passa, garum, tâmaras e azeite.

Sergius Orata, nascido no primeiro século da Roma d.C., e devotado ao epicurismo, cultivava as ostras-chatas européias, *Ostrea edulis*, nos lagos de águas salobras perto de Nápoles. Estes têm o solo macio, negro, lamacento, do tipo que as ostras gostam para afundar e se abafar. Mas ele colocava, a distâncias regulares, montes de pedras. Acomodava ostras de Brindisi nessas pilhas de pedras a as deixava lá para que desovassem à vontade. Cercava as pilhas com estacas, ligava uma pilha a outra com cordas acima da linha da água, e dessas cordas fazia pender ramos. Quando as ostras expeliam seus ovos fertilizados, estes imediatamente se sentiam atraídos pelos galhos como um lugar para se fixarem. O cultivador podia, de vez em quando, puxar os ramos para fora da água, remover as ostras do tamanho desejado e tornar a colocá-los de volta na água, com as ostras menores ainda agarradas neles, à espera que crescessem.

Orata fez uma fortuna vendendo essas ostras, pelo menos é o que diz Plínio, mas ele também as usava para alimentar os pargos que tentava criar para uso comercial. "Pargos alimentados com ostras" era mercadoria preciosa, numa Roma que adorava iguarias finas, prodigamente exóticas, e foi por isso que o peixe, em italiano, recebeu o nome dele, *orata*. Ele cultivava cada vez mais quantidades de ostras nesses lagos que, na verdade, eram locais onde os ricos gostavam de se banhar, até que foi processado por banhistas que não queriam dividir seu espaço com bivalves. A queixa acrescentava ambiguamente que mesmo que Orata fosse proibido de criar ostras no lago, ele as criaria em "seus ladrilhos", que alguns traduziram como telhados e outros como os ladrilhos de seus chuveiros. Ele as criaria onde quer que pudesse. Mas ao mesmo tempo em que era verdade que se preocupava em criar ostras, os banhos eram outra de suas preocupações. Orta tinha aprimorado consideravelmente as salas de banho ao inventar o chão aquecido por canos e o chuveiro, cuja venda, dizem, deu-lhe ainda outra pequena fortuna.

No século XIX, os naturalistas franceses tal como Jean Jacques Marie Cyprien Victor Coste, professor de embriologia, retomou o assunto não porque as ostras estivessem escasseando em Staten Island ou no East River, mas porque os viveiros franceses, da Normandia a Arcachon, perto de Bordéus, já estavam quase nus. Na França, a tradição das ostras é tão antiga quanto na Grã-Bretanha, podendo ser comprovada pelo menos até os tempos dos romanos. A mais antiga coleção de receitas francesas inclui ostras, e apesar de no tempo de Coste os franceses só apreciá-las cruas, essas receitas antigas incluem ostras geralmente cozidas. A que apresentamos a seguir, do *Le Mesnagier de Paris,* um guia para a administração do lar escrito por um francês do século XIV para sua jovem noiva, é similar a receitas inglesas, da mesma época, para sopas de ostras que provavelmente escandalizariam um francês de épocas posteriores:

Primeiro as ostras devem ser lavadas em água morna, depois devem ser fervidas até que seu gosto tenha penetrado no caldo, que não deve chegar a espumar. Retire as ostras e, se quiser, frite-as e acrescente algumas nas tigelas de sopa e sirva as outras numa travessa.

Quando Coste começou, a pedido do governo francês, a ponderar sobre o problema das ostras, primeiro ele estudou o trabalho de Orata em Nápoles, que ainda era muito famoso na Europa. Sem saber muito mais a respeito do animal, os europeus medievais imitaram as práticas de Orata, por esse motivo, no século XIX, replantar ostras era atividade comum. Normalmente isso era feito porque o ambiente ideal para reprodução e crescimento não era o mesmo.

Os nova-iorquinos compreenderam isso. No início do século XVIII, quando as cidades começaram a exigir seu direito exclusivo a partes da grande baía sul de Long Island, ficou claro que nem toda a baía era igual. Ostras jovens prosperavam na baía leste enquanto na oeste elas eram atacadas pelos perfuradores, grandes predadores. Mas as que sobreviviam na baía oeste cresciam mais gordas, num ritmo mais rápido do que as da leste. Esta, completamente isolada do oceano pela Fire Island, e alimentada por inúmeros rios, tinha pouca salinidade. A baía oeste, exposta ao oceano aberto, era muito mais salgada. A leste não era suficientemente salgada para os predadores de ostras. Mas também não tinha a quantidade certa de sal para seu perfeito crescimento. A solução foi criá-las na baía leste até que ficassem fortes e grandes o suficiente para sobreviver, e depois replantá-las na oeste para que continuassem a crescer. Esse processo perdurou, no mundo inteiro, por séculos. Orata descobrira que as ostras se desenvolviam muito bem em Brindisi, mas até certo ponto; transferidas para seus lagos, cresciam muito mais depressa.

Os criadores de ostras foram aprendendo com o tempo. Aprenderam que elas são bem exigentes quanto ao local onde vão se fixar. A cerâmica agrada muito, mas as conchas de ostras agradam mais ainda. Superfícies limpas são preferíveis. O lodo é a morte. Durante muitos séculos, os franceses criaram ostras nos *claires*, lagos artificiais construídos acima do nível do mar de modo que a água salgada só os atingia quando a maré estivesse alta.

Mas para que o cultivo de ostras tivesse a eficiência desejada para o comércio de larga escala exigido pelo guloso mercado do século XIX, era necessário removê-las num estágio bem anterior, quando ainda não eram nada mais que minúsculas criaturas nadadoras. Coste compreendeu que providenciando um bom material para se fixarem, um criador aumentaria consideravelmente a taxa de sobrevivência natural e poderia criar maiores quantidades delas.

Outros, em silêncio, tinham tomado a dianteira. Os japoneses e mesmo alguns habitantes de Nápoles haviam conseguido coletar sementes de ostras, assim como os chineses já haviam feito, com tramas de bambu. Os mesoamericanos, no litoral mexicano, haviam solucionado esse problema anos, talvez séculos, antes, utilizando ramos de árvores para coletar as ostras jovens, aquelas minúsculas nadadoras. Os ostreicultores nova-iorquinos chamavam essas nadadoras de *spats*[10], porque se referiam à desova como "cusparada", e seus ovos eram cuspidos.

Mas ninguém em Paris ou Nova York sabia o que os meso-americanos faziam com as *spats* e ainda se passariam anos até que os franceses, de modo inteiramente independente, começassem a usar o mesmo sistema. Por todo o século XIX, à medida que o conhecimento das ostras aumentava, a capa-

---

[10] Cuspidas, do verbo to *spit*, cuspir. (N. da T.)

cidade de criá-las artificialmente se tornava cada vez mais sofisticada. Em 1853, o senhor de Bon, comissário francês para assuntos marinhos, recebeu ordens para renovar alguns dos viveiros esgotados e, por acaso, descobriu que as ostras podiam se reproduzir em lugares onde nunca estiveram antes. Isso provocou uma série de tentativas, na busca de um modo prático de capturar as *spats* e replantá-las. De Bon inventou um sistema de pranchas no fundo do oceano cobertas com galhos. Era uma variação do método de Orata, criado 800 anos antes. Na verdade, de Bon jamais coletou ostras dessa maneira, mas Victor Coste foi incumbido pelo governo de tentar coletar *spats* em larga escala. Uma frota de pequenos barcos a vapor entregou a ele 3 milhões de ostras. Ele preparou um viveiro, espalhando no fundo do mar conchas de ostras. Depois de plantá-las nesse solo, ele amarrou vários feixes de galhos e os ancorou no fundo do mar, presos a uma corda que flutuava acima da água. Ao fim da estação, eles puxavam os feixes, cobertos por pequenas ostras. Um dos feixes juntara 20 mil ostras. Em 1863, ele retirou 16 milhões de ostras de um tamanho vendável, de apenas metade de um viveiro de mil acres. O governo começou a conceder trechos do fundo do mar a criadores. Milhões de metros quadrados de solo marinho produziram, em poucos anos, ostras no valor de 8 milhões de dólares.

Numa gestão tipicamente francesa, o governo regulamentou a pesca dividindo todo o litoral em cinco *arrondissements*, 13 *sous-arrondissements* e 60 *quartiers*. Foi criado um sistema de três níveis. Onde havia viveiros naturais, eles eram dragados. Os viveiros eram mantidos limpos e colocavam neles pedaços de telhas ou qualquer outro objeto que agradasse às larvas. Desse modo, mantinham os reprodutores. Algumas das larvas eram colocadas em viveiros artificiais, em águas rasas, onde telhas, paus, cordas ou outros materiais eram colocados para que elas se agarrassem. Ao se transformarem em *spats*, essas partículas flocadas, com um centímetro de comprimento, eram mantidas em gaiolas teladas até desenvolver conchas duras e grossas; então eram plantadas em viveiros para crescer e engordar.

Por todo o século XIX, mais se foi aprendendo sobre as ostras; assim, se contrapondo à tendência do homem em destruí-las, desenvolveu-se a capacidade de recriá-las. A descoberta desses novos poderes deixava a humanidade estonteada com o poder mágico da ciência em resistir aos tolos excessos dos homens.

Os PRIMEIROS VIVEIROS naturais a se esgotarem foram os de Staten Island. Em 1820, com a população da cidade e a demanda por ostras sempre crescentes, os viveiros de Staten Island eram desertos estéreis devido à colheita excessiva e ao lodo sufocador trazido pelo rio Raritan. Os criadores de Nova York sabiam que, tal como Sergius Orata, eles podiam replantar seus viveiros com ostras trazidas de outros locais. Plantaram as pequeninas vindas de Arthur Kill e do rio Raritan, mas estas levavam de dois a três anos para atingir um tamanho vendável. Tentaram também as de Long Island, com resultado um pouquinho melhor. Com a produção declinante, esse mercado em Nova York continuava a crescer. Já em 1816, ostras da baía de Chesapeake eram vendidas em Nova York. Elas tinham a vantagem de, tendo crescido em águas mornas, mesmo com o transporte para Nova York, continuarem a crescer mais rapidamente do que as nativas. As de Chesapeake, ainda pequeninas, sementes com 50 centímetros ou menos, replantadas nos viveiros de Staten Island, alcançariam um tamanho vendável em apenas um ano. Não teriam o tamanho das ostras gigantes da lenda nova-iorquina, mas teriam um bom tamanho para se comer.

Na primavera de 1825, as *spats* de Chesapeake foram, pela primeira vez, trazidas em escunas e plantadas na baía Prince, Staten Island. No outono, foram coletadas e vendidas na cidade com lucro. Várias escunas, com um capitão e uma tripulação de quatro homens, começaram a fazer o mesmo trajeto saindo da baía Prince, assim como do litoral de Nova Jersey, zarpando de Keyport e de Perth Amboy. Essas tripulações podiam importar centenas de milhares de sementes de ostras por ano. Uma escuna levava de 35 a 40 horas de viagem da baía de Raritan aos rios do baixo Chesapeake. Em dois dias podiam carregar o barco com 2.500 a 3.500 *bushels* de sementes de ostras, com 400 ou 500 unidades pequenas em cada *bushel*. Logo, outras regiões maltratadas, em Long Island, Connecticut, Rhode Island, e Wellfleet, em

Cape Cod, Massachusetts, estavam fazendo o mesmo. Era uma simples transferência de um viveiro de *Crassostrea virginica,* para outro.

Quando a escuna voltava para a baía de Raritan, com as sementes de ostras, eles contratavam mais 12 homens, freqüentemente fazendeiros locais, para retirá-las do barco com pás, enquanto a escuna ficava navegando entre os viveiros. Os homens cuidavam para que os viveiros não ficassem superlotados — 750 *bushels* por acre, ao que tudo indica, era a fórmula ideal.

A França era uma sociedade administrativa, e o cultivo de ostras era baseado em um plano governamental, enquanto os Estados Unidos e, principalmente Nova York, eram legalistas e necessitavam de leis específicas antes que o cultivo de ostras pudesse se difundir em larga escala. A lei americana via os viveiros naturais mais ou menos do mesmo modo que os Lenape viam a posse da terra. Não podia ser possuída, e todos tinham o direito de cultivá-la, da mesma maneira que se colhem frutos num bosque selvagem ou se pesca no oceano. No século XVIII, nascem os direitos territoriais. Para coletar ostras em determinados locais era necessária a prova de residência. Qualquer residente tinha direito aos viveiros de ostras. Mas implantar, era outra coisa. Alguém investira trabalho e capital no cultivo de *spats* num viveiro vazio. Um cultivador demarcaria sua área com árvores novas, os ramos folhados saindo da água para ficarem visíveis acima da linha da água.

Mas em meados do século XIX, o assunto ficou mais complicado. Alguns coletores de ostras nova-iorquinos, sem capital para navegar até o Chesapeake e comprar *spats*, alegavam que esses haviam sido plantados em viveiros naturais que ainda possuíam ostras nativas e que, portanto, eles também tinham direito a coletar nesses viveiros. Os tribunais decidiram que os coletores de ostras tinham direito a reclamar viveiros nos quais quisessem plantar. Ninguém, a não ser o estado, tinha a posse dos viveiros marinhos, mas um indivíduo tinha o direito de arrendar do estado uma área, desde que nela não existissem viveiros naturais, e o arrendamento dava direitos exclusivos sobre os moluscos criados naquele local. Os estados de Nova York ou Nova Jersey passaram a arrendar áreas marinhas por taxas módicas e, às vezes, nem isso.

Esse acordo, garantindo ao cultivador a propriedade de seu trabalho e investimento, forneceu o incentivo necessário para o desenvolvimento de uma extensa indústria de ostras cultivadas, em Nova York e Nova Jersey. Organizações tais como a Associação de Plantadores de Ostras do Condado de Richmond, em Staten Island, foram criadas para patrulhar e guardar os viveiros contra coletores ilegais.

Apanhar ostras em viveiros naturais não exigia grande capital ou risco. Mas cultivá-las era coisa inteiramente diversa. O investimento e trabalho — comprar, transportar e plantar *spats* e conservar os viveiros — era negócio de grande porte. Cada *spat* tinha menos do que uma em um milhão de chances de sobreviver aos predadores, tempestades e outras condições do oceano. Mas, ao menos, após a decisão dos tribunais, ninguém podia coletar ostras plantadas na área dos outros. O cultivo aumentou rapidamente depois dessa garantia legal. Logo havia mais do que mil homens diretamente empregados no cultivo de ostras nas águas da cidade de Nova York.

Cestos resistentes, feitos com ripas de carvalho amarradas, chamados *bushels*, passaram a ser medida padrão de capacidade, apesar de sua pouca exatidão, já que um *bushel* pode conter de 250 a 350 ostras. Surgia um novo ofício, o fabrico desses cestos, que necessitavam de ripas moldadas de carvalho ou bordo.

POR VOLTA DA DÉCADA DE 1830, a ostreicultura era a mais importante atividade econômica de Staten Island, empregava cerca de mil pessoas, incluindo os fabricantes de cestos e os carregadores de *spats*. Os cultivadores de ostras começaram a vir para o Norte com *spats* para plantar. Muitos dos homens vindos de Maryland eram negros livres. Mas mesmo como homens e mulheres livres, eles acharam tudo bem diferente em Nova York.

Nova York nunca fora progressista no que se refere à escravidão, mas progredira bastante desde que um homem chamado John van Zandt chicoteara seu escravo até a morte porque ele passara a noite fora. O juiz encarregado da investigação concluiu que a causa da morte não fora a brutalidade do proprietário, mas "uma visita de Deus". Imediatamente após o fim da

Revolução, Nova York e Nova Jersey eram os únicos estados nortistas que não tinham abolido a escravidão, ou criado um programa para a abolição gradual. Staten Island e o Brooklyn, junto ao condado de Ulster, foram particularmente veementes em sua oposição à abolição. Mas o trabalho escravo começava a ser substituído pelo trabalho dos imigrantes, legalmente menos complicado e tão barato quanto. Depois de 1799, uma lei nova-iorquina deu automaticamente liberdade a crianças nascidas de escravas. Já em 1820, apenas 518 escravos viviam em Nova York, a maioria empregada no campo. Finalmente, foi aprovada uma lei abolindo a escravidão no estado de Nova York a partir de 4 de julho de 1827. Os negros libertos se mudaram para uma região ao norte de Manhattan, deram-lhe o nome de Seneca Village, onde viviam, junto aos remanescentes índios americanos, em barracos ou até em cavernas. Mas muitos moravam nas áreas mais pobres de Manhattan com imigrantes irlandeses. Na década de 1850, a cidade comprou Seneca Village para criar o Central Park.

Maryland ainda era um estado escravocrata, mas tinha uma imensa população de negros livre. A elite dominante acreditava que essa população era uma ameaça à instituição da escravatura, por isso o estado aprovou leis restringindo os direitos dos negros livres. A um coletor de ostras negro não permitiam que fosse dono de sua própria chalupa, ou que capitaneasse uma corveta, a não ser que a tripulação contasse com um homem branco. Por outro lado, se ele quisesse se mudar para um canto desconhecido na África Ocidental, chamado Libéria, receberia uma recompensa em dinheiro.

As restrições contra negros possuírem terras em Nova York haviam sido abolidas em 1809, apesar de ainda ser exigido deles que fossem proprietários de ao menos 250 dólares em terras, para poder votar. Essa exigência, em relação aos brancos, caíra em 1825. Em Maryland, os negros livres não podiam possuir terras, não podiam possuir viveiros de ostras, mas podiam ser trabalhadores em ambos os lugares. Em Staten Island, eles podiam ter seus próprios viveiros. Eles se instalaram numa pequena comunidade de negros nova-iorquinos livres, na ponta mais ao sul, na terra mais pobre da ilha, na sua cidadezinha mais rural. Era parte de Westfield, uma das quatro comarcas de Staten Island que fora colonizada por famílias holandesas e huguenotes, muitas das quais formadas por ostreicultores. Apesar de seu solo ser terra misturada com areia e giz, havia fazendas, e os negros emancipados de Nova York foram para lá trabalhar no campo e na cultura de ostras. A área de Westfiled onde os negros de Maryland se estabeleceram era terra virgem, coberta de árvores, comprada por preço bem baixo. Embora essa área não tivesse o solo rico de outras partes da ilha, os negros descobriram que o terreno arenoso era ideal para cultivar morangos. Originalmente chamada Harrisville, depois Little Africa, lá pela década de 1850 era simplesmente conhecida como Sandy Ground[11], o que, na verdade, é um dos pré-requisitos para o cultivo de morangos.

Ao Norte, ficava perto da região de viveiros de ostras de Arthur Kill, e ao Sul, a uma curta caminhada da baía Prince. As ostras dessa baía eram muito apreciadas em Manhattan. Um número cada vez maior de negros oriundos do comércio de ostras de Maryland e da Virgínia migrou para Sandy Ground. No início, era uma comunidade pobre. Os homens trabalhavam para ostreicultores brancos e as mulheres faxinavam e lavavam roupa para as famílias brancas da baía Prince e Rossville. As famílias negras viviam em barracos de um cômodo e construíam quartinhos quando tinham filhos. No verão comiam os produtos dos quintais, e no inverno principalmente ostras, que raspavam dos recônditos esquecidos de Arthur Kill. A ostra é um alimento que perde todo o encanto quando se torna comida de todos os dias.

Mas a pequena comunidade converteu-se espantosamente em lugar bem próspero. O cultivo de morangos continuou, mas a coleta de ostras dava uma base sólida para os negros progrediram com lojas próprias, artesanato e igrejas, tornando-se completamente auto-suficientes. Começaram a ser donos de seus barcos. Alguns viraram cesteiros, cortando o carvalho branco natural da região em tiras que embebiam e trançavam para criar os cestos. Outros se tornaram ferreiros, fazendo pinças, ancinhos e outros equipamentos para os esquifes que transportavam as ostras. Os fazendeiros acrescentaram à plantação de morangos alimentos típicos do Sul como repolho verde, batata-doce, e mostardeiras. Todas as manhãs, um barco saía de New Brunswick,

---

[11]Terreno arenoso. (*N. da T.*)

em Nova Jersey, descia o rio Raritan e passando por Arthur Kill, parava nas aldeias ao longo do caminho, inclusive em Sandy Ground, para apanhar os produtos que iam ser vendidos no mercado Washington, no centro de Manhattan.

Alguns coletores de ostras de Sandy Ground comandavam esquifes para sua tarefa, utilizando pinças longas iguais as dos Lenape e ancinhos para arrancá-las. Alguns ganharam dinheiro suficiente para comprar corvetas de um só mastro. As famílias de cultivadores mais ricas pavimentaram uma estrada ao longo do Arthur Kill, a Bloomingdale Road, com conchas de ostras esmigalhadas. A partir de 1849, famílias negras enriquecidas graças à ostreicultura construíram belas casas de campo, todas em tijolos, ao longo dessa estrada.

Como uma das primeiras comunidades nova-iorquinas de negros livres, Sandy Ground tornou-se bastante conhecida como um centro afro-americano. Os negros de Manhattan se transferiam para lá num tal ritmo, que apesar das leis de imigração de Maryland, de acordo com o censo de 1860, a maioria dos residentes de Sandy Ground ou nascera na cidade de Nova York ou ao menos no estado de Nova York. Era uma comunidade auto-suficiente e próspera. Esther Purnell, mulher de uma das famílias de Maryland, fundou a primeira escola particular da comunidade. Era também parada da Ferrovia Clandestina que levava escravos fugidos do Norte para a liberdade. O Congresso, reunido na Filadélfia em 1793, aprovara a Lei dos Escravos Fugidos, transformando em crime o ato de ajudar um escravo em fuga ou de lhe dar abrigo. Para a indignação de muitos nova-iorquinos, a lei foi fortalecida pelo Congresso em 1850. Os esquifes e as corvetas de Sandy Ground muitas vezes eram vistoriados em busca de escravos em fuga.

Mas a indústria de ostras de Staten Island estava amplamente integrada. Algumas famílias brancas construíram suas casas em Sandy Ground e mesmo durante os anos da Guerra Civil, quando as relações raciais na cidade de Nova York, nunca muito boas, pioraram muito, com inúmeros linchamentos, em Sandy Ground as pessoas tinham um relacionamento pacífico com as comunidades brancas ao seu redor.

A GRANDE OSTRA

DE TODAS AS ÁREAS com ostras no porto de Nova York, o East River era considerado o local com técnicas de cultivo mais avançadas. A primeira tentativa comercial de praticar a semeadura em um viveiro previamente preparado, criado antes da época da desova com arrecifes artificiais feitos com suas conchas, aconteceu na década de 1830, em viveiros que circundavam uma pequena ilha no East River, ao largo do Bronx, chamada City Island. Em um mapa, o East River aparece como se estivesse se transformando no canal de Long Island depois que as duas massas de água se encontram na estreita passagem conhecida como Hell Gate, o que justifica as águas agitadas nesse local. Mas, por tradição, esse trecho oriental estreito, com o Bronx de um lado e o Queens de outro — trecho que hoje passa pelo aeroporto La Guardia e pela Neck Bridge, um lado banhando Norwalk, Connecticut, e o outro Port Jefferson, Long Island —, era considerado parte do East River. Essa era uma área excelente para o cultivo de ostras. Charles Mackay escreveu sobre City Island, lá pelos anos 1850: "Em City Island, toda a população, que consiste em 400 pessoas, está empregada no cultivo de ostras. Os habitantes dessa ilha são conhecidos como membros de uma comunidade honesta, especial, e primitiva, que se casam entre si, e administram um negócio florescente. A ostra criada por eles é especialmente apreciada."

O ato de semear, em City Island, nasceu da observação, para citar Ernest Ingersoll, num estudo governamental, de 1881, a respeito da criação de ostras: "todo objeto jogado na água, no verão, imediatamente se cobria de filhotes de ostras". Lógico, concluíram que bastava colocar alguma coisa na água durante o verão para coletar um grande número de filhotes de ostras flutuantes, quase flocos do tamanho de uma unha, os quais, a custo muito baixo, podiam ser transportados para um viveiro situado em local ideal para o crescimento. Vários tipos de objetos foram usados para atrair esses filhotes nadadores, que depois eram colocados em viveiros feitos com conchas de ostras.

Mas o sucesso dos primeiros experimentos não se repetiu. O número de ostras aderidas era cada vez menor, até que os cultivadores perceberam que não era qualquer objeto que as agradaria. Superfícies lisas eram boas. Elas gostavam de garrafas. Mas o limo era inaceitável e ele se acumulava rapidamente. As conchas de ostras no fundo do East River se tornavam viscosas em muito pouco tempo, com o acúmulo de matéria vegetal naquelas águas. Para evitar o limo os ostreicultores aprenderam a esperar e não espalhar as conchas nos viveiros até que a desova estivesse em andamento. Em vez de espalhar as conchas em maio, de modo que estejam preparados, eles só as colocavam no lugar em julho. Também procuravam canais por onde a maré corresse, porque nessas áreas o limo não se acumulava tão depressa. Aprenderam que se retirassem com cuidado as conchas com pás, para fora do barco, em vez de simplesmente atirar pilhas delas na água, as ostras cresceriam melhor.

No início do outono, os cultivadores de ostras do East River recolhiam com ancinhos algumas conchas e procuravam por pequenos flocos agarrados nelas. Esses eram os filhotes. Ao fim do primeiro e do segundo ano, as ostras menores eram removidas para dar mais espaço às maiores. No fim do segundo ano elas já estavam do tamanho de uma moeda de meio dólar, como diziam quando essas moedas ainda estavam em uso. Algumas ostras com três anos eram consideradas pequenas, mas apreciadas como iguarias. Aos quatro anos, elas eram recolhidas. Tanto fazia se o viveiro tinha sido bem-sucedido ou não: o fato é que ele precisava ser limpo antes de ser utilizado novamente, porque as conchas usadas estariam muito sujas para que as novas se fixassem nelas. Surge uma nova e controversa ferramenta, a draga de ostras.

O fato de a draga de ostras despertar tanta controvérsia prova que a ostreicultura em Nova York, apesar de seus administradores não possuírem dinheiro, estava muito à frente dessa mesma atividade em outras regiões. Na verdade, a mesma técnica, draga de popa, suscitou comparativamente poucas discussões na indústria de pesca de bacalhau, linguado e outros peixes que habitam o fundo do mar, até a metade do século XX. A crise do esgotamento causada pela coleta sem limites ficou evidente nos viveiros de ostras mais de um século antes de ser notada em outros tipos de peixes.

A dragagem e a escavação do fundo do mar começaram a ser feitas com barcos a vela, mas foi o barco a vapor que as tornou perigosamente eficientes. A draga de ostras passava com força uma barra pesada por cima do viveiro, juntando tudo que arrancava numa rede que ficava na parte de trás. Logo se percebeu que tal dispositivo acabaria por esvaziar o fundo do mar. Victor Coste se opôs veementemente a elas. Em 1858, em um relatório enviado a Napoleão III, imperador francês, ele advertiu: "Seis semanas de dragagem diária seriam suficientes para despojar todo o litoral francês." Os franceses começaram a chamar a draga de "guilhotina de ostras".

Em Nova York e Nova Jersey, os ostreicultores viam a dragagem como quase todas as inovações tecnológicas: com bastante desconfiança. Em 1820, um lei de Nova Jersey, no condado de Monmouth, proibiu apanhar ostras no rio Navesink por qualquer outro meio que não fosse "caminhando dentro da água e pegando as ostras com as mãos". Nesse mesmo ano a dragagem de ostras foi completamente proibida em Nova Jersey. Mas, em 1846, viveiros plantados foram isentados dessa proibição. Até a década de 1960, dragagem com barcos a vela, e somente esse tipo, era permitida no rio Raritan e em Sandy Hook. No East River, ela era apreciada porque quebrava os montes de conchas de ostras e agregados, limpando a área a fim de prepará-la para o depósito de conchas limpas. Em 1870, foi proibida a dragagem na baía de Great South de Long Island, mas à medida que as propriedades foram se ampliando, a lei teve que ser revogada. Planejadas como medidas de preservação, as leis que limitavam a dragagem se prolongaram mesmo após o cultivo eliminar o risco da coleta predatória, porque tinham o efeito secundário de tornar a ostreicultura pouco eficiente, portanto sem atrativos para os grandes negócios. Por causa disso, a ostreicultura manteve-se como indústria artesanal local.

NO INÍCIO DO SÉCULO XIX, a demanda crescente e a produção declinante, na cidade de Nova York, criaram uma oportunidade para os viveiros de ostras das proximidades. A baía de Great South, uma massa de água protegida, medindo aproximadamente 32 quilômetros de comprimento e 68 de largura, rica em viveiros naturais de ostras e mexilhões, ficava a apenas 105 quilômetros de Manhattan.

Na década de 1840, dois holandeses, Cornelius de Waal e seu cunhado Cornelius Hage, com suas mulheres e quatro filhos cada, chegaram a Nova

York com a intenção de seguir para o Michigan, região de colonização já habitada por compatriotas seus. Panfletos anunciando terras ricas na América, ideais para fazendas, circulavam entre os cultivadores de ostras dos viveiros cada vez menos produtivos da costa belgo-holandesa. Os De Waal e os Hage ficaram entusiasmados ao ver a influência holandesa ainda viva em Nova York — as casas de tijolos em Manhattan, com a cumeeira em triângulo, e também o estilo holandês das fazendas no Brooklyn. Foram parar em um hotel que lhes fora recomendado, na Greenwich Street, administrado por um judeu holandês. Viajantes holandeses ficam sempre muito alegres nas raras ocasiões em que encontram pessoas que falam sua língua. Conversaram e conversaram e ouviram falar que a baía de Great South estava cheia de ostras. Vindos de Bruinisse, na Zeeland, onde trabalhavam no comércio de ostras, ficaram animados com essas novidades e se informaram sobre como chegar a Hunter's Point, para pegar o trem que levava a Long Island.

Nessa época, a maioria da população de North Shore e do East End, em Long Island, era formada por descendentes de puritanos que haviam deixado Connecticut. Haviam prosperado com a pesca e o comércio no canal de Long Island, o que os manteve juntos nos arredores de North Shore. A ferrovia, que fora criada em 1835 para unir a região a Boston, com a ajuda de uma balsa entre North Fork e Connecticut, não servia à população de Long Island, apesar de cortar seu centro, atravessando terras planas com nomes como Barrens[12].

A South Shore, arenosa e alagadiça, era pouco apropriada para a agricultura, mas oferecia um caminho marítimo perfeito para encurtar a distância até os mercados da cidade de Nova York. Hage e De Waal escolheram Oakdale, onde poderiam viver à custa da baía de Great South, em terras litorâneas planas e arenosas que lhes recordava sua terra natal. Em torno do ano de 1865, amigos e parentes vieram da Holanda se juntar a eles e então formaram sua própria comunidade, West Sayville. Derrubaram árvores e começaram a cultivar a terra e a criar pequenas indústrias. Mas o coração econômico da área era a baía de Great South e vender ostras para o mercado

---

[12] Estércis. (N. da T.)

da cidade de Nova York. Era um mercado de tal modo insaciável que nem os imensos viveiros do porto, mesmo cultivados, davam conta de satisfazer sua demanda.

Fornecer ostras para esse grande mercado a apenas cento e poucos quilômetros de distância era trabalho pesado e perigoso. As ostras eram transportadas por escunas e vagões. Uma escuna carregava aproximadamente 700 *bushels*, mais ou menos 23 quilos, atravessando a enseada de Fire Island nos meses mais perigosos do ano, os meses com a letra R[13]. Em 1868, a Linha Férrea de Long Island chegou a Sayville e, em 1870, algumas ostras eram embarcadas por trem. De mais ou menos 1900 até o começo da Primeira Grande Guerra, essa linha manteve, por dia, quatro trens expressos com carregamento de ostras, às 9, 11, 14 e 17 horas, para uma viagem de 75 minutos. Ou eram despachadas com apenas uma de suas conchas, à razão de três *bushels* de ostras em cada barril, ou já de todo retiradas das conchas, em vasilhames de um ou três galões.

Os coletores de ostras continuavam a usar as pinças tradicionais. Medindo quase 5 metros de comprimento, numa das pontas elas se cruzavam e seus dentes de metal trabalhavam o fundo do mar num movimento igual ao de uma tesoura, recolhendo ostras, moluscos, pedras etc., e depositando o que pegavam em cestas amarradas a cada uma de suas barras. Uma hora com essa ferramenta produzia um *bushel* de ostras. Era essa a principal atividade dos "homens da baía", junto à coleta de mexilhões e a pesca de *mossbonkers*.

Na metade do século XIX a baía de Great South fornecia 75% de todos os moluscos consumidos no país, assim como a maioria das savelhas, os *menhaden* da cidade de Nova York, que, esmigalhados, eram usados como fertilizantes. Esse costume era herança indígena. A palavra indígena para fertilizar era *munnawhatteaug*, abreviada pela maioria dos brancos para *menhaden*, a não ser pelos nova-iorquinos que, por causa de algum problema de articulação, insistiam em chamar esses peixes de *mossbonkers*. Depois de alguns anos de fertilização feita com o farelo de *mossbonkers*, o solo de Long Island, de Staten Island e de outros locais em que isso era usado, foi dando

---

[13] Os meses de setembro a abril. (*N. da T.*)

sinais de deterioração. Os moradores daquela região começaram também a se queixar do mau cheiro e da invasão de moscas-varejeiras. Frutas ou outros produtos cultivados ali, onde as moscas apareciam, ficavam, segundo aquelas pessoas, com odor esquisito, de peixe.

As ostras da baía de Great South eram muito valorizadas na cidade de Nova York, especialmente a partir de 1817, quando adquiriram a marca Bluepoints. Uma boa marca é sempre importante no negócio de ostras. Segundo a lenda, as primeiras ostras levadas para o mercado da cidade de Nova York, como Bluepoints, foram enviadas por Joseph Avery, um veterano da guerra de 1812, que em 1815 retornara para sua casa na baía de Great South. Típico habitante da baía de sua época, ele dividia seu tempo entre a pesca, o transporte de ervas marinhas e a venda, para a cidade de Nova York, de lenha para lareira, empilhada e amarrada com cordas. Usava a enseada de Fire Island para fazer esse transporte. Às vezes, coletava ostras. Dizem que Avery foi o primeiro a plantar sementes de ostras ao largo de Blue Point, local onde passara a infância. Ele velejou até Chesapeake e trouxe de volta uma carga de sementes. De acordo com a tradição de sua família, durante os dois anos em que esperou pelo crescimento das ostras, Avery patrulhava seu viveiro com um mosquete carregado. Ele deu o nome de sua cidade, Blue Point, às ostras que colheu. Blue Point era uma das estações da linha férrea Islip-Brookhaven. A cidade, um centro de ostreicultura tradicional, recebeu esse nome de ostreicultores que trabalhavam seus viveiros em esquifes e que alegavam que o local era visto muitas vezes através de uma névoa azul. Bluepoint tornou-se uma marca de tanto sucesso, na cidade de Nova York, que logo todas as ostras grandes passaram a ser chamadas de Bluepoints.

Na metade do século XIX, a baía de Great South também começou a mostrar sinais de exaustão em seus viveiros e muitos de seus moradores começaram a plantar *spats* de Chesapeake. Quando os holandeses começaram a cultivar ostras, utilizando para isso os dois lados da baía, o mais salgado para plantar, o de água doce para o crescimento, West Sayville tornou-se um maior centro de ostras do que Blue Point. Mas aquelas despachadas para a cidade de Nova York continuaram a ser chamadas de Bluepoints porque os nova-iorquinos as adoravam.

O MERCADO SEMPRE crescente da cidade de Nova York vivia procurando um novo tipo de ostra, criadas em uma nova enseada, com um nome diferente. Se as Bluepoints eram difíceis de ser encontradas, a cidade desejava as ostras da baía Prince. Depois, em 1827, uma ventania inesperada, com ondas muito fortes, deixou quase nu um arrecife no East River conhecido como Saddle Rock. Na verdade, esse lugar fica no porto de Norwalk. O nome Saddle Rock veio de uma afirmação duvidosa, de que o arrecife lembrava uma sela de montar inglesa. Durante esse forte movimento das marés, pela primeira vez, que se saiba, os viveiros de ostras se tornaram visíveis na base de Saddle Rock. Suas ostras eram tão grandes que, para encher um cesto tipo *bushel*, em vez de 250, eram suficientes 25 ostras. Assim mesmo as ostras continuavam macias e com um sabor elogiado por todos. Nova York sendo Nova York, todos na cidade estavam loucos para ter ostras Saddle Rock em suas mesas, pagando preços antes nunca imaginados.

Tanto para as cozinhas caseiras quanto para os vendedores de rua, assar as ostras Saddle Rock era o modo mais popular de servi-las.

Ostras assadas

> Lave muito bem as conchas. Enxugue até secar, e coloque-as numa grelha, o lado mais comprido voltado para o fogo; coloque em cima de uma camada de carvão em brasa, quando as conchas se abrirem e as ostras estiverem brancas, estão cozidas; dobre um guardanapo num prato grande ou travessa, ponha em cima as ostras com as conchas, tomando cuidado para não perderem seu suco; sirva quente.
>
> Quando servir ostras assadas num jantar, deve haver uma pequena tina entre cada duas cadeiras, para receber as conchas e os grandes e ásperos guardanapos chamados de guardanapos de ostras. Sirva manteiga fria e pãezinhos ou *crackers* com as ostras assadas.
>
> MRS. T. J. CROWEN
> *The American System of Cookery*, 1864

Levou mais ou menos uns cinco anos para acabarem com as ostras Saddle Rock. Quando a sra. Crowen escreveu seu conhecidíssimo livro de receitas, elas já tinham desaparecido havia muito tempo. Mas os comerciantes de Nova York continuaram a se referir a um bom número de outras variedades como Saddle Rock, porque esse se tornara um valioso nome de marca. Vendiam a um preço bem alto, a 30 centavos cada, o que era um valor fabuloso para uma ostra nova-iorquina. Saddle Rock acabou se tornando o nome de qualquer ostra de Nova York que fosse grande ou que já não tivesse um bom nome, como Rockaway ou a baía Prince. Havia sempre uma nova ostra.

A descoberta de uma nova ostra natural era noticiada nos jornais de Nova York com o mesmo entusiasmo que uma nova descoberta na área da medicina. Em setembro de 1859, cinco ostreicultores de Darien, em Connecticut, perceberam que tinham se distanciado de seu curso e largaram a draga como se fosse uma âncora. Estavam ao largo de Eaton's Neck, na boca da baía Huntington, em Long Island, a uns 50 quilômetros de City Island. Logo que descobriram onde estavam, eles puxaram a âncora provisória e viram que estava cheia de ostras. Encheram o barco rapidamente e como elas eram muito grandes, o que seria de esperar em um viveiro natural inexplorado, concordaram em manter esse local em segredo. Mas quando começaram a levar essas ostras enormes para os mercados na cidade, os nova-iorquinos ficaram curiosos. Quinhentos dólares foi o que bastou para que um dos cinco homens contasse o segredo. A manchete do *New York Daily Tribune* de 1 de outubro de 1859 foi: GRANDE DEPÓSITO DE OSTRAS: DESCOBERTA VALE MILHÕES DE DÓLARES: GRANDE EXCITAÇÃO EM TODA A COSTA.

Ostreicultores de Connecticut, de City Island, da baía Oyster para Oeste e de Port Jefferson para Leste, coletores de ostras do Brooklyn, de Greenpoint, do outro lado de Manhattan, no baixo East River, logo ficaram sabendo da novidade. Como viveiros naturais não pertencem a ninguém, o que o *Tribune* chamou de "uma enorme frota" apareceu na baía Huntington. Um repórter que testemunhou a cena escreveu que "estava tão próximos uns dos outros que mal podiam separar suas velas". O *Daily Tribune* acrescentou que se o viveiro não fosse tão gigantesco quanto diziam, estaria exaurido em poucos dias.

PARA ACRESCENTAR ainda mais à arrogância do ser humano, no século XIX se descobriu que o homem podia fazer ostras melhor do que a natureza. Isso é extraordinário. A criação de peixes e a domesticação de animais, na opinião de muitos epicuristas, cria produtos inferiores. Isso porque os animas de criação, e nisso incluímos os peixes, ficam mantidos em vidas sedentárias e são alimentados em vez de procurar seus alimentos. Mas não é isso o que acontece com a ostra cultivada. Em seu estado natural, a primitiva é tão ativa quanto uma planta, e a cultivada vive o mesmo tipo de vida, se alimenta dos mesmos nutrientes e no mesmo ritmo que sua antecessora.

Se um mercado de peixes, em um bairro elegante de Nova York, pudesse em nossos dias conseguir "ostras nativas selvagens", anunciá-las como tal, porque assim é que Nova York funciona, provavelmente cobrando preços astronômicos, conseguiria que os leitores do *New York Times*, depois de ler um artigo sobre onde as ostras foram descobertas, pagassem de bom grado o preço pedido. No mínimo até que vissem as ostras. Pois elas seriam grandes, disformes e irregulares. Uma dúzia conteria 12 formatos e tamanhos diferentes. Mas, apesar disso tudo, teriam o mesmo sabor das cultivadas.

No pequeno e negligenciado museu da Sociedade Histórica de Staten Island, há numa vitrine as duas conchas de ostra natural de Staten Island, de séculos atrás. Não foi guardada por isso, mas porque alguém pintou uma cena de coleta de ostras na parte de dentro das conchas. Estas têm mais de 15 centímetros de comprimento, pouco menos de 3 centímetros de largura e são curvas como uma banana. De vez em quando algumas velhas conchas são encontradas em concheiras, ou dentro da água, e elas também são grandes, com formatos estranhos e geralmente estreitos. Ilustrações científicas da *Crassostrea virginicus*, do século XVIII, mostram essas conchas como compridas, finas e com a forma de uma fava.

Nos viveiros naturais, todas as ostras procuram o lugar ideal e nele se agarram. Amontoam-se tão juntinhas umas das outras que, ao crescer, não têm espaço para se espalhar e crescem verticalmente ou em posições muito estranhas. A competição por espaço num viveiro natural é tão acirrada, que algumas ostras conseguem crescer em configurações estranhíssimas, determinadas pelo espaço disponível, e outras, bloqueadas, não conseguem abrir as conchas para se alimentar e acabam morrendo. Muitas vezes, numa penca de ostras, as menores estariam mortas, e as maiores, agarradas nas conchas das que não tiveram êxito.

Num viveiro cultivado, a vida da ostra tem uma diferença da vida da ostra natural: como foram plantadas pelo homem, são cuidadosamente colocadas a uma boa distância umas das outras para que tenham espaço para crescer em formas redondas e largas. Não somente isso, como também o cultivador escolhe o tamanho. As ostras podem crescer muito se deixadas em paz por 10, 12, ou mais anos. Não seria lucrativo criar um produto por 15 anos para poder colhê-lo. De 2 a 3 anos de crescimento é o tempo viável para a *Crassostrea* — a européia plana demanda mais tempo — e esse tempo permite chegar a um tamanho que a maioria das pessoas aprecia. Uma ostra nova-iorquina de 3 anos não é tão grande quanto uma ostra de Chesapeake da mesma idade, mas tem um tamanho que agrada a quase todas as pessoas. Além do quê, pode-se servir uma dúzia, quase todas com o mesmo tamanho e formato. A maioria das pessoas não quer comer uma ostra do tamanho de um prato.

O mais importante de tudo é que os nova-iorquinos podiam, por causa do cultivo, ter um fornecimento inesgotável de ostras e quase podiam encomendá-las ao seu gosto. A tecnologia se tornaria cada vez mais refinada, até que na metade do século XX os cientistas descobriram como inseminar ostras artificialmente — como se as vidas desses animais já não fossem maçantes o suficiente.

PARTE DOIS

As Conchas de Sodoma

———

A cidade não interrompe seu ronco constante, insaciável, famélico. O som tenso, que agita o ar e a alma, o incessante ruído do ferro, e o lamento melancólico da vida sendo dominada pelo poder do ouro, o assobio frio e cínico do Diabo Amarelo, apavoram as pessoas para longe do torvelinho da terra sobrecarregada e marcada pelo corpo malcheiroso da cidade.

MÁXIMO GORKI, 1907

CAPÍTULO 7

O espírito de crassostreano dos nova-iorquinos

"É um fato notável, meu senhor", disse Sam, "que a pobreza e a ostra andem sempre juntas... que Deus me perdoe se eu não disser que quando um homem é muito pobre, ele corre para a rua e come ostras com a desesperança de sempre."

CHARLES DICKENS, *As aventuras do sr. Pickwick*, 1836

"Há 50 anos Nova York não era mais que uma aldeia", escreveu o capitão Frederick Marriat, o popular autor inglês de aventuras marítimas, em 1838. "Agora, é uma bela cidade, com 300 mil habitantes." Na década de 1830, Manhattan era uma metrópole em franco desenvolvimento. Em 1835, viviam ali 250 mil pessoas, a maioria entre o Battery e Bond Street, onde hoje fica o East Village. "São poucas as árvores", observou Edgar Allan Poe, em 1844, "mas alguns arbustos são extremamente graciosos."

Porcos continuavam a transitar pelas ruas comendo o lixo que de outro modo teria ficado na calçada. "São uns animais muito feios", escreveu Charles Dickens, depois de uma visita a Nova York. A cidade crescia rapidamente para o norte. A linha férrea do Harlem permitia o serviço de trens para a parte Norte de Manhattan. Ao passo que muitos comerciantes ainda viviam no segundo andar de suas lojas no centro, os que haviam ficado ricos se juntaram aos *nouveaux riches*, comprando ou construindo casas nos novos bairros mais ao norte da ilha, por preços que assombravam a classe média, enquanto as famílias tradicionais continuavam a morar ao longo do Battery e na Broadway.

George Templeton Strong, um importante advogado de Nova York, de uma das famílias mais antigas, que manteve um diário entre 1835 e 1875, escreveu em 1840: "Dei uma volta até a Eighth Street e voltei. É uma pena que não tenhamos nenhuma rua própria para se passear à noite, a não ser a Broadway. A rua está sempre cheia, prostitutas e patifes são 2/3 da multidão. Essa é a única vantagem da cidade alta; as ruas são bem pavimentadas, bem iluminadas e habitadas por pessoas decentes."

Dez anos mais tarde, em 1850, ele escreveu: "Como essa cidade caminha para o Norte! O progresso de 1835 e de 1836 não foi nada perto do luxuriante e persistente progresso deste ano. Ruas surgem do nada, e vários estratos da sociedade vão largando suas mansões de pedra para poder esnobar estradas movimentadas por anos e anos a seguir."

À medida que a cidade crescia, o abastecimento de água se transformava num problema cada vez maior. Em 1828, a cidade não tinha água suficiente para apagar um grande incêndio. Em 1832, o comércio com a Europa trouxe com ele uma epidemia de cólera. A principal causa da morte em casos de cólera é a desidratação, e na Nova York de 1832, não havia água livre de contaminação em quantidade suficiente para atender os doentes. Na última semana de junho e na primeira semana de julho daquele ano, o Hospital Bellevue recebeu 556 casos, dos quais 334 faleceram na primeira semana de agosto. No dia 4 de julho o prefeito Philip Hone escreveu:

> Está um lindo dia, mas muito diferente de todos os outros aniversários de nossa Independência. O medo por causa da cólera impediu toda a alegria usual da autoridade pública. Não há estandes na Broadway, a parada que tinha sido autorizada foi cancelada, não houve jantar algum de qualquer corporação e os sinos não tocaram.

As vítimas do cólera suplicavam literalmente por água. Em outubro, 500 nova-iorquinos haviam morrido. A cidade respondeu com um projeto para 10 anos, construindo uma barragem no rio Croton, afluente do Hudson, criando um reservatório e construindo um aqueduto. Quando o projeto foi concluído em 1842, a cidade anunciou que não haveria problemas de abastecimento de água pelos próximos 100 anos. Na década de 1860, a cidade começou a aumentar o reservatório para atender às necessidades sempre crescentes.

O cólera não foi o único vírus a entrar em Nova York através do porto. Logo que o sistema do Reservatório Croton foi construído, ficou evidente que, em algum momento anterior, Nova York havia sido invadida pela barata-alemã *Blattella germanica*. Nessa altura, as baratas apelidadas de vírus de Croton encontraram um novo sistema de transporte, os canos de água que serviam à cidade, revelando pois seu segredo — não é por comida que elas procuram, mas por água.

Um dos tanques para armazenar água pertencente ao sistema Croton ficava numa área de expansão recente, na altura da Quinta Avenida com a rua 40, onde hoje vemos a Biblioteca Pública de Nova York. O entorno desse tanque, com seus muros e alamedas, tornou-se um parque municipal. Edgar Allan Poe escreveu:

> Quando você visitar Gotham, não deixe de passear pela Quinta Avenida, até o reservatório; perto da rua 43, se não estou enganado. A vista que se desfruta ao circundar o reservatório é muito linda. Desse ponto, elevado, vê-se o reservatório ao norte, em Yorkville; toda a cidade até o Battery; uma grande parte do porto e longos trechos do Hudson e do East River.

Por outro lado, Philip Hone escreveu em seu diário, em 22 de outubro de 1842:

> Não se fala nem se pensa em mais nada nesta cidade além da água do Croton; fontes, aquedutos, hidrantes, e mangueiras atraem nossa atenção e impedem que possamos passear nas ruas. O fluxo político foi substituído pelo fluxo das águas e seu livre curso desviou a atenção das pessoas da confusa situação em que se encontra a moeda nacional. A chegada da água para todas as classes de cidadãos é assunto espantosamente popular, assim como a alegria com que receberam os custos enormes que os sobrecarregarão e aos seus descendentes, com taxas a pagar até a última geração.

Hone continuou a bater na mesma tecla por um bom tempo, se referindo à retórica política como "grande fluxo", e de modo geral considerando o abastecimento urbano de água como um luxo supérfluo.

Manhattan cresceu tão depressa, que os nova-iorquinos não pensaram em garantir meios de transporte para o que estava se tornando bem mais do que uma curta caminhada. Charles Mackay, na década de 1850, escreveu: "Os nova-iorquinos se consideram e são considerados um povo rápido; mas não têm cabriolés, na verdade não têm nenhum tipo de carruagens de aluguel; ainda não ultrapassaram a fase das charretes puxadas por dois cavalos, que desapareceram das ruas de Londres há mais de 25 anos."

Mas até os mais contundentes críticos de Nova York concordavam que a cidade tinha duas coisas boas, as ostras e a Broadway. Mesmo os visitantes ingleses Fanny Trollope e Charles Dickens, que poucos elogios faziam da América, encontravam o que elogiar na Broadway. Charles Mackay, que louvava muitas coisas, escreveu: "Não há rua em Londres que possa ser declarada superior, ou mesmo igual, à Broadway. A Broadway monopoliza quase todas as boas calçadas, assim com quase toda a limpeza de Nova York."

A Broadway era ótima, mas ali perto, a outrora silvestre Collect estava ficando execrável. A proposta feita por Pierre L'Enfant, o engenheiro que planejou Washington, D.C., de limpar a lagoa e ajardinar suas margens, fora abandonada. L'Enfant pretendia com isso dar à cidade um parque central.

Os moradores de Manhattan estavam mais preocupados com a parte residencial, mais elegante. Com o argumento de que a cidade se equivaleria em brilho a Paris e a Londres, os ricos comerciantes de Nova York, em 1853, convenceram o estado a autorizar a cidade a ocupar cerca de 2.800 km^2, e criar ali o primeiro parque público com paisagismo planejado dos Estados Unidos, o Central Park.

A idéia de fazer da lagoa o centro de um canal ligando o Hudson ao East River também fora rejeitada. A próspera cidade bem que teria fundos para limpar a lagoa Collect, mas decidiram pela solução que lhes pareceu com melhor custo-benefício. Em 1807, o conselho da cidade gastou cinco centavos por carregamento de lixo, um total de 3.095,92 dólares, para aterrar a Collect. Em 1813, a lagoa estava inteiramente aterrada e a colina que antes era o local favorito para piqueniques foi posta abaixo. Não foi a última vez que a solução encontrada pela cidade foi nivelar os bairros e entregar tudo aos especuladores imobiliários. Aqueles que possuíam indústrias em torno da Collect não se desvincularam de suas terras. Sabiam que como a cidade crescia em direção ao norte, qualquer um que possuísse um terreno pronto para ser aproveitado, em pleno centro, conseguiria vendê-lo por uma fortuna.

As famílias ricas e influentes também investiram na área. Mas os ricos só queriam investir, e não viver ali. Na verdade, ninguém queria, porque o local estava associado à umidade, sujeira e doenças. Os engenheiros secaram o terreno onde antes havia a lagoa, mas a terra continuava úmida e lamacenta e as casas se deslocavam e até se inclinavam. Qualquer chuva ou neve inundava os porões da vizinhança. Os mosquitos e as doenças ainda se cevavam da umidade. Tudo que sobrara da comunicação entre a lagoa e o rio era um esgoto a céu aberto que ia dar em Canal Street.

A ilha no centro da lagoa onde antes os criminosos eram executados foi transformada em uma prisão, apelidada de Tombs, porque o edifício foi planejado a partir do desenho de um túmulo egípcio. A primeira execução em Tombs aconteceu em 1839. Um homem se casara com uma *Hot Corn Girl*, como eram chamadas as notoriamente belas vendedoras de milho nas ruas de Collect. Por conta de sua beleza, tinham fama de ganhar um bom dinheiro apregoando milho. Mas após o casamento, esse marido descobriu que os ganhos da linda *Hot Corn Girl* não eram o que ele imaginara, e ele a matou. Esse foi o primeiro crime de pena capital em que o criminoso foi para Tombs, prisão de vida breve, pois logo depois começou a afundar no aterro.

Os proprietários dos terrenos construíram prédios de madeira com dois ou dois andares e meio, adequados a lojas e à moradia dos comerciantes no segundo andar. Mas somente as pessoas sem nenhuma outra possibilidade iam morar ali. Em torno de 1825, com a população de imigrantes chegando a pouco mais de 10% do total de pessoas na cidade, o Collect — a região ficou com esse nome durante muitos anos — era habitado por imigrantes e por negros libertos. Então, em 1845, uma praga atacou os batatais da Irlanda, nação muito pobre que tinha na batata seu principal alimento. Centenas de milhares de pessoas morreram devido à fome: entre 1847 e 1854, 1,6 milhão de irlandeses — 1/5 da população — emigrou para Nova York. Por volta de 1855, 51% dos nova-iorquinos eram nascidos fora do país. No Collect, esse índice chegava a 75%.

Os imigrantes foram para o Collect e os proprietários, achando que o bairro precisava de mais habitações populares, dividiram seus prédios em unidades pequenas, de um cômodo apenas, algumas até sem janelas. Eles não faziam a manutenção desses prédios porque os impostos sobre propriedades novas e bem cuidadas eram muito mais altos do que nessas construções antigas e dilapidadas — casas de aluguel, ou de cômodos, como passaram a ser conhecidas na década de 1840. De acordo com jornais da época, esses apartamentos eram pouco mobiliados. Havia algumas mesas, cadeiras ou mesmo camas. Os inquilinos dormiam sobre pilhas de trapos ou palha. Foi um escândalo quando se ficou sabendo que homens e mulheres, em diversos graus de nudez, dormiam no mesmo cômodo e todos ficaram ultrajados ao saber que brancos, negros e asiáticos estavam todos misturados. "Brancos e pretos, pretos e brancos, bem juntinhos" nas palavras de um dos primeiros turistas a ir visitar os cortiços de Collect, o coronel Davy Crockett. Este, dando o justo valor aos cafajestes que perambulavam pelas ruas, também escreveu: "Preferia me arriscar numa luta com os índios a que me aventurar, à noite, no meio daquelas criaturas."

À medida que mais pessoas chegavam, os espaços foram ficando menores, um fenômeno muito conhecido entre os nova-iorquinos. Mas esses cortiços foram ficando tão pequenos que em alguns quartos um homem não podia ficar em pé. Às vezes até 12 pessoas dormiam no chão de um pequeno cômodo, sem janelas. Alguns viviam em porões, o que era especialmente desagradável, já que as casinhas eram muito usadas e os dejetos acabavam inundando os porões quando caía uma chuva mais forte. De acordo com o *New York Tribune*, em 1850, o Sexto Departamento, quase todo ocupado pelo Collect, tinha 285 porões com 1.156 ocupantes. Médicos que atendiam naquela área reconheciam de imediato os moradores desses subterrâneos, por sua pele pálida e pelo cheiro de bolor do qual não conseguiam se livrar.

A pior rua do pior quarteirão era Little Water Street, uma passagem curta que ia dar em baía Cow. Esta era um pequeno espaço aberto em que antes havia uma pequena enseada onde as vacas iam beber. Little Water Street era pavimentada com pelo menos 15 centímetros de dejetos e tinha uma casa de cômodos de cada lado da rua, ambas feitas com pranchas finas, uma chamada de "Os Portões do Inferno" e a outra de "A Escada de Jacó", por causa da escada decrépita que servia como única entrada. As casas se ligavam por passagens subterrâneas, onde assaltos e assassinatos eram cometidos, e, diziam, eram escondidos os corpos das vítimas. Em 1854, um livro chamado *Hot Corn* alertava qualquer um que fosse a baía Cow para "saturar seu lenço com cânfora, para poder agüentar aquele fedor horrendo".

Com a pobreza e a esqualidez veio a prostituição. Na década de 1830, Anthony Street, entre a Centre e a Orange, tinha mais casas de prostituição que em qualquer outro lugar de Manhattan, e isso era dizer muito, pois a Manhattan do século XIX era, numa proporção que a maioria dos nova-iorquinos recusavam a admitir, uma ilha de prostituição. Na década de 1820, Nova York tinha aproximadamente 200 bordéis. Por volta de 1865, segundo relatórios da polícia, havia mais de 600. Médicos dispostos a resolver o problema, ao estudar as condições de higiene e saúde do Collect e dos bairros vizinhos, encontraram, somente ali, 500 bordéis. As prostitutas às vezes atendiam os clientes no chão de cômodos onde outras pessoas tentavam dormir. Alimentando ainda mais a indignação do público, a prostituição, como de resto tudo mais, era integrada. Mulheres brancas e negras trabalhavam nas mesmas casas e serviam a fregueses negros e brancos.

Algumas vezes maridos alugavam suas esposas e filhas para aumentar a renda da família e usavam a própria casa como um bordel. Mulheres abandonadas por seus maridos ou viúvas sem dinheiro sobreviviam graças à prostituição. As filhas, mesmo aquelas ainda adolescentes, algumas vezes trabalhavam com suas mães. Alguns comerciantes alugavam o andar de cima para prostitutas. Se fossem comerciantes de bebidas, ainda incluíam algumas bebidas no pacote.

A região ao longo do East River, com o serviço noturno de barcas para o Brooklyn e com os mercados de comida abertos 24 horas, também era um distrito de prostituição muito conhecido. Pegar uma barca tarde da noite era uma excelente desculpa para um homem visto naquela região.

Os melhores teatros do centro de Nova York — Bowery, Chatham, Olympic e Park — como seus equivalentes em Londres, permitiam prostitutas, de uma classe superior às das casas de cômodos, nas galerias, onde ficavam expostas para qualquer freqüentador interessado. Algumas eram celebridades, podiam ser vistas nas melhores festas. Julia Brown foi uma das mais famosas prostitutas do século XIX. Uma antecessora lendária, Eliza Bowen Jumel, nascida em 1775, filha de outra prostituta conhecida, cresceu no meio e chegou a ficar casada, por um breve período, com Aaron Burr.

Os jornais começaram a publicar artigos sobre as péssimas condições de vida no Collect. Uma carta ao editor a respeito do assunto, publicada no *Evening Post*, em 21 de setembro de 1826, concluiu:

> Alguma coisa tem que ser feita pela honra da cidade, se por nenhuma outra razão para deixar o lugar menos revoltante e pernicioso, sendo como é o refúgio de ladrões e vagabundos do mais baixo nível, e que por causa de seu estado de imundície e odores insuportáveis, impede pessoas respeitáveis de morar lá.

Havia um clamor público para simplesmente botar tudo abaixo, naquela vizinhança que a imprensa, em 1829, passou a chamar de Five Points, graças ao cruzamento entre as ruas Anthony, Cross e Orange, formado por cinco esquinas. Hoje é onde o centro e Chinatown se encontram, a área que fica no início das ruas Pearl, Mulberry e Mott, abaixo da Canal Street. Nascia a idéia da remoção dos cortiços. O destino do Collect iniciou um padrão que se repetiria pelos anos por toda Nova York. Permite-se que um lindo lugar se deteriore, que se torne o lar de imigrantes e pessoas pobres, únicos a querer mora lá. Ignorado e maltratado, vira um cortiço miserável, e então vem o clamor das pessoas de bem para derrubar aquilo tudo e construir outra coisa.

Junto com Davy Crockett, Charles Dickens — o extraordinariamente popular escritor inglês e inveterado estudioso de cortiços — foi um dos primeiros visitantes de Five Points. Em sua viagem aos Estados Unidos, em

1842, já uma estrela literária, com apenas 30 anos e parecendo muito mais jovem, ele visitou esse cortiço.

É comum ler que Dickens veio para os Estados Unidos aborrecido porque as leis de direitos autorais americanas não lhe garantiam as enormes somas que sua popularidade no país previa que recebesse. Mas sua descrição, em *American Notes*, era tão rabugenta quanto as *Domestic Manners of the Americans*, o diário que lançou a carreira literária de Fanny Trollope em sua desastrada viagem visando à criação de uma comunidade utópica na América, em 1827. A mãe do futuro romancista Anthony Trollope notou que "os americanos não têm, certamente, a mesma necessidade de se divertir, como outras pessoas; podem ser mais sábios por isso, mas também são menos agradáveis para o observador."

Também acrescentou:

> Suas grandes festas à noite são extremamente aborrecidas; os homens às vezes jogam cartas em separado, mas se uma senhora joga, não deve ser a dinheiro; jogo de cartas só para dois ou xadrez estão proibidos; muito pouca música, e assim mesmo de péssima qualidade. Entre os negros, vi belas vozes cantando em coro; mas raramente ouvi um americano branco, homem ou mulher cantar uma canção até o fim sem desafinar; nem senti qualquer tipo de estudo no canto que ouvi em sociedade. Comer quantidades absurdas de bolos, de gelados e de ostras — e exibir seu dinheiro em sedas e cetins — parece ser o principal objetivo dessas festas.

Alguns visitantes ingleses criticavam as próprias ostras, sendo o mais famoso deles Thackeray, ao comparar o ato de ingerir uma ostra a comer um bebê. Frederick Marryat disse que as ostras eram "muitas e grandes", mas não gostou de seu sabor. Charles Mackay, como lhe fora garantido, gostou:

> O estrangeiro não pode deixar de notar o grande número de Oyster Saloons, Oyster and Coffee Saloons, e Oyster and Lager Beer Saloons, solicitando fregueses a cada passo para parar e provar. Esse *saloons* — muitos dos quais muito bem montados — são, assim como as cervejarias alemãs, encontrados em caves ou porões, a alguns degraus da rua; mas, ao contrário dos modelos ale-

mães, ocupam os subsolos dos mais belos palacetes da cidade. Neles, como nos hotéis, ostras grandes como as mãos de uma senhora são encontradas a qualquer hora, em suas conchas, como é hábito na Inglaterra, ou cozidas de 20, talvez 40, modos diferentes. Ostras em conserva, cozidas, assadas, grelhadas, fritas ou em escalope; ostras em sopas, em tortas ou em pudins; ostras condimentadas ou não; ostras para o café da manhã, almoço e jantar; ostras sem limites ou restrições — frescas como o ar fresco e quase tão abundantes — são oferecidas diariamente ao paladar dos habitantes de Manhattan, e apreciadas com toda a gratidão que essa generosidade da natureza inspira.

As *American Notes* de Dickens foram recebidas como um insulto pela maioria dos americanos, em parte porque ele decidiu examinar e criticar à exaustão a escravidão, o sistema prisional e até os asilos para os doentes mentais, os quais, ele que não era um repórter sempre confiável, identificou como sendo "em Long Island ou Rhode Island, me esqueço qual delas". Disse que os homens americanos escarram e que pirateavam seus livros, o que era verdade. Achou a imprensa abominável e o campo não tão agradável quanto as planícies de Salisbury e sem um Stonehenge, também. Mas o ressentimento dos americanos pode em parte derivar daquilo que o francês Aléxis de Tocqueville, naquele que é talvez o mais importante livro europeu, do século XIX, sobre a América, *Democracia na América*, identificou como uma característica americana: uma rejeição implacável a qualquer crítica vinda do estrangeiro. De fato, *American Notes* diz muitas coisas favoráveis a Nova York. A esse respeito, é bom registrar que Fanny Trollope adorou Nova York, foi uma das primeiras a reconhecer seu lugar como a mais importante cidade americana, declarando que era agradavelmente diferente do resto do país:

> Na verdade, Nova York nos parecia, mesmo quando a víamos por uma luz mais sóbria, uma cidade nobre e adorável. Para nós, que viajáramos por tanto tempo por florestas ainda não de todo desbravadas, nos hospedando temporariamente com populações tipo "sou tão bom quanto você", ela nos pareceu, talvez, mais bonita, esplêndida, e refinada do que se tivéssemos chegado ali diretamente de Londres; mas dando o desconto para tudo isso,

devo dizer que Nova York é uma das melhores cidades que já conheci, e muito superior a qualquer outra da União (inclusive Filadélfia), assim como Londres em relação a Liverpool, e Paris em relação a Rouen.

Em *American Notes*, Dickens escreveu:

A atmosfera da melhor sociedade nesta cidade é como a de Boston; aqui e ali, pode ser, um espírito mais arraigado de comércio, mas geralmente polida e refinada e sempre muito hospitaleira. As casas e as mesas são elegantes; as horas mais tardias e ousadas; e há, talvez, mais inclinação para a contenção no que se refere às aparências e à exibição de riqueza e hábitos luxuosos. As senhoras são excepcionalmente bonitas.

Claro que Dickens também escreveu que essas lindas americanas perdem o brilho muito cedo e não têm belas silhuetas. Mas o que mais o intrigava não era a "melhor sociedade". Ele arriscou uma vista a Five Points, que não tratou com o mesmo carinho que dedicava aos cortiços ingleses. "Tudo que é desprezível, baixo e decadente, está aqui."

Apesar de toda a sua crítica, foi Dickens quem criou a moda de se visitar o pior cortiço dos Estados Unidos. Grupos pequenos, sob escolta policial, percorriam as ruas para espiar os pobres, encarar o alcoolismo e a devassidão, fixar os olhos, como *voyeurs*, na "maior e mais tenebrosa ferida provocada pela miséria humana", nas palavras do escritor George C. Foster, em declaração ao *New York Tribune*.

Apesar de toda a precariedade da situação, os americanos bem se divertiam em Five Points — aqueles que se arriscavam a enfrentar assaltantes e brigas de gangues. Salões de baile ficavam abertos a noite inteira e se agitavam ao som da mistura de violinos irlandeses e tambores africanos. Dickens se queixou da falta de distrações em Nova York. "Esses chupadores de charutos e engolidores de bebidas fortes, cujos chapéus e pernas vemos numa enorme variedade de movimentos, acham que estão se divertindo", ele escreveu. Mas ao conhecer o Alamack's, um salão de dança dirigido por negros, em Orange Street, coração de Five Points, seu azedume passa rapidamente a uma admiração desmedida. Ele reparou em um "negro corpulento, violinista, e seu companheiro que tocava tamborim, baterem com os pés no chão do pequeno tablado no qual se sentavam para tocar, num ritmo muito animado. Cinco ou seis casais foram para o meio do salão, liderados por um jovem negro extremamente vivaz, que é alma da festa e o maior dançarino jamais visto". Dickens descreveu entusiasmado a dança como dando "mais brilho até para as velas".

O que o entusiasmou sobremaneira foi um jovem de 16 anos, William Henry Lane, de Rhode Island. Ele viera para Nova York muito jovem e fora morar em Five Points, onde se determinou a aprender a tradição africana de danças competitivas, ou seja, imitar e superar os outros dançarinos que se apresentavam nas ruas. Era conhecido como Mister Juba. Suas pernas se moviam tão rápidas e desenfreadas, que logo sua fama cresceu, a ponto de ele se apresentar em Londres, em 1848. Seu modo de combinar a jiga irlandesa com o arrastar dos pés típico das danças africanas é considerado a origem do sapateado.

Um outro prazer encontrado nos cortiços de Manhattan, que os turistas faziam questão de não perder, eram as caves onde vendiam ostras. Alguns anos após a viagem de Dickens, William Carlisle, um aristocrata inglês, escreveu em seu *Travels in America*: "Não consigo evitar uma alusão, confesso que um pouco sensual, às caves de ostras em Nova York. Em nenhum lugar do mundo vi ambientes mais atraentes destinados a beber e a comer."

Esses restaurantes nova-iorquinos iam do luxuoso ao repugnante. Alguns clientes freqüentavam ambos. As caves de ostras ficavam em uma localização original, um subsolo, um espaço comum numa cidade onde muitas pessoas moravam em porões. Manhattan, uma cidade que nunca desperdiçava espaços, tinha muitos subterrâneos habitáveis.

Do mesmo modo que nos bordéis, as caves de ostras atendiam clientelas muito diferentes, dependendo do bairro onde ficavam. Também de forma idêntica aos bordéis, o cardápio era sempre o mesmo, o que variava era a atmosfera e a apresentação. Henry James menciona uma cave de ostras em seu romance *Washington Square*, assim como Willa Cather, em seu conto "Coming Aphrodite". Nesse conto, Hedger, o pintor solitário que mora em Washington Square, caminha com seu cachorro em direção a uma dessas caves.

> Atrás da praça, Hedger e seu cachorro desceram para a cave de ostras no subsolo, onde as mesas não tinham toalhas, as xícaras não tinham asas e o chão era forrado com serragem.

Hedger, confessadamente um esquisitão, pediu um bife, que era oferecido em algumas caves de ostras, com ostras cruas, cozidas e servidas de outras maneiras. As inúmeras caves de ostras de Canal Street deram origem ao Plano Canal Street. Essa maneira tipicamente americana, coma-tudo-que-puder, deu crédito à alegação de Fanny Trollope e muitos outros europeus de que os americanos gostam de comer "quantidades inconcebíveis". Os nova-iorquinos do século XIX se aproveitavam do Plano Canal Street: comer várias dúzias de ostras, de uma só vez, por 6 centavos. Se comessem muitas, a gerência lhes dava uma dúzia com as conchas ligeiramente entreabertas, na esperança de que, depois de alguns minutos, o cliente avarento não conseguisse comer nada por vários dias.

Não há registro de como os fregueses dos salões de dança toscos e das caves de ostras escuras reagiram a Dickens, o jovem inglês com cara de bebê, mas o seu relato no *American Notes* deixa bem claro que ele se encantou com ambos. Escreveu que essas caves eram marcadas por um balão vermelho, assim como também por uma tabuleta onde se lia OSTRAS DE TODAS AS MANEIRAS, e "são mais tentadoras para os esfomeados à noite, pois as velas brilhando lá dentro iluminam estas palavras delicadas e fazem as bocas se encher de água, pelos que passam e se detêm".

Um balão feito de musselina vermelho-vibrante esticada sobre arame ou bambu e iluminada por uma vela estava sempre pendurado no alto dos degraus que iam dar nas caves; essas escadas podiam ser úmidas e amedrontadoras ou suntuosamente decoradas. Não é por acaso que as caves de ostras eram marcadas por uma luz vermelha, como o sinal tradicional da área de prostituição. Enquanto algumas eram perfeitamente respeitáveis, lugar de reunião para senhores que trabalhavam no centro da cidade, outras refletiam o antigo elo entre sexo e ostras. Há rumores de que Dickens consumiu muitas ostras e desfrutou dos serviços da famosa Julia Brown. Apenas o primeiro desses rumores está documentado, mas para os nova-iorquinos dessa época, os dois andavam de mãos dadas.

A reputação de Dickens é mais difícil de ser avaliada que a do molusco, pois, como o escritor, a ostra é muito fértil, mas ao contrário dele, ela tem uma aparência ligeiramente erótica. Os romanos as achavam afrodisíacas e as incluíam no cardápio de suas orgias. Também aparecem nos cardápio de banquetes com finalidades mais triviais. O médico de Marco Aurélio, Galeno, sugeriu comer ostras para curar o declínio da libido. Byron sustentou os poderes "amorosos" das ostras em *Don Juan*. Giovanni Casanova, o aventureiro veneziano e famoso sedutor, acreditava nos seus poderes e dizem que comia 50 antes do café da manhã. No dicionário escrito por Samuel Johnson no século XVIII, e na literatura inglesa muitos séculos antes disso, inclusive em Shakespeare, *oysterwoman* ou *oysterwench* podia tanto significar uma mulher que vende ostras, quanto de moral duvidosa. Às ostras atribuem vários feitos viris. Napoleão sempre as comia antes de ir para a batalha, ou pelo menos é o que diziam seus inimigos. Nos tempos modernos, descobriu-se que as ostras são ricas em zinco, um dos elementos que compõem a testosterona. Prostituição e ostras, freqüentemente encontradas juntas, eram os dois programas mais famosos em Nova York. Em 1850, George G. Foster fez essa descrição dessas caves:

> As caves de ostras, com suas lâmpadas brilhantes que iluminam com lampejos de luz vermelha toda a rua, estão agora em plena temporada, e a todo momento vemos uma de suas escadas engolir grupos barulhentos, de jovens rapazes meio embriagados, a caminho do teatro, das casas de jogo, dos boliches ou do bordel — ou mais provavelmente, de tudo isso — enquanto pela outra escada vemos outro grupo sair, já com sua quota de ostras e conhaque de má qualidade, e cada um deles enfeitando a boca com charutos de quinta categoria, que o barman recomendou como sendo de "excelente sabor". Se descermos por uma dessas largas escadas, veremos um longo balcão muito bem

decorado com garrafas e copos de cristal dourados ricamente entalhados, a parede ornamentada com um quadro sensual de uma Vênus nua — talvez mais sedutora por estar muito bem pintada. Diante desse longo balcão estarão uns 12 ou mais indivíduos, esperando sua vez de serem servidos, enquanto do outro lado, um homem com as mangas enroladas e o rosto brilhando, serve, de um copo de estanho, a bebida em cascata. Do outro lado do salão, há uma fileira de pequenos compartimentos, cada um com seu bico de gás, cortinas vermelhas, uma mesa pequena e um quadro que inspira volúpia, todos ocupados com fregueses jantando. Atrás desses compartimentos, há uma série de aposentos maiores, chamados de "quartos privados", onde homens e mulheres entram em promiscuidade, bebem, comem e se divertem, e perturbam toda a vizinhança com sua comemoração obscena e desagradável, que se prolonga até bem depois de meia-noite. As mulheres, é claro, são todas de um tipo, mas entre os homens você encontraria, se olhasse com curiosidade, meritíssimos juízes e delinqüentes juvenis, hipócritas devotos e piedosos, e os manifestamente libertinos e depravados. Jogadores e proxenetas, golpistas e vítimas, batedores de carteira e ladrões requintados, às vezes se misturam nessas orgias detestáveis, nessas cavernas detestáveis; e os policiais que passam enregelados e sonolentos, no silêncio da noite, batem mecanicamente com seus cassetetes no chão quando ouvem a ruidosa algazarra que vem do subsolo; eles podem estar lembrando a um austero funcionário público, que é hora de ir para casa, para sua mulher e filhos, depois de se desvencilhar de seus "penosos deveres funcionais".

As mulheres eram "todas de um tipo", mas as ostras eram de muitos tipos. Bluepoint, Saddle Rocks, baía Prince, City Islands, Spuyten Duyvels, Rockaways ou na baía Jamaica e Canarsees eram consideradas algumas das melhores. Para o apaixonado pela iguaria havia subdivisões. Entre as ostras da baía de Great South, onde todas podiam ser chamadas de Bluepoints, havia as Fire Islands e as Gardiner Salts, ambas de conchas grossas com gosto de sal. Os comerciantes de Nova York também compravam outras variedades, de Cape Cod e da baía de Chesapeake.

A cidade escolheu o Downing's, a mais celebrada das caves de ostras, para cenário da apresentação de Dickens aos 250 membros da elite nova-iorquina. Por causa do apelido do escritor, Boz, a festa ficou conhecida como o Baile de Boz. Quando criança, Dickens apelidou um de seus irmãos menores de Moses, e para debochar do modo anasalado como o irmão pronunciava o apelido, Dickens passou a chamá-lo de "Boses", o que levou ao seu próprio apelido, Boz.

Nessa época o Downing's era *o* fornecedor dos eventos oficiais. Quando fundavam uma firma, um navio era lançado, quando pela primeira vez um barco a vapor atravessou o Atlântico, quando a Ferrovia Erie passou a servir também o norte da cidade, quando um banco ou uma companhia de seguros elegia os membros de sua diretoria, o fornecedor era o Downing's. Quando Philip Hone, o *self-made man* de origem pobre que se tornou prefeito, soube da conta inaudita de sua festa, 2.200 dólares, ele passou a se referir ao Downing como "o grande homem das ostras".

O Baile de Boz recebeu milhares de pessoas se espremendo para alcançar as ostras de Downing, num salão cuja decoração Hone chamou de *Pickwickian*. A multidão, como a sra. Trollope poderia ter previsto, estava absorvida no que Hone nomeou de "operação nada intelectualizada de comer e beber", e a pista de dança ficou tão cheia que dançar foi descrito por um dos convivas como "dançar num bambuzal".

Hone, um dos mais importantes oradores da noite, que mais tarde descreveu Dickens como um "jovem rapaz, franzino, de olhos vivos, com ar inteligente", anotou em seu diário:

> A agonia chegou ao fim; o Baile de Boz, o mais extraordinário acontecimento dos tempos modernos, o maior tributo pago a um homem miúdo, a mais completa libação jamais oferecida ao altar da musa, correu muito bem ontem à noite.

Mas para Boz a agonia não tinha chegado ao fim. Quatro noites depois, houve um banquete em sua homenagem no melhor hotel da cidade, o City Hotel, que ocupava todo um quarteirão da Broadway, entre a Cedar e a Thames, com o jantar preparado por Gardiner's, reconhecido como o mais elegante serviço de festas da cidade. Os três primeiros, dos cinco pratos oferecidos, incluíam ostras. Como entrada, três sopas diferentes, uma das quais de ostras — e de trutas, robalos, e savelha, todos peixes do Hudson. Depois vinham cinco pratos frios, galantina de ostras, lombo grelhado, lombo de carneiro assado, ganso, vitelas, perus e capões — observe o plural — e uma escolha de cinco tipos de carnes cozidas, como peru com molho de ostras e tartaruga de água doce. Finalmente chegavam os pratos principais, 19 ao todo, sendo um deles uma torta de ostras. Depois vinham os pratos de caça, todas dos bosques nova-iorquinos; peru selvagem, pato americano, cervo e urso. Em seguida, 12 sobremesas e seis pirâmides decorativas. Para encerrar, nozes e frutas. As sopas começavam a ser servidas às 7 horas e as nozes entravam no salão à meia-noite e Dickens se retirou meia hora depois. Novamente os americanos tinham honrado sua reputação de comer rápida e copiosamente.

Os cardápios apresentavam as sopas em francês; os peixes, pratos frios, assados e cozidos, em inglês. Os pratos principais eram em um francês mal traduzido para o inglês: *timballe* vinha como "tamball". O francês também era engraçado e, em alguns casos, com erros de ortografia. Setenta anos depois, Julian Street, articulista de revistas, comentaria: "A Broadway come em francês melhor do que fala." O City Hotel recebeu do Gardiner's uma conta de 2.500 dólares, pelo jantar para 237 pessoas, ligeiramente mais do que Downing's cobrara pelas ostras e *hors d'oeuvres* servidos a 2.500 pessoas no Baile de Boz.

No dia 4 de fevereiro de 1842, 10 dias antes do baile, quando Boz ainda estava em Boston, George Templeton Strong escreveu profeticamente:

> Os bostonianos estão fazendo um péssimo papel diante do senhor Charles Dickens, pobre homem. Ele se vingará, quando voltar para casa e retomar sua pena. Como as pessoas esquadrinharão seus próximos textos, para ver se encontram algum conhecido! Entretanto, o mesmo acontecerá conosco, com nosso Baile de Boz.

Foi exatamente o que aconteceu com os dois livros seguintes de Dickens, *American Notes* e o romance *Martin Chuzzlewit*, nenhum dos dois precisando de um exame minucioso para encontrar as agressões. Ele descreveu ostras desaparecendo em "goelas escancaradas — um espetáculo solene e horroroso para se assistir. Indivíduos dispépticos engoliam suas comidas em pedaços, outros com bochechas magras e enrijecidas, insatisfeitos com a destruição dos pratos pesados, olhavam com olhos cobiçosos para os doces. Mas havia um consolo. Acabou logo". Quanto às cozinhas de Gardiner's e Downing's, os dois mais celebres banqueteiros de Nova York, Dickens escreveu que os americanos comiam "pilhas de coisas intragáveis". E isso vindo de um homem cuja esposa — Hone a descreveu como "uma gordinha baixinha com cara de inglesa" — escrevera um livro de receitas debaixo de pseudônimo, no qual oferecia algumas delícias duvidosas, tais como bolinhos de gordura e pudim batido.

Quanto ao jovem e diminuto Boz, ele deixou bem claro que preferiria ficar no ambiente da cave de ostras em Five Points:

> Perto de outras escadas estão outras lâmpadas que marcam a localização das caves de ostras — refúgios agradáveis, digo eu: não apenas pelo modo maravilhoso como preparam as ostras, algumas do tamanho de pratos de queijo... mas porque de todos os tipos de comedores de peixes, carnes, aves, nestas latitudes, esses engolidores de ostras, desacompanhados ou evitando companhia, obedecendo à natureza de seu trabalho, e copiando a simplicidade do que comem, sentam-se separados dos outros, em compartimentos fechados por cortinas, e quando confraternizam é aos pares, e nunca aos duzentos.

THOMAS DOWNING nascera em uma família negra, emancipada, na Virgínia, em 1791 e iria se tornar um dos mais respeitados homens negros pré-Guerra Civil de Nova York, ou, como disse George Templeton Strong, em 1854, "um venerável etíope". Seus pais tinham sido emancipados quando um pastor itinerante convenceu o mais importante proprietário de terras daquela região, o capitão John Downing, que ninguém podia ser um membro de boa reputação na Igreja Metodista e um proprietário de escravos ao mesmo tempo.

Como outros negros que se instalaram em Sandy Ground, Downing vinha de Chincoteague, na Virgínia, zona das ostras Chesapeake, e já era um ostreicultor experiente quando se mudou para Nova York, em 1819. Chincoteague é uma aldeia em uma ilha, na pequena baía que fica bem ao sul da fronteira com o estado de Maryland. Durante sua juventude, Downing trabalhara no pequeno lote de terras que seus pais compraram, cavava procurando mexilhões, apanhava tartarugas de água doce e catava ostras. Ele adorava comer ostras. Provavelmente foi para Nova York para ficar no próspero centro do comércio desses moluscos.

Mas foi mais do que seu amor por ostras que o levou ao negócio de caves. Na primeira metade do século XIX, ficou bem determinado, em Nova York, que as caves de ostras, como os salões de dança e muitas tavernas, eram dirigidos por negros. Cato's Tavern, um lugar muito popular entre líderes políticos, situado a 6 quilômetros ao Norte, bem onde os viajantes entravam em Manhattan, também era dirigido por um negro. Trabalhadores negros de Nova York muitas vezes convertiam seus apartamentos alugados em caves de ostras e salões de dança. Outro setor afro-americano em Nova York era a gerência de cafés ao ar livre, especializados em drinques gelados e sorvetes.

Downing seguira as tropas que voltavam para a Filadélfia no fim da Guerra de 1812. Lá conheceu sua mulher. Quando voltou para Nova York, alugou um apartamento no número 33 da Pell Street, e comprou um pequeno esquife que remava pelo Hudson à procura de viveiros de ostras em Nova Jersey, coletava os bichos e voltava com sua carga para vender antes que a noite caísse. Seu filho George o descreveu como um homem excepcionalmente ativo. Seus fregueses iam aumentando ano após ano e ele adquiriu a reputação de vendedor de excelentes ostras "gordas". Em 1825, Downing abriu sua cave de ostras no número 5, na Broad Street.

Teve cinco filhos, todos nascidos na cidade de Nova York e educados na Escola Livre Africana, um programa escolar criado pelos abolicionistas e com o qual ele esteve envolvido durante décadas.

Para homens de negócios que preferiam discutir seus negócios em vez de com eles se ocupar, Downing's era a cave de ostras favorita, convenientemente localizada perto da Alfândega, dos bancos, da Bolsa de Mercadorias e das principais lojas. Ficava na mesma rua em que a primeira fora aberta, em 1763, uma rua durante muito tempo associada à venda de ostras.

Entre 1830 e 1860, Downing's era o lugar onde se comiam ostras e se fechavam contratos. O sócio principal de um dos mais importantes bancos descreveu a vida dos comerciantes em Nova York:

> Acordar cedo pela manhã, tomar o desjejum, ir até a contabilidade de sua firma, abrir e ler as cartas, sair e fazer alguns negócios, ou na Alfândega ou no banco ou em qualquer outro lugar, até ao meio dia, então ir almoçar e tomar um copo de vinho no Delmonico's; ou comer algumas ostras cruas no Downing's, assinar cheques...

O Downing's também era muito popular entre os políticos. Como outras caves de ostras, era marcado por um balão vermelho em cima de uma escada meio úmida, mas seu interior se distanciava do interior vulgar e sujo de outras caves situadas mais ao norte e era decorado com arcos polidos, cortinas de damasco, entalhes dourados, candelabros brilhantes e tapetes luxuosos.

Downing transformou as caves de ostras em lugares respeitáveis, ao menos a sua, que era um restaurante familiar onde um homem podia levar sua mulher. Downing's era a única cave onde mulheres respeitáveis podiam ir, desde que acompanhadas por seus maridos. As prostitutas eram as únicas mulheres desacompanhadas vistas em restaurantes, e assim mesmo só naqueles que permitiam a prostituição. Uma cave reconciliou as ambigüidades morais de se deixar uma mulher sozinha, ao inaugurar uma cave de ostras apenas para mulheres, chamada Ladies Oyster Shop, uma precursora da Ladie's Fourteen Street Oyster Shop, que abriu na década de 1880, no número 4 da rua 40 Leste, bem ao lado da Union Square. Refletia um movimento que nascia. Também foi inaugurada uma pista de boliche só para senhoras.

Em 1835, Downing expandiu seus negócios, alugando os porões dos dois prédios vizinhos. Os números 5 e 7 da Broad Street ficaram com o restaurante, e o número 3 tornou-se o depósito de ostras, com água salgada corrente. Apesar de ele agora coletar muito dinheiro para poder encontrar ostras, Downing era conhecido por rondar o porto no meio da noite procurando boas ostras para comprar. De vez em quando alugava um esquife, remava para fora do porto para interceptar alguma escuna e subia a bordo, para comprar o que de melhor a embarcação carregava. Depois remava de volta para o porto, que era um leilão, e dava lances no resto do carregamento do barco, que não tinha a menor intenção de comprar. Quando o barco chegava ao porto, o preço da carga restante já estava bem alto. Os capitães gostavam de Downing e quando eles iam a suas caves, ele os recebia tão bem quanto aos políticos e homens de negócios.

Downing's oferecia uma grande variedade de pratos de ostras, mas as que mais saíam eram as cruas, fritas ou cozidas. Seu filho George descreveu as ostras ao vapor oferecidas no Downing's:

> Damas e cavalheiros, segurando toalhas e uma faca inglesa apropriada para isso, abriam suas ostras e jogavam dentro das conchas fumegantes um pelote de manteiga sem sal e compartilhavam desse prazer. Sim, porque o sabor provocado pela substância salina e calcária na qual o suco da ostra atingia o ponto de fervura fazia daquilo um petisco delicado.

Os especialistas em escrever sobre culinária sempre enfatizaram que as menores ostras podiam ser usadas em cozidos, panquecas, ou como recheio de tortas, mas que para fritar o ideal eram as grandes. Esta é uma excelente receita de fritura da época de Downing, que a maioria das pessoas preocupadas com a preservação de sua saúde certamente dispensará:

⚜ Ostras fritas

> Retire as ostras grandes de seu próprio líquido e coloque-as em um guardanapo grosso e dobrado, para que elas sequem; então derreta uma colher de sopa de banha numa frigideira funda e espessa, acrescente

meia colher de sal; mergulhe ostra por ostra na farinha de trigo, ou em *cracker* moído bem fino, até não ter mais nenhuma, depois as coloque na frigideira, ponha sobre fogo lento até que um dos lados adquira uma delicada coloração dourada; vire o outro lado com a ajuda de um garfo; cinco minutos bastarão depois que elas estiverem na panela. As ostras podem ser fritas na manteiga, mas não fica tão bom; metade banha e metade manteiga, fritam bem. Algumas pessoas gostam de um pouco do suco da ostra jogado na frigideira depois que as ostras estiverem prontas, deixe ferver, coloque no prato junto com as ostras; isso deve ser feito quando for para servir com o café da manhã.

Mrs. T. J. Crowen
The American System of Cookery, 1864

O cozido de ostras é um prato antigo que mudou muito pouco geração após geração. No auge do Downing's, no segundo quartel do século XIX, que muitos historiadores de comida consideram a melhor época da cozinha americana, Eliza Leslie, natural da Filadélfia, ficou conhecida nesse ainda jovem país como a autoridade mais confiável. Ela fez uma mistura com ovos para fritar ostras, que podem ser melhores que a receita da sra. Crowen, mas a senhorita Leslie fritava na manteiga, o que a sra. Crowen criticava, com muita razão. A manteiga não pode ser aquecida a uma temperatura alta o suficiente para uma verdadeira fritura. Mas, por outro lado, tem sempre um gosto bom. Esta é a receita da senhorita Leslie para ostras cozidas. Seu conselho contra engrossar a farinha se refere a uma prática comum no início do século XIX, empregada em muitos lugares, incluindo Nova York:

Ponha as ostras numa peneira e coloque a peneira numa panela para escorrer todo o líquido. Depois retire a parte dura, e ponha as ostras num caldeirão com algumas pimentas inteiras, algumas fatias da casca da noz-moscada e um pouco de noz-moscada ralada. Acrescente 1 pequeno pedaço de manteiga envolto em farinha. Depois jogue sobre as ostras a metade do líquido ou um pouco mais. Coloque a panela em cima do carvão quente e deixe cozinhar lentamente por uns 5 minutos. Experimente uma e se ainda estiver crua, deixe cozinhar um pouco mais. Faça umas torradas finas, tendo antes retirado a casca do pão. Ponha manteiga nas torradas e coloque-as no fundo de um prato de servir. Coloque as ostras em cima das torradas com o líquido no qual foram cozidas.

O líquido das ostras nunca deve ser engrossado adicionando farinha. Estraga o sabor e dá uma aparência empapada e desagradável, e nenhuma boa cozinheira faz isso. Um pouco de creme melhora o sabor das ostras cozidas.

Eliza Leslie
Miss Leslie's Directions for Cookery, 1851

Joseph Mitchell, colaborador da célebre revista fundada no século XX, *New Yorker*, que entrevistou muitos ostreicultores enquanto comiam um cozido de ostras, constatou: "Não é fácil manter uma conversa ao mesmo tempo em que se come um cozido de ostras", o que teria sido um bom conselho para aqueles que mantinham encontros amorosos nas caves de ostras da Nova York do século XIX.

CAPÍTULO 8

Fazendo a própria cama

Jamais vira uma cidade tão admiravelmente adaptada ao comércio.
CAPITÃO FREDERICK MARRYAT, A *Diary in America*, 1837

Por volta de 1842, cerca de 60 milhões de dólares em ostras eram vendidos a cada ano nos restaurantes, peixarias e vendedores ambulantes nas ruas de Nova York. A maioria dessas ostras chegava ao mercado de Manhattan em barcas atracadas tanto no Hudson quanto no East River. Essas barcas serviam como entrepostos comerciais de armazenagem e de embalagem. A típica barca de ostras era uma estrutura de madeira, com dois andares e um convés inclinado para facilitar a drenagem. Numa ponta, os ostreicultores calçavam suas botas e começavam a descarregar, enquanto na outra, os compradores a pé ou em vagões se aproximavam para comprar ostras.

Os ostreicultores não podiam comprar uma propriedade à beira-mar para nela erguer um mercado de ostras, mas já em 1805 começaram a amarrar suas corvetas em Coenties Slip, no East River, logo acima de Broad Street. Elas serviam de depósitos para as ostras, que podiam ser selecionadas, separadas e embaladas, e vendidas. Coenties Slip era um lugar bem escolhido para o comércio, perto de onde a foz do East River encontrava o porto. À medida que o porto de Nova York crescia, os ostreicultores começaram a ser pressionados para ceder o local a interesses comerciais mais importantes. Finalmente, em 1845, os barcos de ostras se transferiram para Catherine

Slip, mais acima no mesmo East River, perto do mercado Catherine, ou para as docas Vie ou Bear, no Hudson, perto do mercado Washington. Como as corvetas não tinham deques espaçosos para o preparo das ostras e suas cabines eram pequenas para atender os compradores, pouco a pouco eles as substituíram por barcas.

Na metade do século, os negociantes de ostras começaram a construir barcas especiais, algumas vezes chamadas de arca ou barcaça. A primeira tinha deques pequenos, de apenas 3,5 metros por 30. Na década de 1880, no mínimo 30 barcaças eram atracadas ao longo da orla marítima, e já eram estruturas com dois andares, com 23 metros de comprimento por 7 metros de largura. Ficavam atracadas umas atrás das outras, fixadas à zona portuária por uma prancha da largura da barcaça, parecendo uma fieira de lojas de dois andares, a não ser pelo fato de oscilarem para cima e para baixo, ao sabor da correnteza.

Essa fila de barcas era um verdadeiro mercado de ostras flutuante, com descascadores, selecionadores e embaladores trabalhando nos deques enquanto os negócios eram acertados no segundo andar. A maioria era pintada de rosa, mas também era comum encontrar barcaças verdes ou amarelas. Muitas tinham telhados extremamente ornados e salientes, e varandas. Bem no alto, em letras enfeitadas típicas do século XIX, lia-se o nome da empresa. J. & J. W. Ellsworth, Fraser, Houseman, Silesby e Still, eram todas grandes firmas nova-iorquinas dedicadas ao comércio de ostras. As décadas de 1840 e 1850, quando essas barcaças se desenvolveram, coincidiram com o surgimento das grandes companhias de ostras de Nova York. Os comerciantes decoravam suas barcaças com galhardetes, flâmulas e outros enfeites, por ocasião da abertura da estação de ostras, em setembro e também nos feriados nacionais.

O segundo andar era bastante elegante, com uma escrivaninha em carvalho entalhado e cadeiras de couro. Nesse mesmo andar ficavam os depósitos, onde as ostras eram mantidas em bacias de cedro, ao lado dos cestos e dos barris. No andar inferior, enfileirados em banquinhos de três pernas, sentavam os descascadores, normalmente homens fortes, corpulentos. Ficavam em frente ao convés onde estavam as ostras; no porão, banhado pela água do mar, mais ostras. O porão era profundo, e tão bem planejado que quando as escotilhas estavam fechadas, as ostras permaneciam frescas no verão e não congelavam no inverno. Uma barcaça de ostras era geralmente desenhada para receber 700 *bushels*. Em média, cada um desses cestos suportava entre 250 e 300 unidades; uma cesta conseguia receber apenas 150 extras e podia carregar 15 mil sementes de ostras. No auge da indústria de ostras, no último quartel do século XIX, podia-se encontrar nessas barcaças no mínimo 6 milhões desse molusco.

Os condutores das carroças faziam com que as parelhas subissem as pranchas inclinadas e se posicionassem para receber a carga. Enquanto o comércio varejista se processava nas pranchas, o destinado ao atacado chegava em corvetas de um mastro, que atracavam atrás das barcaças. Homens fortes e diligentes, chamados carregadores, levantavam pesadas cestas de ostras em seus ombros, e, caminhando numa passarela estreita, da corveta para a barcaça, a madeira gemendo sob o peso do carregamento, se equilibravam como acrobatas de circo em cima das tábuas que balançavam.

Em cada um dos rios, trabalhavam de 25 a 40 carregadores, e seu único dever era carregar ostras, recebendo 10 centavos por cada mil que transportassem. Mil ostras correspondiam a sete cestas pequenas e quatro grandes. Diziam que um bom carregador chegava a ganhar 30 dólares, um salário respeitável nesse tempo. Mas para receber 30 dólares por semana, era preciso que ele carregasse 5 mil ostras por dia, numa semana de seis dias — 35 cestas pequenas e 20 grandes, por dia. Um cesto "pequeno", cheio de ostras, pesava uns 36 quilos e num barril cabiam três cestos.

Algumas corvetas partiam após descarregar, mas muitas ficavam atracadas a noite toda e só saíam com a primeira luz da manhã em busca dos viveiros. Elas vinham de diferentes partes do porto de Nova York, mas também de Long Island, Connecticut, Rhode Island e até de Cape Cod e da baía de Chesapeake.

Segundo um artigo publicado no *New York Herald*, em 10 de maio de 1835, as nove barcaças atracadas em Olive Slip, próximo do mercado Catherine, faturavam meio milhão de dólares com a venda de ostras, e os comerciantes que as compravam ganhavam, com a revenda, um milhão de dólares, por ano. Mas, de acordo com o mesmo artigo, um mercado maior, com 12 barcaças, em frente ao mercado Washington, ganhava ainda mais.

Em 1871, um jornal de Nova York publicou a seguinte descrição:

> Quando o vento muda de direção, a frota entra na baía e começa a atividade nas vizinhanças do cais nº14. A doca e seus acessos ficam tomados por carregadores, carroças e cavalos, estivadores e negociantes de ostras. Os barcos são atados aos embarcadouros por grossas cordas, e as escotilhas são arriadas, na proa e na popa. No porão os homens enchem rapidamente as cestas, enquanto outros, em pé no convés, na amurada e no quebra-mar, estão à espera das cestas abarrotadas para repassá-las para a carroça sendo carregada. Tudo é pressa, excitação, movimento, apimentado com grandes doses de profanidades. Em frente aos depósitos das barcaças estão os homens que se ocupam o dia inteiro com os barris, para enchê-los de ostras e carregá-los para cima. Dentro das barcaças, muitos outros homens envolvidos com o preparo das ostras, descascando, enlatando, aprontado-as para que sigam por estrada de ferro para o Canadá, para hotéis no campo e restaurantes. O dia inteiro, até que a carga, contratada de antemão, esteja toda desembaraçada, o trabalho não pára, e quando tudo foi descarregado, os barcos são imediatamente enviados para buscar mais ostras.

É digno de nota que mesmo nos anos de 1870, o carroceiro, homem solitário, com uma carroça sem capota puxada por um cavalo, ainda era um componente importante no comércio de rua de Nova York. Um anúncio em um guia comercial de Manhattan, de 1812, mostra que no início do século, ser carroceiro era a melhor oportunidade de trabalho para um homem em Nova York. Quem precisasse de transportar bens de um lado para o outro, contratava um carroceiro. Estavam em toda a parte, eram um elemento perigoso para o tráfego da cidade, conhecidos por passar com suas carroças perigosamente perto das pessoas, diziam até que escolhiam mulheres sozinhas para aterrorizá-las. Washington Irving comentou satiricamente: "Vi um carroceiro passar por cima de um garoto hoje na Broadway. E daí? Bem-feito. O menino é que não devia estar lá."

As tarifas dos carroceiros eram fixadas por lei — preço do carreto. As ostras eram uma das cargas mais bem pagas. Em 1858, um carroceiro podia cobrar 31 centavos por cada carga de ostras. Isso não era o mesmo que os 75 centavos permitidos para o carregamento de móveis, mas era uma carga melhor do que tijolos, três fardos de algodão, cinco barris de carne, 20 cestos de sal, ou um carregamento de trigo, pois cada um desses pagava apenas 25 centavos.

A procura por espaços comerciais na beira-rio de Manhattan só fazia crescer. Uma barcaça de ostras não tinha o prestígio, a influência e o valor econômico de um transatlântico a vapor. À medida que mais e mais barcos a vapor vinham para o porto de Nova York, a cidade via suas filas de barcaças procurarem novas locações. No Hudson, ainda conhecido por quase todo o século XIX como North River, mercados instalados nas docas de Vesey Street foram transferidos para a Spring Street, depois para West Street, e depois para Christopher Street em Greenwich Village, que, de 1865 a 1898, foi o mercado central de ostras de Manhattan. Posteriormente, as barcaças foram removidas para a rua 10, depois para o East River perto da Ponte do Brooklyn, onde ficaram até a década de 1940. De 1898 a 1913, o comércio com o exterior no porto nova-iorquino aumentou 131%, mas o espaço ao longo do rio cresceu menos que 25%. Em 1914, a Associação Comercial de Nova York declarou que o maior problema da cidade era o congestionamento do porto.

Apesar de constantemente empurrada para outras docas por indústrias maiores, durante o século XIX o mercado flutuante de ostras tornou-se uma força econômica cada vez maior. De acordo com o *New York Times*, em 1883, no mínimo 200 corvetas atracavam diariamente para descarregar ostras nas barcaças. Além disso, recebiam aquelas vindas por barcos a vapor de Connecticut e da baía de Chesapeake. Em 9 de setembro de 1883, *The New York Times* citou um dos maiores negociantes de ostras:

> Essa consolidação dos interesses ostreiros é um dos passos mais importantes jamais tomados pelo comércio", disse o sr. J. W. Boyle. "Propomos unir forças, alugar um salão e organizar uma Bolsa, assim como o fizeram os demais produtores e corretores. Não tardaremos a realizar isso tudo. O negócio de ostras cresce de tal modo, que é necessário nos unirmos para protegê-lo.

A maioria dessas idéias ambiciosas não se tornou realidade porque, apesar do grande volume de ostras vendido, os preços permaneciam baixos, limitando a importância econômica da indústria. A maioria dos empregos nesse comércio não era de tempo integral. A chave para o comércio atacadista de ostras era uma questão de volume. Freqüentemente visitantes em Nova York comentavam como era baixo o preço das ostras. Com a exceção de crises como a magra colheita de janeiro de 1857, os preços permaneceram excepcionalmente estáveis durante a maior parte do século XIX. Na década de 1880, ostras da melhor qualidade, que levavam ao menos três anos para crescer, um acre de viveiros que produziam apenas 500 ostras por coleta, eram vendidas por um 1 ou 1,50 dólar a cesta. Em 1881, um relatório da indústria de ostras dizia que os preços das ostras de Nova York tinham tido pequena variação nos últimos 50 anos. George Augustus Sala escreveu em suas memórias de viagem, *American Revisited*: "(Em Nova York) ostras de todos os tamanhos e sabores variados são tão baratas quanto laranjas em Havana — quer dizer, podem ser compradas por 'quase nada'." Em 1896, as ostras eram vendidas no atacado por três tostões o *bushel*.

Quando os ostreicultores nova-iorquinos passaram das ostras selvagens para ostras cultivadas, as grandes ostras de Nova York se tornaram uma raridade porque a menor era economicamente mais vantajosa. Cullens, um tipo de ostra de qualidade inferior, era vendida a 4 ou 5 dólares cada mil unidades. Se deixadas no viveiro por mais meio ano, tornavam-se ostras tipo caixa, que eram vendidas a 7 ou 8 dólares a cesta com 150 ostras. Mais 18 meses e essas ostras viravam o tipo extra, que valiam de 15 a 20 dólares o milheiro. Para as cultivadas no East River, o maior lucro vinha das ostras tipo caixa de qualidade superior. As que cresciam mais rápido, como as Rockaways, eram mais lucrativas quanto as *cullens*, usadas em cozidos ou panquecas. Isso porque as sementes plantadas na baía Jamaica levavam apenas quatro ou seis meses para atingir o tamanho certo para o mercado. A mesma semente, no East River, levava de dois a três anos para alcançar o mesmo tamanho.

O preço baixo da ostra tinha que incluir toda a renda proporcionada por cada estágio do comércio de ostras de Nova York — as embaladoras dos ostreicultores, as barcaças, os mercados, os estandes, as caves e restaurantes. O preço de uma única ostra era baixo porque lidavam com quantidades. Um sujeito que remava um esquife e ia colher em um viveiro, com pinças, tentava conseguir 10 *bushels* por dia. Mas se usasse um esquife a vela, tentava conseguir quase 30 *bushels*. Uma draga a vapor tinha que comprar combustível e tentar obter 60 *bushels*. Se um descascador quisesse ganhar a vida com o que fazia, ele tinha que abrir milhares de ostras por dia. Um bom descascador não levava mais do que três segundos para abrir uma.

Todas as regiões de ostras tinham suas próprias ferramentas e técnicas para descascá-las. A "esfaqueadora" de Massachusetts — mais tarde adotada em Nova Jersey — era introduzida no lado pontiagudo, enquanto o lado que se articulava era imprensado contra a bancada com a mão esquerda. Primeiro cortavam o músculo adutor da concha mais funda, depois da mais plana. Era uma maneira razoavelmente fácil de fazer, mas os nova-iorquinos achavam que consumia muito tempo.

A faca afiada de um só lado era usada nos restaurantes porque preservava a concha em boas condições para serem servidas. Um bom descascador podia usar uma faca bem depressa. A ostra era segurada com a mão esquerda, a concha mais funda voltada para baixo e o lado da articulação virado para fora. A faca era enfiada entre as conchas — e aí, como qualquer um que já tentou abrir uma ostra sabe, é onde está o problema, porque não é fácil descobrir qual fissura na concha é a verdadeira abertura. O descascador especializado sabia e enfiava a lâmina no lugar exato e cortava num rápido movimento para cima, cortando o músculo da concha superior, que depois era jogada fora com um giro do pulso. Esse mesmo movimento com o pulso completava uma volta e trazia a lâmina de volta para libertar a ostra da concha inferior. Bem feito, isso tudo era conseguido em um movimento suave. Ainda assim, era muito trabalho para ostras destinadas a cozidos, conservas ou para serem enlatadas.

Em New Haven, não tinham tempo para essas delicadezas e usavam um martelo e um formão de ferro de duas polegadas, num bloco de madeira — "o cepo para rachar". Uma pancada forte com o martelo e a ponta da ostra se partia, deixando uma abertura fácil para a faca.

Os descascadores de Nova York empregavam um grande número de técnicas, dependendo do lugar e do propósito, porém, a mais famosa abordagem era a faca utilizada nas barcaças de Nova York. Ao contrário da "esfaqueadora" de Massachusetts, a faca com lâmina afiada de um lado só ou qualquer das outras, a faca de Nova York não tinha um cabo mas um pedaço de aço com uma ponta quadrada para quebrar a concha e outra afiada para retirar o molusco da concha.

Na Nova Inglaterra, em Nova Jersey e no Sul, enormes plantações contratavam centenas de descascadores em tempo integral. Mas em Nova York, descascar ostras era emprego temporário para estivadores, tripulantes e outros trabalhadores marítimos. Em 1881, calculou-se que raramente havia mais do que 150 descascadores trabalhando em qualquer época no porto de Nova York.

Como os descascadores trabalhavam lado a lado — três em cada barcaça, ou centenas nos estabelecimentos destinados a embalagens, e a rapidez era a alma do negócio, já que recebiam por unidade aberta, os concursos como forma de aliviar a rotina tornaram-se bastante populares entre os descascadores. Na indústria de ostras de Nova York havia muitas competições — quem corria mais rápido entre Chesapeake e Staten Island, ida e volta, com as sementes de ostras; quem era mais rápido entre a baía Prince e os mercados de Manhattan; quem era mais veloz ao espalhar sementes com as pás; quem era mais ligeiro ao jogar as ostras por cima da amurada do barco; quem era mais ágil com as pinças.

Abrir ostras era uma enorme competição que passou a ter concursos regionais: Manhattan contra Long Island, ou Nova Jersey contra Nova York, ou Nova York contra Nova Inglaterra, sempre uma rivalidade popular, mais ainda no Nordeste, ou do Norte contra o Sul do país. A cada ano o campeonato era num lugar entre, supostamente, os dois mais rápidos abridores de ostras da costa Atlântica. Quando a sede da competição era em Manhattan, realizava-se na Grand Central Terminal e atraía muita gente, altas apostas e cobertura dos grandes jornais.

Em 1885, um campeão abriu 2.300 ostras em 2 horas, 18 minutos, 19 segundos e meio. Mas o outro candidato abriu 2.500 em 2 horas 33 minutos, 39 segundos e 3/4. Mesmo assim, por pouco mais de 17 ostras por minuto, não chegou perto do recorde. No final da década de 1870, os campeões de Rhode Island e Nova York foram até a Filadélfia competir com os campeões sulistas. Billy Lowney, que abria ostras na loja de Robert Pettis, em Providence, defendia o Norte e venceu o campeão sulista abrindo 100 ostras em três minutos e três segundos, um novo recorde mundial por centena de ostras. A maioria das pessoas não conseguia fazer nesse tempo. Ou seja, abrir 100 ostras sem quebrar a concha, pois essa era a principal exigência.

Até hoje há campeonatos de abrir ostras. Mas, no século XIX e início do XX, eram eventos anuais. Em 1913, o campeonato nacional foi em Keyport, um centro de ostras de Nova Jersey situado na baía de Raritan. A competição terminou com três candidatos: um, de Connecticut; um, da Virgínia e um, de Keyport. O abridor da Virgínia usou a técnica da faca lateral, enquanto os outros dois utilizaram martelo e faca. Segundo a imprensa local, eles eram os abridores mais rápidos do mundo. O virginiano tinha recentemente marcado um recorde mundial ao abrir 41 galões (mais de 10 mil ostras) num dia.

Esses campeonatos eram considerados prova de que o dinheiro pago aos abridores, calculado no enorme volume de ostras, era razoável, já que podiam facilmente abrir tais quantidades. O concurso de Keyport foi coberto pela revista *The Oysterman and the Fisherman*, que relatou:

> O recente campeonato de abertura de ostras realizado em Keyport, Nova Jersey, foi assistido com considerável interesse pelos que pagam altas quantias aos abridores. O resultado do concurso foi impressionante. O recorde era de 20 minutos e 23 segundos, com 500 ostras. O primeiro prêmio era de 300 dólares. Os comerciantes do atacado em Nova York pagam aos abridores um dólar por cada cem ostras abertas. Se considerarmos que este abridor possa manter esse recorde numa jornada de trabalho de 10 horas, ele ganharia cerca de 14 dólares e, trabalhando seis dias por semana, 84 dólares por semana e o enorme salário de 336 dólares por mês. Não é de estranhar, portanto, que os comerciantes de ostras de Nova York achem caro o preço para abrir ostras.

Era essa a jornada dos abridores: 10 horas por dia, seis dias por semana e era como calcular que, se um atleta corre 100 metros a determinada velocidade, por que não correr uma maratona na mesma velocidade? O abridor podia manter uma velocidade impressionante durante 20 minutos mas, se tentasse trabalhar 10 horas por dia na mesma velocidade, ele ou ela cairia exausto. A maioria dos abridores podia abrir de 500 a 750 ostras por hora. Um abridor excepcionalmente rápido abriria mil ostras por hora. Na década de 1880, quando os abridores de Nova York recebiam 10 centavos para abrir mil ostras, a maioria ganhava cerca de 3 dólares por dia. Nenhuma invenção moderna foi tão eficiente como uma pessoa hábil munida de uma faca de ostra.

OS MERCADOS DE OSTRAS flutuantes eram os intermediários entre os criadores e os 11 mercados centrais de alimentos localizados perto das docas onde chegavam os produtos de perto do estado, do país e do mundo. Em 1860, mais de 12 milhões de ostras eram vendidas anualmente nos mercados de Nova York, que era o centro mundial de comércio do molusco.

Os nova-iorquinos do século XX que iam a Paris costumavam se impressionar com o enorme mercado central ao ar livre de Les Halles, até ser ele demolido em 1969, substituído por um mercado para motoristas de caminhão no sul da cidade. Pouca gente lembra que os mercados nova-iorquinos também eram animadas feiras que funcionavam a noite inteira para o público em geral. Mas no século XIX, esses mercados perderam sua animada função social, com seus restaurantes e barracas abertos a noite toda. O último foi o Fulton, transformado num exclusivo mercado de venda de peixe por atacado até ser finalmente fechado em 2005. Um dos mais antigos, o mercado Washington, foi reduzido a um mercado do fornecedor que em 1968 acabou sendo derrubado para dar espaço às torres gêmeas do World Trade Center, um ano antes do Les Halles de Paris. Como o Collect, os mercados eram transferidos em vez de arrumados, após décadas de reclamações sobre suas condições. Os mercados de Manhattan foram levados para Hunts Point, na fronteira norte da cidade, um local adequado para a circulação de caminhões, mas não para a vida citadina. Os nova-iorquinos resolveram exatamente a mesma coisa que os parisienses: transferir os mercados para longe, apesar de seu valor social, para não terem de conviver com o lixo e o trânsito de caminhões.

Mas até o século XX esses espalhados e barulhentos mercados de alimentos ao ar livre eram tão característicos de Nova York que, como o Les Halles de Paris, nenhum turista ia à cidade sem visitar pelo menos um. Em 1836, James Fenimore Cooper comentou que "É difícil haver um peixe, ave ou animal que não exista nos mercados de Nova York". Isso provavelmente não era surpresa numa cidade cujas duas maiores qualidades eram a habilidade comercial e a glutonaria.

Quando os ingleses invadiram o país em 1664, já existiam três mercados perto do East River. Pouco depois da independência, a cidade criou uma Lei do Mercado que tinha como uma das normas obrigar os mercados a fecharem uma vez por semana, aos domingos.

No início do século XIX, os seis maiores mercados estavam bem instalados, quatro deles perto dos píeres do East River, onde os alimentos vinham de produtores e pescadores de Long Island, Nova Jersey, Connecticut e Pensilvânia. Depois que os navios a vapor passaram a circular, os mercados começaram a receber carregamentos do Sul, o que significava legumes e verduras e, nos meses de inverno, a comprar do fornecedor.

O mercado Water Street era o destino preferido dos produtores de Long Island. O Fly, em Maiden Lane, era conhecido pelos peixes e carnes mas, no século XIX, já estava velho e decrépito e os barcos que traziam a pesca tinham que ancorar ao lado de um cano que despejava no mar esgoto em estado bruto.

Em 1816, a cidade resolveu construir um novo mercado, "espaçoso, de grandes dimensões e adequado ao gosto, opulência e fama da metrópole da União". O local, na foz do East River na Fulton Street, era ao lado dos píeres que no começo eram atraentes por que os produtores podiam chegar de balsa, sem pagar carregadores para levar os produtos à cidade. Graças à balsa circulando a noite toda, indo e vindo do Brooklyn, o mercado de Fulton Street se tornou uma instituição de fim de noite na Nova York do século XIX. Além de muitos nova-iorquinos morarem perto do mercado. A área em redor era cheia de decadentes prédios de madeira prontos para se transformarem em cortiços e, ao mesmo tempo, mais uma região antiga e negligenciada, até se tornar tão impossível de ser habitada que a solução foi demoli-la e construir outra coisa no lugar. A cidade promoveu um concurso de arquitetura para o novo mercado, vencido pelo projeto de James O'Donnell, arquiteto nova-iorquino nascido na Irlanda. O conselho municipal começou imediatamente a examinar o projeto, mas só em 1821 as construções foram demolidas para erigir o novo mercado. Como sempre, argumentaram que poucas pessoas moravam lá e continua um mistério o que foi feito dos moradores depois que o bairro foi derrubado. Houve um pouco de controvérsia sobre a demolição, solucionado por um acidente fortuito: um misterioso incêndio numa pensão de marinheiros arrasou quase tudo.

O mercado era em estilo neoclássico, que os londrinos achariam um pouco anacrônico para a década de 1820. Uma geração após a guerra da Independência, enquanto os nova-iorquinos afirmavam dogmaticamente seu americanismo e os dois países estavam quase sempre à beira de uma guerra, continuava a tendência de imitar os ingleses em muitas coisas.

O mercado tinha três arcadas ligadas em forma de E, cada uma terminando num pavilhão de tijolos de dois andares. Cento e dois comerciantes alugaram barracas no novo espaço: 86 nas arcadas e 16 nas barracas com depósito, bem mais caras. Havia fornecedores de frutas e legumes, peixes e aves e, claro, boxes, barracas e depósitos de ostras. O administrador do mercado, Ezra Frost, recebeu um cômodo para morar no segundo andar. Quando o mercado foi aberto, escreveu-se que era uma maravilha jamais vista em Nova York. No dia da inauguração, um jornal relatou que o mercado era "ornamentado com as mais belas postas de carne de boi, carneiro, porco etc. jamais mostradas ao público". A *Harper's* registrou: "É um açougue, uma barraca de frutas, um balcão de ostras, um café, uma loja de aves, uma peixaria. É tudo num lugar só."

O mercado de Fulton Street era considerado pelos moradores e visitantes como o lugar para conseguir ostras tarde da noite, como o Les Halles era para se tomar sopa de cebola. Os nova-iorquinos de meados do século XIX comiam ostras em toda parte, de setembro a maio, se não nos mercados, armazéns e restaurantes, nas carroças de rua. O mercado Fulton vendia também ovos quentes servidos na casca, com uma colher e uma taça de vinho vazia para colocar o ovo dentro e comê-lo. Visitantes europeus adoravam as ostras, mas achavam que os ovos quentes era uma daquelas coisas de americano.

O mercado tinha não só barracas de ostras, mas cafés e restaurantes. Em 1847, foi aberto o famoso restaurante Sweet's. E o Dorlon's era um bar de ostras muito popular. Em 1866, um livro anônimo, supostamente escrito por "integrantes da imprensa nova-iorquina", foi lançado com o título de *The Night Side of New York: A Picture of the Great Metropolis After Night Fall*. Lá se afirmava que o Dorlon's era o lugar mais animado do mercado Fulton, pelo menos até meia-noite:

> Se você aprecia os mistérios da culinária de mariscos, este é o local para agradar seus olhos. Veja com que perícia aquele jovem magro de camisa xadrez e cabelos curtos pega um assado. O jovem cavalheiro que gentilmente abre ostras é o mestre no seu ofício. É diplomado pelo mercado Fulton, o que lhe confere superioridade e não é preciso dizer mais nada. (...)
>
> Em algumas mesas, você vai observar que corpulentos homens de negócios degustam suas ostras na concha, acompanhadas de espumantes "canecas" de cerveja marrom. Devem ser moradores do Brooklyn que têm lojas em Nova York e ficam na cidade até altas horas e o Dorlon's é o seu lugar preferido a caminho da balsa.

No começo, o mercado Fulton tinha mais açougueiros, mostrando que os nova-iorquinos do século XIX, como a maioria dos americanos, eram mais consumidores de carne vermelha. Porém mais de 100 açougueiros mostrou ser um número alto demais e alguns acabaram largando o local. Quando as barracas dos açougues falidos vagaram, o mercado resolveu alugá-las para peixeiros. Os outros comerciantes não gostaram, reclamavam do cheiro, do gelo derretido e fedido, por isso as barracas de peixe estavam sempre mudando para lugares fora do caminho. Mas eles foram os sobreviventes.

Os comerciantes de peixe da Fulton Street foram o único mercado ao ar livre a resistir na história de Nova York e a continuar no século XXI. Ninguém poderia prever isso no século XIX, quando carnes e ostras, geralmente em locais separados dos peixes, eram as maiores atrações. Um artigo de 1855 no *Tribune* sobre o mercado Catherine, alguns quarteirões ao norte do mercado Fulton à margem do East River, dizia:

> Depois do comércio de carne, o maior negócio do mercado é o de ostras e moluscos. As cinco barracas ficam no lado sul da rua, ocupando toda a frente do mercado de peixes. Cada comerciante vende uma média de 100 dólares por dia de todas as espécies, totalizando 3 mil dólares por semana. Ostras e moluscos costumam ser vendidos fora da concha e, em geral, cozidos.

O mesmo artigo relata que o mercado Catherine, bem menor que o Fulton e o Washington, vendia 524 mil dólares por ano, dos quais 156 mil dólares em ostras e moluscos. Quatro quintos dos moluscos vendidos nos mercados de Nova York eram ostras.

Um importante componente do mercado de peixes e ostras era o gelo, coletado no inverno, estocado em depósitos e distribuído durante o ano todo. Fornecer gelo para Nova York era uma indústria que faturava quase 4 milhões de dólares por ano. Essa indústria era dominada por cinco empresas, das quais a maior era a Knickerbocker Company, com 283 acres de gelo de inverno no lago Rockland, a poucos quilômetros do rio Hudson, perto do presídio de Sing Sing. Para recolher o gelo durante o inverno, havia 5 mil operários. Seus 20 depósitos recebiam 500 mil toneladas de gelo no inverno. Os depósitos eram de madeira com paredes duplas, forradas de serragem. Cada depósito era dividido em seções também isoladas com serragem. O gelo ficava estocado até ser levado para a cidade em barcaças pelo Hudson. Uma empresa de gelo podia perder várias toneladas num inverno ameno. No início do século XIX, as empresas de gelo de Nova York forneciam também para os portos do Sul mas, na segunda metade do século, passaram a fornecer só para a cidade e seus mercados. A Nova Inglaterra passou a dominar o comércio de gelo no Sul.

Uma característica de Nova York era que as compras da casa não eram feitas pelos empregados ou a esposa, mas pelos homens. Eles até carregavam os artigos para casa. Era comum ver um distinto cavalheiro, rico e bem vestido, andando pela rua com uma peça de carne, uma ave ou peixe. Um homem explicou para um visitante inglês, curioso: "Homem que tem vergonha de levar o jantar para casa, não merece comer."

Os cavalheiros finos e bem vestidos que faziam compras percebiam que os mercados que freqüentavam também eram visitados por pobres que mexiam no lixo à procura de restos.

Durante o século XIX, a região ao redor dos mercados ficou cada vez mais cheia de lojas de madeira, muitas vendendo alimentos secos. Os comerciantes ficavam sob toldos, barracas e abrigos; em geral, vendiam ostras. À época da Guerra Civil, o mercado Fulton perdeu a elegância e se transformou numa bagunça decadente, atulhada, suja e agitada. O bairro também estava mudando e poucos moradores permaneceram lá quando começou a Guerra Civil. Foram expulsos pelo mercado ou pela tendência a seguir para a parte de cima de Manhattan. Isso reduziu muito a quantidade de compradores, embora ainda existissem os fregueses que iam e vinham do Brooklyn nas barcas. O mercado foi passando cada vez do consumidor de rua para vender a restaurantes, hotéis, empresas de navegação e pensões. Em 1882, a construção sexagenária foi derrubada e substituída por uma estrutura em estilo vitoriano, de tijolos decorados, que abrigava também um museu de curiosidades do mar, com um aquário e um laboratório de biologia marinha numa de suas pequenas torres. Tudo isso, graças a Eugene G. Blackford, comerciante de peixe e um dos grandes incentivadores do mercado da Fulton Street. Dentro do prédio ele construiu tanques de mármore, carvalho e vidro para expor os peixes vivos. Mas esse prédio também se deteriorou com o tempo, assim como o seguinte.

Os mercados do centro da cidade, principalmente o Fulton ao lado das barcas, marcaram a tradição nova-iorquina de ser uma cidade que funciona a noite toda. O serviço de barcas de Brooklyn nunca parava e o mercado continuou lotado de pessoas a noite inteira. Tornou-se um dos lugares para se ir tarde, às duas da manhã. As vendedoras de frutas fechavam suas barracas às 10 da noite, mas os bares do subsolo e os cafés à margem do East River continuavam animados.

A iluminação a gás era fraca e muitas vezes vinha uma neblina do rio, o que dava um clima misterioso ao agitado mercado onde cervos, esquilos, gambás e perus selvagens ficavam dependurados nas vigas. Dançarinos negros das favelas faziam sapateado nas esquinas. O livro *The Night Side of New York* conta que à noite o mercado de Fulton Street era "fantasmagórico" e descreveu-o:

> Açougueiros de aparência indefinida e vigias contratados para cuidar de seus produtos passam lentamente entre as pilhas de carcaças nas ruelas.

Especialmente apreciados por esses repórteres noturnos eram as barracas que serviam ostras frescas, assadas e fritas, além de outros mariscos:

> Aqui e acolá passa-se na frente do mercado na Beekman Street, onde pequenas lojas de ostras estão em pleno funcionamento sob a arcada. Os braseiros acesos parecem muito acolhedores na noite fria e não é fácil resistir ao convite do artista ocupado em fritar vieiras para um freguês noturno, sentado dentro da barraquinha.

Os jornalistas reclamaram que a Guerra Civil tivesse dobrado os preços dos mariscos. Um prato estava custando 40 centavos, quando antes da guerra era a metade. Reclamavam também que o Dorlon's cobrava 25 centavos por um ensopado de ostra quando, logo adiante na mesma rua, o Libby's cobrava apenas 20. "Mas os mariscos no mercado Fulton são fantásticos", apressavam-se a acrescentar.

Na década de 1870, os jornalistas denunciavam os mercados. Em outubro de 1877, o *Scribner's Monthly* afirmava: "Existem 10 mercados públicos em Nova York e nenhum está à altura dos negócios realizados, nem merece elogios em relação ao preço e limpeza."

Em 1866, os jornalistas comentavam do "fedor que vem das pilhas de cascas de ostras e do lixo jogados nas sarjetas." Esses jornalistas e os que escreveram o artigo do *Scribner's* 10 anos depois consideravam o mercado Washington, à margem do Hudson, o de piores condições, apesar de ser o maior de Manhattan. O *Scribner's* contou 950 barracas, que pagavam à municipalidade 250 mil dólares por ano, um considerável acréscimo às finanças da cidade. Em 1869, o orçamento total do setor de saúde municipal era de menos de 200 mil dólares. Como no Fulton, o maior contingente do mercado Washington era formado pelos açougueiros. Uma rua estreita separava as vendas por atacado daquelas a varejo. Mais 450 barracas funcionavam no mercado Washington West, contribuindo com mais 110 mil dólares anuais para a municipalidade. Só o varejo faturava mais de 100 milhões de dólares por ano. Esse mercado começou em 1814 como local onde fazendeiros de Nova Jersey atravessavam o rio Hudson para vender manteigas e ovos frescos. No final do século, ainda tinha a placa dependurada, informando GRANDE MERCADO DE PRODUTOS DO CAMPO.

"As duas construções foram tão xingadas pela imprensa diária", escreveu o *Scribner's*, "que precisamos não repetir as acusações de inadequação e sujeira." Os jornalistas de 1866 chamaram o mercado Washington de "a velha e terrível confusão de mau cheiro e lama. A estrutura do mercado está tão precária que parece prestes a desmoronar." E "consertos e remendos não conseguirão fazer com que esse mercado dure muito mais." O local se tornou moradia de ratazanas de cais. Era também freqüentado por ladrões e batedores de carteira. As ruas que davam no mercado tinham muita lama, numa época em que as mulheres usavam saias compridas e fartas, e isso era motivo suficiente para deixar que os homens fossem ao mercado.

Apesar de tudo, os que reclamavam reconheciam que os produtos oferecidos eram fantásticos. O *Scribner's* informou que "os nova-iorquinos agüentam todos os inconvenientes de uma viagem de bonde saindo de Manhattanville ou do Harlem para desfrutarem das tradicionais vantagens do mercado Washington para reabastecer suas despensas. E descreveu o mercado:

> Há largas ruas com pano de fundo vermelho formado pela melhor carne em excelentes cortes e avenidas cobertas do chão ao teto de suaves plumas de veludo de aves campestres. Mais adiante, um vendedor de legumes ao lado

de uma barrica amarela de manteiga e queijo feitos em casa. Não se vê um vendedor desocupado. O vendedor de aves preenche os momentos ociosos depenando as aves e cumprimentando os fregueses. Ao mesmo tempo em que o açougueiro, em sua pequena barraca, quebra uma junta de ossos para o freguês, discute aos berros com o vizinho, cercado de carnes expostas. O tempo todo, há coisas batendo. Mais além, atrás de um grande balcão, uns 20 homens de jalecos azuis abrem ostras. O movimento que fazem lembra um mecanismo de relógio. Na frente de cada um, há uma cesta de ostras; pegam uma, brilha a lâmina da faca, a casca se abre e, em dois ou três segundos, o delicado naco é colocado num balde de alumínio.

Não era preciso ir a um mercado para achar uma barraca oferecendo ostras, a menos que a vontade surgisse tarde da noite. Havia barracas por toda a cidade, tão comuns como são hoje as carrocinhas de cachorro-quente: na rua ou em pequenos boxes com uma janela por onde as ostras eram entregues ao freguês. Esse comércio era muito comum, sobretudo ao longo do East River. As ostras custavam um centavo; um ensopado delas, 10 centavos; a clientela habitual era formada por estivadores, carroceiros, marinheiros e pescadores. Mas as barracas de ostras nos mercados eram consideradas especialmente boas. Cornelius Vanderbilt, nascido em Staten Island, que ficou milionário com o transporte marítimo, começou levando tais moluscos de Staten Island para o mercado Washington.

Enquanto quase toda a cidade dormia tranqüila, o comércio no mercado Washington começava após a meia-noite e chegava ao auge pouco antes da primeira luz vermelho-alaranjada surgir sobre o East River e o resto de Nova York começar a acordar.

Enquanto os produtos eram descarregados no cais, carroções chegavam de balsa a noite toda — vindos de Jersey City, Paterson, Elizabeth, Newark e das cidades do vale do Hudson —, recebiam a carga e saíam antes do amanhecer, pois os mercados de Nova York abasteciam não só a cidade, mas as regiões em redor. A seguir, chegavam os carroções das lojas da cidade e, por último, pouco antes do dia raiar, os compradores de hotéis e restaurantes e ainda alguns fregueses madrugadores, mulheres com grandes cestas de vime.

O mercado preferido pelos pobres da cidade ficava ao longo do East River, na Catherine Street e, embora ordinário, ainda estava em melhores condições que o mercado Washington. Era também bem mais calmo, com apenas 80 vendedores que chamavam os passantes, esperando conseguir algum freguês. Serviam principalmente os moradores dos prédios próximos, que comiam pouco durante a semana. Mas os pobres tinham por hábito comemorar um dia por semana e nos sábados o mercado Catherine ficava lotado de varejistas. Suas maiores atrações eram os preços baixos e o escambo com os fregueses. Os vendedores desse mercado refletiam a diversidade étnica característica de Nova York e tinha judeus, irlandeses e chineses. O movimento diminuía após a meia-noite, quando os mais pobres chegavam em silêncio, esperando achar preços mais em conta pelo que sobrou. Outros mercados eram o relativamente grande como o Center, com 161 barracas, o Clinton, com 158 e os menores, Tompkins, com 78; Jefferson, com 70; Essex, com 66 e até o pequeno Union, com 37 barracas.

A *Scribner's* observou com ironia que o único mercado em boas condições era o Manhattan, que estava prestes a fechar. Os nove pináculos de pedras coloridas e vidro fosco eram o único enfeite à margem do Hudson. O mercado foi construído por uma empresa de sociedade anônima que faliu na década de 1870 e quase todas as 767 barracas ficaram vazias.

Tudo acabaria com o tempo. As pontes terminaram com o trânsito de barcas durante a noite inteira e navios a vapor ancorariam nas águas mais profundas do Hudson, deixando o East River como um cais usado para trabalho. Aos poucos, a cidade seria mais abastecida por caminhões do que por barcos e terminaria a lógica de mercados à beira do cais. Mas, no século XIX, não havia coisa melhor a fazer em Nova York do que ir, tarde da noite, comer ostras num dos mercados.

Charles Mackay contou a seguinte história sobre ostras na parte inferior de Manhattan:

> Dizem que um afável conde inglês visitou os Estados Unidos há alguns anos e seu maior prazer era subir e descer a Broadway à noite e percorrer os principais restaurantes de ostras, regalando-se com ostras fritas aqui, ensopadas

ali, assadas acolá e terminando a noite com um prato de ostras à inglesa. Ao voltar para a Inglaterra, ele se enganou sobre a hora de partida de seu navio e ficou com uma hora e meia de sobra.

— O que vamos fazer? — perguntou o amigo americano, que foi se despedir dele.

— Voltar à Broadway e comer mais um pouco de ostras — disse o lorde.

CAPÍTULO 9

Comportamento ostromaníaco

Os porcos andando na rua são a parte mais respeitável da população.
HENRY DAVID THOREAU, em carta de Nova York para
Ralph Waldo Emerson, 1843

Durante a Guerra Civil, Manhattan sediou uma batalha sangrenta, sem envolver as tropas confederadas.

Five Points, o mais mal-afamado cortiço dos Estados Unidos, era dominado por gangues de rua, como a Anjos do Lodo, assim batizada porque seus integrantes saíam dos esgotos para atacar; os Meninos do Amanhecer, que tinham entre 10 e 11 anos; os Coelhos Mortos, que entravam na luta carregando uma lança com um coelho empalhado na ponta. Essas gangues travavam lutas violentas nas ruas de Five Points e podiam ter mais de mil integrantes para uma batalha de rua. Em 1857, os Coelhos Mortos invadiram a prefeitura durante uma hora, enquanto atacavam os bandos inimigos na frente do prédio.

Quando eclodiu a Guerra Civil, Manhattan tinha 8 mil quilômetros de ruas, mas apenas 1/4 delas dispunha de esgotos sanitários. Pouco mais da metade de seus 813.669 habitantes eram nascidos no estrangeiro. Um quarto da população era nascida na Irlanda. Seguindo o exemplo do Collect, a cidade criou bairros pobres para os imigrantes morarem. Na década de 1840, à medida que a cidade foi recebendo iluminação a gás, enormes tanques de gás foram construídos perto do East River pouco acima da rua 14, que era considerada uma área sem uso. Depois disso, ninguém queria morar lá porque os tanques vazavam e assim os imigrantes irlandeses pobres se instalaram lá. Oitenta por cento das pessoas detidas pela polícia eram imigrantes, o que dava um clima de guerra ininterrupta entre eles e a polícia. No ano de 1862, a polícia prendeu 82 mil pessoas, 10% da população de Nova York.

Em março de 1863, o Congresso aprovou a Lei do Alistamento Militar. Todos os homens entre 20 e 43 anos eram obrigados a se alistar e, se convocados, deviam servir por três anos. Para maior indignação dos pobres, a lei abria exceção para os muito ricos, mas qualquer pessoa podia se livrar da convocação pagando 300 dólares, quantia da qual poucos nova-iorquinos e poucos americanos dispunham. Correspondia a cerca de 1/3 dos ganhos anuais de um abridor de ostra. Uma pessoa rica também podia contratar alguém para servir no lugar dela, o que era considerado (pelos ricos) um ato de civismo. Os pais de Theodore Roosevelt e Franklin Delano Roosevelt; o industrial Andrew Carnegie; o banqueiro J. P. Morgan e os futuros presidentes Chester A. Arthur e Grover Cleveland contrataram substitutos. Até Abraham Lincoln, apesar de estar acima do limite de 45 anos, deu exemplo contratando um substituto. George Templeton Strong pagou a seu soldado substituto 1.100 dólares e escreveu: "Se quiser, meu *alter ego* pode ser um bom soldado. Dei meu endereço a ele e disse para escrever se fosse hospitalizado ou tivesse algum problema, e eu faria tudo para ajudá-lo."

Alguns nova-iorquinos, como produtores de carne e de ostras, e industriais tiveram vantagem com a guerra. Os maiores rivais das ostras de Nova York eram os produtores de Chesapeake, que deixaram de fornecer. Os militares não permitiam barcos de pesca de ostras na baía de Chesapeake temendo que fossem usados para ajudar os confederados. Isso significou que os nova-iorquinos ficaram com a parte do mercado que pertencia a Chesapeake e passaram a fornecer também ovas de ostras. Os que mais lucraram foram os criadores de Staten Island que, ironicamente, eram os mesmos que tinham salvado seus viveiros criando ovas de Chesapeake. Durante a guerra, eles quase dobraram os preços e a demanda não diminuiu. O Exército da

União sempre foi um bom freguês. Em 1859, um general escreveu que foi gasto mais dinheiro naquele ano com ostras do que com carne. Grande parte da carne era enlatada ou em conserva mas, mesmo durante a guerra, as tropas eram alimentadas com ostras frescas de Nova York.

Porém a população nova-iorquina não gostou muito do começo da guerra, que foi ficando cada vez menos popular. A maioria dos habitantes da cidade não considerava a escravidão um desrespeito grave e achava que os abolicionistas eram fanáticos. Em 1850, George Templeton Strong, que apoiava Lincoln, escreveu em seu diário:

> Acredito no seguinte: que ter escravo não é pecado. Que os escravos dos estados sulistas são mais felizes e vivem melhor que os crioulos do Norte e são mais bem tratados por seus senhores do que os do Norte.
>
> Considerando isso, o sentimento, os princípios, as práticas e os desígnios dos abolicionistas do Norte são especialmente falsos, idiotas, perversos e não-cristãos.

Em 1861, as tropas tiveram uma enorme e animada despedida na Union Square, mas pouca gente imaginou que aquela guerra acabaria em tal carnificina. Desde o começo, as notícias que chegavam a Nova York eram ruins. As tropas da cidade lutaram no primeiro combate e os nova-iorquinos ficaram chocados ao saber que foram derrotados pelos Confederados num lugar chamado Manassas, na Virgínia, onde morreram inimagináveis 460 soldados das tropas federais e 1.582 ficaram feridos. Um soldado nova-iorquino escreveu em seu diário: "Esta noite, não há 100 homens aqui no acampamento. (...) Cem estão bêbados, mais cem nas casas mal-afamadas e é assim em toda parte. (...) O coronel Alfred agora vive bêbado." Horace Greeley, do *New York Tribune*, que tinha incitado Lincoln a deixar o Sul se separar e depois a invadir Richmond, agora o encorajava a desistir da luta e negociar um acordo.

Outras carnificinas vieram. Numa batalha em 1862, num local chamado Shiloh, 3.477 homens morreram, quase o mesmo número de baixas nos oito anos da Revolução Americana. No mesmo ano, mais de 1.200 soldados da União foram mortos ou feridos num único dia em Antietam. Diariamente, os nova-iorquinos liam nos jornais as listas de mortos e feridos. Em setembro de 1862, o fotógrafo Mathew Brady fez uma exposição em Nova York do trabalho de seus assistentes Alexander Gardner e James E. Gibson chamado *Os mortos de Antietam*. A fotografia era uma atividade nova e a maioria das pessoas jamais tinha visto imagens de uma guerra. Como a máquina fotográfica tinha exposição demorada e era uma enorme caixa com negativos em placas de vidro, não podia ser manejada no meio de uma batalha. Mas registrou os campos de batalhas cobertos de mortos de olhar parado, membros mutilados, retorcidos. O *New York Times* registrou: "O sr. Brady conseguiu nos trazer a terrível realidade, a gravidade da guerra."

No verão de 1863, enquanto Nova York se preparava para o recrutamento, o Exército do general Robert E. Lee estava perto, na Pensilvânia, e muitos nova-iorquinos pediam a Lincoln para negociar um acordo de paz. Uma obra-prima de deturpação da lógica foi amplamente divulgada na cidade: por serem escravos, os negros eram os culpados por toda a carnificina e o sofrimento da Guerra Civil. Quando os negros fugiram para o Norte e competiram pelos piores empregos com os imigrantes pobres em Nova York, sobretudo irlandeses, ficaram completamente contra aqueles que eles consideravam como recém-chegados. A idéia de lutar para libertar os negros para migrarem para o Norte e ficarem com os empregos deles estava enfurecendo esses nova-iorquinos pobres. Será que seriam todos massacrados por causa *dos negros*? Negros eram espancados nas ruas de Nova York e até linchados. A Avenida A ficou mal-afamada pelos linchamentos.

No domingo, 12 de julho de 1863, os jornais da cidade publicaram os nomes dos primeiros recrutas convocados no dia anterior, ao lado dos nomes dos nova-iorquinos que estavam entre os 23 mil mortos e feridos da União, em Gettysburg. Na manhã de segunda-feira, mais nomes estavam sendo acrescentados quando uma multidão atacou o escritório de recrutamento, destruiu os arquivos e o prédio e saiu pelas ruas saqueando e incendiando. Segundo *The New York Times*: "Eles falaram, ou melhor, falaram no começo, da opressão da Lei de Alistamento, mas 3/4 dos que estavam envolvidos na violência eram meninos e rapazes com menos de 20 anos, isentos de alistamento." O fato é que os cortiços e as gangues de rua estavam finalmente explodindo.

A polícia metropolitana reagiu com 2.297 homens e muitas vezes ficou em grande desvantagem numérica. Cerca de 50 a 70 mil pessoas participaram do tumulto, com algumas gangues chegando a ter 10 mil combatentes. Mil civis armados com revólveres e cassetetes juraram ter ajudado, mas nem assim conseguiram conter as turbas. O chefe de polícia foi espancado até a morte. A multidão atacou os ricos em suas casas, destruiu e saqueou lojas. Dois veteranos mutilados de guerra foram mortos. Também atacaram as casas de negros, pensões, orfanatos e escolas. As mulheres das gangues foram as mais cruéis com os negros e policiais, torturando-os com facas, arrancando olhos e línguas; amarraram uma pessoa numa árvore, jogaram óleo e atearam fogo nela.

Os amotinados lutaram com a polícia nas ruas, nos prédios, parques e telhados. Mais de 100 prédios foram destruídos por incêndios. Após quatro dias de luta, os regimentos de infantaria e cavalaria saíram do campo de batalha de Gettysburg bronzeados pelos dias de luta sob um sol de verão, chegaram a Nova York e as gangues de rua não eram ameaça para aqueles empedernidos veteranos de batalhas.

No final, dos 161 homens convocados em Five Points, 59 foram dispensados, 11 contrataram substitutos, dois pagaram 300 dólares de taxa e 88 simplesmente não se apresentaram. Apenas um serviu, Hugh Boyle, que foi para a luta no final de 1864, permanecendo até a guerra terminar cinco meses depois e então, a caminho de encontrar as forças de ocupação no Texas, desertou.

APÓS A GUERRA, a lembrança do motim do recrutamento de 1863 deixou os nova-iorquinos com um medo permanente de cortiços, imigrantes e pobres. Há muito estava esquecida a fama de Manhattan nos séculos XVII e XVIII como um lugar sadio. A cidade era reconhecidamente insalubre, principalmente nos cortiços. Nesse mesmo ano de 1863, morreu um em cada 36 nova-iorquinos, enquanto na Filadélfia e em Boston morreu um em cada 44 habitantes. Até em Londres e Liverpool, com seus bairros miseráveis e sua pobreza dickensianos, só uma em cada 45 pessoas morreu nesse ano.

Em 1865, a nação sangrava com mais de 600 mil mortos e meio milhão de feridos cambaleando devido à Guerra Civil. Em Nova York havia também o medo dos cortiços fétidos e das terríveis epidemias. Na verdade, as de varíola, cólera e tifo não causavam o alto índice de mortandade. Mais pessoas morriam de doenças não-epidêmicas, como tuberculose, diarréia nas crianças, bronquite e pneumonia. Mas foi o ataque repentino de uma doença fatal, a epidemia de cólera, que incitou o medo e a imaginação dos nova-iorquinos.

Periodicamente, o cólera atacava cidades no mundo todo e era uma força mortal invisível. A morte ocorria em poucos dias e os índices de óbito chegavam a 90% dos pacientes. Aterrorizada, a população buscava as causas disso. Em Nova York, muitas vezes culpava-se um navio vindo de uma cidade portuária infectada. Os nova-iorquinos ficavam de sobreaviso quando sabiam de surtos de cólera em cidades européias.

Qual era a causa dessa peste? Em Nova York, os principais suspeitos eram os estrangeiros, a pobreza, os cortiços, o estilo de vida imoral e o alcoolismo. Não se achava que os pobres fossem as vítimas da doença, mas os causadores. A Aids não foi a primeira epidemia a estigmatizar as vítimas. Na Nova York do século XIX, as vítimas do cólera, febre amarela e tifo costumavam ser menosprezadas. Até que, no outono de 1854, vários cidadãos importantes morreram de cólera. Uma epidemia maior tinha começado entre os privilegiados. "Há um estranho aumento dessa epidemia entre pessoas da classe mais *respeitável*", escreveu George Templeton Strong em seu diário, no dia 24 de outubro. Ele iria testemunhar alguns casos fatais em seu círculo de amizades.

A epidemia foi um grande choque. Já que não se podia culpar a sujeira e a degradação moral dos cortiços, talvez a causa fossem as ostras. E assim começou o que ficou conhecido como "pânico da ostra".

Inúmeros nova-iorquinos apavorados começaram a teorizar que o cólera era causado por comer ostras estragadas. Claro que houve uma queda acentuada em sua venda, principalmente entre comerciantes que vendiam para os ricos, como o negro Downing que Strong chamou de "ex-venerável etíope" e insistiu que, "se algum cavalheiro conseguir provar que ele morreu por causa das ostras que eu produzo, pago as despesas dele em Greenwood" (o cemitério do Brooklyn). Defendendo Downing, Strong garantiu na anotação de seu diário, em 31 de outubro: "Não há um aumento grave nos casos de cólera e certamente nenhum fundamento em desconfiar de ostras, sejam elas cruas, cozidas ou assadas." Strong estava muito enganado. Hoje se sabe que uma das maiores causas do cólera são os alimentos contaminados por água de esgoto e que mariscos crus são particularmente propensos a ter a doença.

Em 1855, o prefeito de Nova York, Henry Wood, reagindo ao pânico da ostra ocorrido no ano anterior, reforçou com rigor as pouco respeitadas leis que restringiam a venda de ostras. Em 1839, foi aprovada uma lei que retomava outra, mais antiga, sobre meses sem a letra R. Assim, proibia-se a venda de ostras em Nova York nos meses que iam de primeiro de maio a primeiro de setembro. Com isso, criou-se uma época festiva nos restaurantes e mercados quando a temporada de ostras recomeçava, em setembro. As cidades tinham liberdade de alongar a temporada sem ostras; a baía de Great South ficava fechada até 15 de setembro e os viveiros de Brookhaven só abriam a primeiro de outubro. Mas em 1855, quando o prefeito Wood começou a exigir rigor no cumprimento da lei, a maioria dos nova-iorquinos tinha quase esquecido dela. Os habitantes não estavam mais apavorados e riam da lei antiquada. No outono de 1855, o *Ballou's Pictorial* noticiou que vendedores de ostras começaram a chamar agosto de *argosto*, só para ter a letra R. Já na época a piada era velha.

A discussão sobre os meses com R continuou pelo século afora. Em setembro, no início da temporada de 1883, um artigo do *New York Times* satirizava: "No dia 30 de abril, os ansiosos apreciadores de ostras as comerão fritas e grelhadas até o meio-dia, mas nenhum homem sensato vai tocar numa após essa hora." O artigo dizia que os infaustos italianos não podem comer ostras em janeiro porque na língua deles esse mês não tem R, é *Gennaio*. Por outro lado, os árabes do deserto podem comê-las em determinados meses islâmicos que têm R, enquanto no mês correspondente dos cristãos, falta o benevolente R.

Foi pensando principalmente nas ostras que Júlio César reformou o calendário romano. Ele descobriu que o almanaque chamava de verão o que ocorria no final do outono, então, nos meses em que as ostras seriam especialmente desejadas, não havia "r". Por isso, colocou os meses com R no auge do verão e possibilitou aos romanos degustarem ostras logo no primeiro de setembro. Além disso, criou o ano bissexto apenas para acrescentar mais um dia com ostras em fevereiro. Foi através desses dois grandes golpes de gênio que César recebeu o entusiástico apoio dos comerciantes de ostras e agradou cada romano cujo gosto por ostras não tinha sido destruído pelos artificiais e prejudiciais pratos que os ricos e dissolutos integrantes do partido de Pompéia apreciavam.

Em 1864, uma associação nova-iorquina inspecionou cada quarteirão da cidade. No ano seguinte, publicou um relatório de 300 páginas que foi amplamente distribuído e resultou na criação de um Centro Metropolitano de Saúde. A meta do relatório, patrocinado em grande parte pelos ricos, era melhorar a situação sanitária e moral nos bairros pobres que causavam doenças. O relatório destacou que "O populacho que realizou um temerário ataque na nossa cidade durante o marcante levante de violência em julho de 1863, saiu dos superpopulosos e negligenciados bairros da cidade."

O relatório afirmava também que "as ruas e esgotos recebem de tudo, em todas as horas do dia. Os bairros pobres ainda tinham privadas transbordantes, situadas fora da casa. (...) Todo tipo de sujeira era jogado na rua, cobrindo o chão, enchendo os esgotos, obstruindo os bueiros e provocando uma eterno odor que deve causar doenças pestilentas". Os cientistas ainda não conheciam a causa da maioria delas, mas os nova-iorquinos mais instruídos tinham certeza que, de alguma forma, o problema eram os bairros pobres, causadores de doenças, crimes e violência. Sempre, no fundo, eles lembravam do tumulto contra o recrutamento, em 1863. Finalmente, em 1887, a cidade usou a solução costumeira e começou a comprar e derrubar a região de Five Points.

O VACILANTE PAÍS de má saúde estava rapidamente se espalhando para oeste. A pecuária que alimentou o Exército da União (o maior da História até hoje) continuava a aumentar. A indústria que armou o exército da União em cidades em expansão como Cleveland também continuava a crescer. As ferrovias que transportaram o Exército continuavam a se expandir para oeste. Mesmo antes da guerra, em 1857, Nova York estava ligada a Saint Louis por trem. Após a guerra, as ostras nova-iorquinas se tornaram uma oferta normal nos restaurantes dos hotéis de St. Louis.

Os navios ficaram mais rápidos e o Atlântico parecia menor. Em 1832, o presidente Martin Van Buren levou cinco semanas para percorrer de navio os 5 mil quilômetros que separavam Nova York de Liverpool. Em 1850, o navio *Atlantic*, da New York & Liverpool United States Mail Steamship Company, ultrapassou o recorde de seu rival, o Royal Steam Packet Company, da Cunard, fazendo Liverpool-Nova York em 10 dias e 16 horas. Dois anos depois, o navio-irmão foi o primeiro a fazer o percurso inverso, Nova York-Liverpool, em menos de 10 dias. Após a guerra, esse percurso passou a ser comum.

Nova York, o grande porto do país em crescimento, tornou-se uma cidade rica e extravagante, com uma vaga noção de sua importância. Os aproveitadores da guerra que tinham enriquecido começaram a aparecer. A época foi chamada de Clarão. Nova York tinha ficado conhecida não só por seus bairros pobres, mas por sua beleza, seus gramados, jardins e árvores, inclusive os de Battery Park projetados para serem vistos do mar. Uma pereira na Terceira Avenida com a rua 12, plantada em 1660 por Peter Stuyvesant, durou até o começo da década de 1860. Era uma cidade de casas em estilo georgiano. A Union Square foi batizada assim não pela causa do Norte, mas porque juntava tantas avenidas e ruas e na primavera tinha um mercado de flores.

Depois da guerra, a cidade passou de um porto atraente a um grande centro comercial. Construíram-se muitos prédios de tijolos que a velha guarda denunciou como sendo de uma banalidade arquitetônica moderna. Os ferros e aços ornamentais, criados para contratos militares que terminaram com a guerra, passaram a ser usados em prédios de aço, aumentando a silhueta dos edifícios numa cidade cujas construções até então tinham três andares.

Em 1870, o prédio da Equitable Life Assurance Society, na Broadway com a Cedar Street, tinha o que o *New York Post* chamou de "o novo jeito de subir escadas": um elevador movido a vapor, que incentivou projetos de prédios mais altos. Em 1873, foram instalados os primeiros trilhos de bondes, mas o povo ficou tão descrente com a invenção (o bonde era movido pela eletricidade existente em um dos trilhos) que os coches puxados a cavalo continuaram a congestionar a Broadway.

Apesar de todos os novos prédios de tijolos, o espaço estava se tornando cada vez menor para uma população que continuava aumentando. Camas que durante o dia podiam ser dobradas, um armário, uma escrivaninha, tornaram-se um popular nova-iorquismo. Manhattan ainda tinha colinas, pântanos e alagados. Mas a margem dos pântanos estava sendo preenchida com granito e terra trazidos do centro da ilha.

Nova York tinha se transformado num centro comercial ligando o novo Oeste americano com a velha Europa. Em 1830, o porto de Nova York realizou 37% do comércio exterior dos Estados Unidos. Em 1870, 57%.

Os viajantes que estiveram na cidade antes e depois da guerra se surpreenderam com a diferença. O jornalista inglês George Augustus Sala, que tinha sido um duro crítico na visita feita em 1863 (era também simpatizante dos Confederados), voltou e, no livro *American Revisited*, lançado em 1883, escreveu: "Manhattan no momento, talvez com uma única exceção, é uma metrópole interessante como se pode encontrar no mundo todo." A tal "única exceção" foi que ele não gostou das ruas após uma nevada: ficavam cheias de neve derretida, escorregadias e sujas. O problema continua sem solução.

Quando Dickens voltou à cidade, em 1867-68, também notou a mudança. Disse que parecia "estar em Paris", hospedado com sua equipe francesa no Westminster, em Irving Place. "É impressionante a quantidade de casas enormes e serviços esplêndidos", escreveu. Com apenas 50 e poucos anos, o respeitado autor estava doente e parecia mais velho. Desde o final da guerra ele era convidado para dar palestras nos Estados Unidos sobre seu trabalho e conseguiu então um circuito onde esperava ganhar bastante com a venda das entradas. Era uma estrela ainda maior do que na primeira viagem e considerado um grande palestrante. Em Nova York, mais de 5 mil pessoas ficaram horas na fila para comprar entradas e um homem foi preso com centenas de entradas falsas. Os ingressos se esgotaram e na última hora permitiram que muitos assistissem de pé. Algumas pessoas que foram ao Boz Ball ficaram ofendidas. Escreveu George Templeton Strong:

> Dizem que foi terrível a primeira palestra feita na noite passada por Charles Dickens no Salão Steinway. Sem dúvida foi, mas não estou ansioso para ouvi-lo. Lembro de *American Notes*, nos capítulos americanos em *Martin Chuzzlewit*, que era sua volta para as extravagantes honrarias concedidas a ele em sua primeira visita, há 25 anos. Lembro também que os dois livros, principalmente o primeiro, estavam cheios de exageros e ironias contra a república escravocrata e que durante nossos quatro anos de luta mortal com a escravidão, o sr. Dickens jamais teve uma palavra solidária conosco ou com nossa causa nacional, embora uma palavra do mais famoso escritor vivo de ficção seria bastante bem-vinda e bastante adequada a um "humanitário" profissional. Desconfio que o sr. Dickens seja um grande esnobe e que grande parte de seus sentimentos pelos erros e tristezas da humanidade seja histriônico, mas também pode ser que eu esteja sendo injusto com ele. De qualquer forma, gostaria de ouvi-lo ler o *Christmas Carol*: Scrooge, o Fantasma de Marley e Bob Cratchit.

Dickens estava só, tinha se separado da esposa, deixou-a na Inglaterra com seus bolinhos de fígado e, sabendo da hostilidade da imprensa americana, não queria aparecer com a nova amante. Por isso, quando não estava dando palestra, ficou no calmo hotel francês, jantou sozinho no Delmonico's e, segundo os garçons, comeu e bebeu bastante. Teve uma vida elegante em Nova York, que seria impossível 25 anos antes, na pequena e austera cidade de armazéns de ostras e salões de dança.

Dickens passou quatro meses nos Estados Unidos e deu 70 palestras, ganhando 20 mil libras, bem menos que os promotores americanos receberam. Isso serviu apenas para irritá-lo ainda mais com um país cujo fracasso para se adequar à lei do direito autoral já tinha lhe surrupiado uma considerável quantia. Mas, antes de ir embora, Nova York tinha de oferecer a ele mais um banquete. Desta vez, patrocinado pela imprensa nova-iorquina e no Delmonico's, onde se realizavam todos os grandes eventos na época. O banquete custou 3 mil dólares, superando o Bozz Ball e o jantar no hotel City, mas bem menos que a conta de 1871 do jantar no mesmo local pelo casamento da filha do famoso político William "Boss" Tweed, que custou 13 mil dólares. Na homenagem a Dickens, as entradas custaram 15 dólares. Horace Greely fez os preparativos e foram convidados muitos jornalistas famosos, de Boston a Chicago. Era para ser um jantar para 175 pessoas, mas 204 compraram entrada.

Dickens chegou com uma hora de atraso, mancando apoiado numa bengala. O *New York Herald* comentou que o cardápio oferecia "ostras em meia concha, claro, mas que eram as únicas coisas que não foram enobrecidas com um título literário". Havia *"creme d'asperges à la Dumas"*, *"agneau farci à la Walter Scott"* e *"côtelettes de grouse à la Fenimore Cooper"*. A entrada com ostras era o único toque da antiga Nova York e até elas estavam escritas em francês. Todo o cardápio era em francês (em ortografia correta) e os 73 pratos servidos no hotel City foram reduzidos a cerca da metade.

As mulheres não foram convidadas para o jantar de Dickens. Nem escritoras famosas puderam comprar entrada, apesar do comitê ter chamado membros da imprensa nova-iorquina. Quando Jane (Jennie) Cunningham Croly, crítica de moda e teatro do *New York World,* foi comprar uma entrada, o Clube de Imprensa de Nova York apenas riu, apesar do marido dela, David Croly, ser editor do *World*, chefe do comitê organizador do jantar e apoiar a reivindicação dela. Rir de jornalistas é sempre arriscado e, irritada, Jennie Croly informou da recusa a outras jornalistas conhecidas, que por suas vez quiseram ingresso, inclusive Fanny Fern, uma das mais bem remuneradas de Nova York. Fern era pseudônimo de Sara Willis Parton, casada com James Parton, outro membro do comitê. Mas os dois maridos viram que não podiam fazer nada pelas esposas. Elas então se vingaram fundando um clube que proibia a entrada de homens. Na época, Nova York não tinha um só clube para mulheres desacompanhadas, nem que fosse de jardinagem, de bridge, ou da igreja. Os homens, que tinham clubes exclusivos para todas as ocasiões, continuaram a achar graça.

Enquanto eles planejavam o jantar de Dickens, as mulheres planejavam seu clube, que batizaram de Sorosis, termo botânico que significa "aglomeração". Foi, na verdade, um dos primeiros clubes de mulheres nos Estados Unidos, com reuniões quinzenais numa sala particular do Delmonico's. Isso deu fama progressista ao restaurante, numa época em que uma mulher não podia jantar em público sem estar acompanhada de algum homem. O clube Sorosis discutia temas do momento, defendia as mulheres, inclusive pressionando a Universidade de Columbia a aceitar alunas e recebia mulheres importantes que estivessem na cidade, como Louisa May Alcott. Apesar das incessantes zombarias dos homens, as reuniões se tornaram um famoso evento do restaurante e uma vez por ano se realizava o banquete do Sorosis, no qual os homens eram convidados. As mulheres deixavam os homens pasmos usando trajes incríveis e fazendo-os pensar por que mulheres tão lindas se comportavam de forma tão pouco feminina.

Mas nem o Delmonico's permitia a entrada de mulheres desacompanhadas nos salões. Uma mulher sozinha, como as dos armazéns de ostras, era considerada de moral baixa, prostituta. A anarquista radical Emma Goldman, que chegou a Nova York em 1889, desafiou essa lei e foi muitas vezes confundida com prostituta. Victoria Woodhull, socialista que defendia o amor livre, era contra o casamento e mais tarde concorreu à presidência, insistia em ser servida no Delmonico's. Um dia, como a gerência se recusava a atendê-la, ela saiu do restaurante, chamou um cocheiro, voltou e pediu sopa de tomate para os dois. Na década de 1880, o Delmonico's mostrava suas credenciais progressistas permitindo que mulheres desacompanhadas fossem servidas até a hora do jantar.

A NOVA YORK da segunda metade do século XIX era uma cidade com mania de ostras. Era comum uma família jantar ostras dois dias por semana, um deles, o domingo. Foi um dos poucos momentos da história da culinária em que o mesmo alimento, preparado mais ou menos da mesma forma, foi comum a todos os níveis socioeconômicos. Era servido tanto no Delmonico's quanto no mais perigoso cortiço. A ostra continuava muito barata.

Ostras abertas eram vendidas na rua por 25 centavos o quarto de galão. Os pobres podiam comê-las cruas numa barraca de rua ou ensopadas no mercado, era barato. Um rico podia se servir das mesmas ostras cruas na entrada da refeição ou até ensopadas, num cardápio de frutos do mar nos mais caros restaurantes. No Delmonico's, uma porção de seis ou sete delas, conforme o tamanho, custava 25 centavos. Também era comum um rico comê-las numa barraca de rua no mercado Washington ou num armazém de ostras. Na noite seguinte, ele podia estar num banquete luxuoso em homenagem a algum prócer e degustá-las novamente.

Até a imprensa nova-iorquina concedeu grandes e floreadas homenagens que desafiam a lógica e a hipérbole nos elogios às ostras. Em 1872, um artigo da revista *Harper's Weekly* sobre o *boom* americano de ostras observou:

> Os povos antigos já conheciam a deliciosa bivalva (...) porém isso nunca incrementou a tirania ou chegou ao despotismo, como foi em relação ao amor por línguas de pavão; nem é do conhecimento que esses povos algumas vez tenham tido as tendências desmoralizantes necessárias ao consumo desenfreado do patê de *foie gras*.

Os restaurantes finos publicavam livros de cozinha com receitas de ostras. Mas, na segunda metade do século XIX, havia também um movimento pela criação de escolas de culinária e livros de receitas para classes operárias e mulheres pobres. Neles também as receitas de ostras tinham papel importante.

Juliet Corson nasceu em 1841, em Roxbury, região de Boston, e aos 33 anos abriu a Escola Grátis de Treinamento Feminino, antes de aprender a cozinhar. Contratou um *chef* francês que se considera ter sido o famoso Pierre Blot. Dois anos depois, mudou-se para Saint Mark's Place, em Manhattan, e dava aulas de culinária em sua casa. Chamáva os cursos de Escola de Culinária de Nova York e recebia mil alunas por ano. Tudo o que ela fazia tinha por meta sua consciência social. A Escola tentou cobrar preços altíssimo das ricas, enquanto pedia apenas um centavo por aula das alunas de classe média. E as pobres não pagavam. Na década de 1870, quando as finanças da cidade tiveram uma queda, ela publicou folhetos polêmicos, como "Fifteen Cent Dinners for Families of Six" e "How Can We Live if We Are Moderately Poor". Um dos inúmeros livros de cozinha que lançou, *Meals for the Million: The People's Cookbook*, tem oito receitas com ostras, inclusive esta fritada, um prato barato e popular porque podia ser feito com as menores, mais baratas.

> Observe se há pedaços de concha na ostra e retire o líquido. Depois, faça uma massa misturando 2 xícaras cheias de farinha, gema de 1 ovo fresco, 1 colher de sopa cheia de óleo de salada, 1 pitada de pimenta-de-caiena e o caldo suficiente de ostras para fazer uma massa espessa, que forme bolas na colher de mexer. Aqueça bastante gordura até sair fumaça: bata a clara do ovo em neve e despeje aos poucos na mistura quando a gordura estiver quente, junto com as ostras, inteiras ou cortadas, que devem ser colocadas na gordura quente com a espumadeira e deixe fritar até escurecer. Depois, coloque sobre papel pardo para retirar a gordura e sirva quente.

Seus inúmeros livros para ajudar pessoas de baixa renda costumavam ter receitas de ostras, embora nem sempre na quantidade sugerida nos livros para as classes mais altas. Para ostras aquecidas na concha, ela sugeria apenas quatro ou cinco por pessoa. O *Family Cook Book*, de 1885, tinha 10 receitas com ostras, inclusive estas:

❦ Ostras frias na meia concha

> Lave bem 25 ostras, mantendo-as na meia concha e arrume-as num prato ou em vários pratos pequenos, colocando em cada concha uma ostra com uma pitada de pimenta-de-caiena e suco de um limão. Sirva no almoço ou jantar acompanhadas de sal, pão preto e manteiga. Costumam ser servidas com pão fino antes da sopa do jantar.

⚜ Ostras quentes na meia concha

Abra as ostras como na receita "Ostras frias na meia concha", arrume a concha funda numa assadeira e coloque no forno bem quente ou no fogo alto até que estejam bem quentes. Depois, coloque sobre cada uma colher de chá de manteiga, uma pitada de pimenta-de-caiena e uma ostra crua. Ponha a assadeira no forno um minuto, vire a ostra na manteiga e sirva na concha imediatamente, quatro ou cinco no prato de cada convidado. O sucesso depende da rapidez com que for preparado. Pão preto e manteiga, ou bolachas de água e sal, são servidos com as ostras, seja no almoço ou jantar.

Provavelmente, Pierre Blot ensinou Corson a cozinhar, assimilou grande parte das coisas americanas, principalmente Nova York, com um entusiasmo de turista. Seu *Handbook of Practical Cookery*, lançado em 1869, era para ser um guia da comida americana e destacava os produtos e formas. Dava especial atenção às tradições indígenas e ensinava segredos como o costume indígena de sangrar o peixe antes de cozinhar, o que, segundo ele, fazia a pele ficar mais branca. E garantia que sua receita de ensopados de mariscos foi-lhe dada por um capitão de barco do rio Harlem. Refletindo a época e o lugar, o livro de Blot tinha uma dúzia de receitas de ostras. Ele afirmava que "a ostra-americana é, sem dúvida, a melhor que se pode encontrar". Mas, como indica a receita a seguir, de ostras em conchas prateadas, suas receitas não eram destinadas aos pobres:

Ponha 1/4 de ostras e sua água numa frigideira, coloque no fogo retirando assim que ferver e reserve o líquido que ficar na frigideira. Coloque uma frigideira no fogo com 57 gramas de manteiga e, assim que a manteiga desmanchar, junte 1 colher de chá de farinha, mexa e, quando ficar bem marrom, acrescente o suco das ostras, cerca de um copo de caldo de carne, sal e pimenta. Deixe ferver por uns 10 minutos, mexendo de vez em quando. Enquanto ferve, coloque as ostras nas conchas, ou em conchas de prata adequadas, 2 ou 3 em cada concha, despeje um pouco do caldo acima em cada uma depois que ferver. Salpique com pedaços de pão, coloque 1 pedacinho de manteiga em cada concha e asse por cerca de 12 minutos em forno médio.

Uma dúzia de ostras prateadas servidas assim são um prato leve e delicioso.

AS DUAS OBSERVAÇÕES gastronômicas mais comuns sobre a Nova York do século XIX eram que as ostras eram baratas e as pessoas comiam uma enorme quantidade não só delas, mas de tudo. Em 1881, o exilado e líder da independência cubana José Martí escreveu sobre um novo hotel da moda, em Coney Island:

> Os pobres comem camarão e ostras na praia, ou massas e carnes nas mesas livres que alguns hotéis oferecem para essas refeições. Os ricos esbanjam grandes quantias em infusões roxas que passam por vinho e estranhos e pesados pratos que para nosso paladar, deleitado pelo artístico e a luz, certamente nada concederiam ao sabor. Essa gente gosta de quantidade, nós gostamos de qualidade.

Não foi muito diferente das observações de James Fenimore Cooper que, na década de 1830, chamou os americanos de "os mais grosseiros comedores/glutões de qualquer país civilizado". Apesar dessa queixa, a Nova York da década de 1880 era um lugar muito melhor para comer do que tinha sido no início do século. Continuava liderada por seu melhor restaurante, o Delmonico's, cada vez maior e mais suntuoso à medida que mudava com as pessoas da moda para a parte superior da ilha. Em 1846, do número 21 a 25 da Broadway passou a ser o hotel Delmonico. Em 1885, ele passou para a esquina da Broadway com a Chambers. Em 1860, apossou-se da Mansão Grinnell, na Quinta Avenida com a rua 14, uma enorme casa de elegantes salões de baile e espaçosas salas de jantar. Em 1876, continuou seguindo a tendência para subir e passou para a rua 26 com a Quinta Avenida. E em 1897, mudou novamente para a Quinta com a rua 44.

Era impensável que alguém, mesmo sem ser muito importante, fosse a Nova York e não jantasse no Delmonico's. Todo mundo que a cidade quisesse homenagear ganhava um banquete lá. Em 1861, ofereceu um jantar para Samuel T. Morse que, de sua mesa, mandou o primeiro cabograma para a Europa. Quarenta minutos depois, recebeu a resposta, aplaudida pelos 350 convidados. Após a guerra, quase todos os generais importantes, inclusive Grant, Sherman e McClelland, assim como o presidente Johnson, tiveram banquetes no Delmonico's. Tais refeições costumavam começar, no melhor estilo da cidade, com um prato de ostras. Às vezes, como no baile de 5 de novembro de 1882 para os comandantes da frota russa em visita à cidade, o cardápio começava com dois pratos de ostras. Já o bufê de 1882 para 40 pessoas, em homenagem a Charles Dana, editor proprietário do *New York Sun*, começou com ostras à *béchamel* (molho branco inventado por um francês do século XVII para o bacalhau salgado) e *huîtres farcies* (ostras recheadas). Em março de 1873, o seleto jantar para o general Grant e 12 convidados começou com ostras em meia concha apresentadas apenas como "*huîtres*" seguido de sopas, *hors d'oeuvres*, truta, cordeiro, pato, *foie gras*, alguns outros acepipes e sobremesa seguido de uma ceia para 80 pessoas que começou com *huîtres béchamel aux truffes* (ostras ao molho branco com trufas). Os cardápios desses eventos às vezes eram escritos em cartões prateados, ou impressos em cetim, ou até gravados em couro.

Charles Ranhofer, o alsaciano que foi *chef* do restaurante de 1862 a 1894, conhecia seus clientes. Num banquete para um francês, ele serviu apenas ostras cruas, para as quais deu as seguintes instruções sobre como levá-las à mesa com o coração ainda batendo:

Abra a ostra com cuidado colocando a lâmina da faca entre as conchas e forçando para evitar que quebrem. Deixe-a na concha funda com o líquido. Sirva cada convidado com 6 ou 8, conforme o tamanho, com 1/4 de limão. Bolachas de água e sal ou fatias finas de pão e manteiga podem ser servidas junto. Um molho quente ou um molho de cebola *shallot* cortadas bem finas e temperadas com sal, pimenta e vinagre ou então um molho *pimentade* pode acompanhar as ostras. Elas só devem ser abertas na hora de servir, levadas à mesa com gelo triturado.

Molho *pimentade*

Corte em quadrados de 1/4 de polegada 114 gramas de carne de vitela magra e 57 gramas de cebolas, 114 gramas de presunto magro cru e junte a 1 dente de alho pequeno amassado, ponha tudo numa frigideira com manteiga e cozinhe em fogo baixo. Frite no óleo algumas pimentas-espanholas doces após tirar sua pele e algumas pimentas-verdes cortadas finas. Acrescente o presunto, a carne, as cebolas e junte um pouco de caldo de carne e molho espanhol e um pouco de purê de tomate. Cozinhe tudo junto, tempere a gosto, retire a gordura e sirva.

Para os não-franceses, existia um tradicional antepasto nova-iorquino, as ostras em conserva, mas com um novo nome em francês, *huîtres marinées*, que ele serviu para os oficiais da esquadra russa, em 1863:

Refogue rapidamente ostras grandes, retire a água e separe; cozinhe um pouco de vinagre com alho, pimentas inteiras, pimenta-da-jamaica, 15 gramas de cada para cada quarto de vinagre e acrescente um pouco de noz-moscada. Misture 2/3 da água das ostras a 1/3 do vinagre e coloque as ostras em garrafas hermeticamente fechadas. Mantenha as garrafas em local de temperatura amena. Sirva em pratos menores, rodeados com fatias de limão e ramos de salsa.

Ele também ofereceu aos americanos uma longa lista de ostras cozidas, inclusive com curry, no espeto, fritas à Horly, fritas com manteiga ou bacon. O outro prato de ostra servido em 1863 no baile para a esquadra russa foi ostras *à poulette*, que os nova-iorquinos costumavam chamar de ostras fricassês:

> Reduza um pouco de molho *velouté* com o líquido das ostras, tempere com sal, pimenta e noz-moscada e engrosse com gema de ovo diluída em um pouco de creme. Junte à mistura 1 fatia de manteiga fresca, um pouco de caldo de limão e salsa cortada.

Ranhofer, o mais importante *chef* de Nova York na segunda metade do século XIX, fazia a clássica cozinha francesa, na época adotada pelos hotéis mais ricos da Europa e criada por Auguste Escoffier. Típicas dessa cozinha, as receitas de Ranhofer são quase sempre mais complicadas do que parecem. Só para fazer as ostras frescas em meia concha, é preciso saber preparar um molho *pimentade* para o qual, por sua vez, é preciso saber a receita do molho espanhol, o molho marrom feito com caldo de carne ou peixe engrossado, que por sua vez precisa saber como fazer um bom caldo de carne ou peixe. Já para fazer o fricassê, é preciso saber preparar um molho *velouté*, para o qual é necessário também saber preparar um molho de carne ou peixe. O/a cozinheiro/a precisa saber também a temperatura certa (baixa) para engrossar com gemas de ovos e como terminar um molho com uma fatia de manteiga diluída em fogo baixo. O fricassê a seguir é apenas um molho para servir sobre ostras pochês. Eis como Rainhofer recomenda preparar as ostras pochês:

> Coloque uma frigideira em fogo alto, ponha as ostras com o líquido e mexa com cuidado de vez em quando para evitar que grudem no fundo da panela. Quando estiverem firmes ao toque, retire o líquido.

De vez em quando, ele tinha um prato simples, como as ostras Filadélfia que, naturalmente, ele e os nova-iorquinos sofisticados chamavam de *huîtres à la Philadelphie*:

Ponha 57 gramas de manteiga numa frigideira e cozinhe até escurecer, acrescente 20 ostras bem escorridas e enxutas. Frite-as até clarearem dos dois lados e coloque 1/4 de caneco de caldo de ostra com sal e pimenta. Sirva com fatias finas de torrada ou ponha as ostras sobre as torradas num prato fundo.

Este era um dos segredos de Ranhofer. Os nova-iorquinos sabiam que podiam ir ao Delmonico's e comer alguns pratos básicos de Nova York, como as ostras fritas servidas nos mercados, mesmo que fossem atribuídas a algum lugar longínquo chamado Filadélfia. Em 1893, Ranhofer lançou *The Epicurean*, com 1.200 páginas, 4 mil receitas e, embora sua *Enciclopédia culinária franco-americana* tenha entrado em algumas cozinhas domésticas, tornou-se a bíblia dos restaurantes e hotéis americanos. Tem 30 receitas de ostras e, na seção de ostras, garante que elas "são assexuadas", o que é errado, e que não vivem fora da água, embora possam durar semanas, se mantidas no frio, pois era assim que as de Nova York conseguiam chegar a locais distantes. Mostrando suas origens francesas, Ranhofer afirmou que ostras cozidas, como são na maioria de suas receitas, não eram tão digestivas quanto as frescas. A receita a seguir é uma das mais marcantes como antepasto levemente cozido e pode ser servida no lugar de ostras frescas na concha.

Ostras tártaras (*Huîtres tartare*)

Refogue algumas ostras grandes, retire todo o líquido, passe na água e tempere com sal, pimenta, *finnes herbes*, cebolas *shallots* cortadas em pequenos cubos e alcaparras refogadas, pepinos em conserva picadinhos e lagosta vermelha cortada bem fina. Corte fatias de pão preto em forma oval no tamanho de uma ostra, frite na manteiga e coloque uma ostra sobre cada pão e cubra com o tempero cortado fino e cubra tudo com uma gelatina de maionese

❧ Molho de maionese gelatinado

Use uma maionese comum com azeite, despejando devagar sobre uma gelatina fria e dissolvida em água. Essa maionese gelatinada também pode ser preparada batendo a gelatina com gelo ao mesmo tempo em que se despejam azeite e vinagre, exatamente como se faz com a maionese de ovo.

Ranhofer também criou o bolo Alaska para homenagear a compra do território pelos Estados Unidos. Vários outros pratos do Delmonico's tornaram-se clássicos americanos, como as batatas e os filés Delmonico. Os clientes também traziam sugestões para o restaurante. Em 1895, depois que Ranhofer se aposentou, o jornalista Richard Harding Davis, que ajudou muito a romantizar a imagem dos correspondentes estrangeiros, tinha acabado de chegar da América Latina e apresentou o abacate ao restaurante. A fruta era um dos poucos fatos divulgados por Davis que podiam ser confirmados sobre a América Latina. Três anos depois, ele popularizou a Guerra Hispano-americana e a essa altura o Delmonico's já havia popularizado o abacate em Nova York.

Em 1876, Ben Wenberg, um comerciante de frutas do Caribe e cliente assíduo do Delmonico's, mostrou a Charles Delmonico uma nova receita de lagosta que ele apresentou num prato aquecido. Delmonico batizou-a de lagosta à Wenberg. Logo depois, os dois se desentenderam e Delmonico não quis mais usar o nome. Num acesso de dislexia proposital, trocou Wen-berg por New-berg e lançou o prato que ficou conhecido no país todo como Lagosta à Newberg.

O prato se tornou rapidamente um clássico, com muitas variações, inclusive as inevitáveis ostras Newberg, presentes no livro de Sarah Tyson Rorer lançado em 1894, *Fifteen New Ways for Oysters*. Ela escrevia sobre gastronomia, era editora de revista e foi uma das fundadoras da *Ladies' Home Journal*. Repare na quantidade do molusco:

> Escorra 50 ostras e despeje sobre elas um jarro de água fria. Pegue uma panela de pedra, aqueça bem e ponha as ostras com 57 gramas de manteiga e 1 colher de chá de pimenta. Mexa devagar com a colher de pau até as ostras ficarem bem quentes. Bata 2 gemas de ovos com 6 colheres de sopa de creme: junte sem deixar ferver. Acrescente 1 colher de sopa de xerez e sirva sobre torradas.

A LOUCURA DAS OSTRAS também atingiu Londres e Paris. Felizmente para o comércio americano de ostras, os viveiros europeus estavam se exaurindo. Em meados do século XIX, a sua popularidade cada vez maior fez com que o mundo todo explorasse desordenadamente os viveiros naturais, que até então se acreditava serem inesgotáveis. No ano de 1861, os comerciantes de ostras na região de Zeeland, na Holanda, entregaram 3 milhões de ostras, sendo 1 milhão pescado por eles e o resto pelos escoceses e ingleses cujos viveiros naturais já tinham se esgotado. Em 1864, os mesmos comerciantes conseguiram apenas 50 mil ostras para vender. A mesma queda de produção ocorria na França e tinha ocorrido em Nova York mas, na segunda metade do século, os nova-iorquinos tinham se tornado produtores tarimbados.

Como os nova-iorquinos, os franceses do final do século XIX estavam consumindo quantidades incríveis de ostras, talvez mais incríveis ainda por que quase todas eram comidas cruas. Dizia-se que eram servidas quatro vezes ao dia: no café da manhã, no almoço, no jantar e na ceia. Mas as receitas de ostras cozidas há muito eram consideradas um absurdo gastronômico na França, enquanto em Nova York apenas uma em cada três era vendida na casca.

A maioria era cozida, recheada, frita, assada, servida como sopa, molho, ou de algum outro jeito.

Há muito tempo os franceses eram fanáticos por ostras. Não só havia a lenda de Napoleão comê-las antes de enfrentar uma batalha, como dizem que Diderot, Rousseau e Voltaire comiam algumas dúzias para se inspirar. E tendo vencido as maiores batalhas da França e tido as idéias mais originais, não é surpresa que as ostras tenham também estimulado a Revolução Francesa. Danton e Robespierre descobriram que, sempre que o espírito revolucionário diminuía, era incentivado por algumas dúzias delas. Alguns diriam que eles comiam ostras demais, mas não se sabe se algumas dessas histórias tão repetidas são verdadeiras, mas às vezes pode-se conhecer tanto de uma pessoa pelas lendas quanto pelos fatos comprováveis.

No século XVII, os franceses dominavam a produção de mexilhões, mas não a de ostras, certos de sua insuperável fertilidade. Mas, ao contrário dos ingleses, no início do século XVIII perceberam o erro e começaram a organizar os viveiros naturais. No século XIX, enfrentando doenças, instabilidades naturais, má sorte e excesso de pesca, perceberam que organizar só não bastava e começaram a cultivá-las.

Foi desastroso para os ingleses que, em 1838, Jean Jacques Marie Cyprien Victor Coste (que já tinha nomes demais para os ingleses confiarem nele) tenha entrado numa acalorada e enigmática discussão com o famoso zoólogo inglês Richard Owen sobre a reprodução de cangurus. Com isso, a comunidade científica inglesa desconfiou do francês e antipatizou com ele, que era o mais importante cientista especializado em ostras no século XIX. Ele morreu em 1873 mas seu trabalho, além de muita sorte, salvou os viveiros de ostras franceses. Em 1868, uma carga de ostras portuguesas da espécie *Crassostrea angulata* foi perdida numa tempestade perto da foz do rio Gironde. "Prima" da ostra-americana, essa espécie era mais durável que as européias e, com o declínio destas, foram substituídas pelas portuguesas.

SEGUNDO O LIVRO *London Labour and the London Poor*, de Henry Mayhew, publicado em 1851, 500 milhões de ostras eram vendidas por ano no mercado Billingsgate de Londres. Se todas foram consumidas na capital, significa uma média de 185 ostras anuais por habitante, inclusive as crianças. Mas claro que alguns comeram mais do que isso e outros não comeram nada e muitas foram levadas do mercado para outras cidades. Mesmo assim, Londres era consumidora. Tinha um mercado parecido com as barcaças de ostras de Nova York. Elas percorriam o Tâmisa e ancoravam num cais conhecido como "Rua da Ostra". As primeiras a chegar foram as *scuttlemouths*, grandes e pesadas, de conchas grossas e pouca carne. Vinham do litoral de Sussex e eram pescadas no Canal, onde os franceses também as recolhiam e chamavam a espécie de *pieds-de-cheval* (patas de cavalo). Vendiam rápido porque eram mais baratas que as de qualidade vindas do estuário do Tâmisa que, de barco, ficava perto do mercado de Londres. Em 1864, o *Times* de Londres calculou que a capital estava consumindo 700 milhões de ostras por ano e os ingleses, 1 bilhão e 500 milhões.

As duas espécies mais famosas de ostras inglesas, a Whitstable e a Colchester, comumente comparadas às nova-iorquinas nos tempos coloniais, estavam acabando. A Companhia de Ostras Whitstable tinha 36 vendedores em 1793; em 1866, 408. A produção de ostras Colne, em Colchester, passou de 73 homens em 1807 para 400 em 1866, sem incluir os muitos aprendizes. Em 1844, seus 500 barcos empregavam 2 mil homens e, em pouco tempo, Essex tinha mais pescadores que viveiros. Começaram a ir mais longe, em busca de novos viveiros, que também se esgotaram. Com a poluição aumentando e a exploração excessiva, os viveiros foram acabando. Duas pragas vindas do estrangeiro causaram mais destruição: o caramujo de ostra e a *Crepidula fornicata*, que turva a água.

Em outro centro produtor de ostras, Falmouth, no litoral da Cornualha, 700 homens usavam 300 barcos nos enormes braços de mar da baía Falmouth. Era um lucrativo centro de ostras que obedecia a "épocas de fechamento" quando os viveiros seriam reabastecidos por proibições da pesca de moluscos. Em 1866, ficou decidido pelas agências regulatórias, que ingeriam novas ciências, que as ostras eram tão férteis que continuariam a reabastecer os viveiros e que a pesca não afetaria a população do molusco. Foi uma tese popular na época de Darwin, da natureza inesgotável. Em 1863, a Comissão Real da Pesca Marítima, chefiada pelo famoso cientista inglês Thomas Huxley, investigou o que parecia ser a extinção de várias espécies de peixes comerciais. Dois anos após, a comissão que afirmou ser cientificamente impossível pescar o bacalhau em grande quantidade, garantiu também que um viveiro de ostras saudável não podia ser dragado. Concordava que o "suprimento de ostras teve um grande declínio", mas explicava:

> Essa diminuição não foi causada pelo excesso de pesca, nem por qualquer motivo ao qual o homem esteja diretamente ligado, mas pela queda geral da ostra pequena ou jovem que, no ano em questão, parece ter sido destruída logo após ser produzida. Isso já ocorreu antes e provavelmente ocorrerá muitas outras vezes.

O naturalismo darwiniano do século XIX costumava afirmar que as forças da natureza são tão poderosas e intricadas que o homem não pode afetá-las. Em 1876, apenas 10 anos após as leis caírem, os viveiros de ostra de Falmouth tinham só 40 barcos e 40 pescadores; mesmo assim, cada barco conseguia pescar só 60 a 100 ostras por dia. Antes de 1866, um barco da cidade colhia entre 10 e 12 mil ostras diariamente. A pesca nas ilhas do Canal passou de 400 barcos a poucos pescadores trabalhando em meio expediente. Em 1886, a produção anual na Inglaterra foi abaixo de 40 milhões; quantidade que os nova-iorquinos da época consumiam em cinco semanas.

Em 1882, quando começou a temporada de ostras, o *London Daily News* relatou:

> Na atual escassez de ostras, passou a ser de tristeza a temporada que costumava ser de alegria e o apreciador de ostras sente uma ponta de inveja ao ler sobre os grandes viveiros existentes e em formação no braço de mar entre Long Island e Nova York conhecido como o canal do East River. O cultivo

de ostras nessa privilegiada região é feito em enorme escala, que reduz os débeis esforços do Velho Mundo a quase nada. Entre os criadores de ostras da região do East River há proprietários de viveiros com área de 4, 6 e 10 mil acres cada e uma operação que exige enorme cuidado, técnica, tempo e trabalho. A ostra-americana, quando retirada fresca de seu viveiro natural, é bem diferente das infelizes bivalvas depois de atravessarem um oceano até serem consumidas. A ostra-americana se presta muito ao cultivo e cresce com extraordinária rapidez. Aqui, costumamos confundir tamanho com algo grosseiro, como os zulus confundem gordura com dignidade, mas os americanos mais prevenidos sabem pela agradável experiência com as baías de Blue Point, Shrewsburys, Móbile e outras de ostras que, quanto maiores elas forem, melhores. E cada tipo de ostra assada, fervida, cozida no vapor é imensamente superior a qualquer uma da Europa. Os criadores do East River estão ganhando conhecimento através da experiência e já descobriram coisas praticamente ignoradas na Europa como, por exemplo, que as ostras se desenvolvem melhor em águas profundas que em rasas e preferem um fundo artificial de conchas a qualquer outro. Enquanto os americanos estão avidamente fazendo a desova das ostras a "2 metros" da superfície, criadores ingleses e franceses parecem se apegar aos lamaçais nos quais as ostras levam um tempo inimaginável para chegar à maturidade.

O artigo ignora o fato de que a ostra-americana é de uma espécie totalmente diferente, que cresce mais rápido que as européias. Porém o importante é que os ingleses estavam se interessando por elas e os criadores nova-iorquinos há muito tempo enviavam ostras de navio para a Europa. Antes da Guerra Civil, o coronel Harmon Thorne era conhecido por dar festas em Paris oferecendo ostras fritas da marca nova-iorquina Downing's. Era como se, hoje, servissem numa festa em Paris peixe defumado de uma famosa *delicatessen* nova-iorquina. Downing também as enviava para a Rainha Vitória, que retribuiu presenteando-o com um cronômetro de ouro.

Na segunda metade do século XIX, os mercados estrangeiros, sobretudo na Inglaterra, não eram mais um eventual ponto de venda, mas parte importante do comércio de ostras nova-iorquino. Em 1883, um ano após aquele artigo do *London Daily News*, o *The New York Times* informou:

> Os criadores de ostras trabalham duro para fornecê-las ao mercado europeu. Tudo começou há cinco anos, quando mandei 10 barris de ostras para Liverpool como teste e tive a maior dificuldade em vendê-las. Parecia haver um preconceito contra coisas americanas; para vendê-las, foi preciso contratar homens que percorressem as ruas com cestos de mão. Isso foi há apenas cinco anos. Os números mostram que no ano de 1882, foram enviados à Europa 5 mil barris de ostras por semana, vendidos assim que chegaram. Os ingleses passaram a apreciar as ostras-americanas e têm de admitir que são superiores às que eles produzem.

As ostras saíam de navio de Nova York não só para Liverpool, Bristol, Cardiff e Glasgow, mas para o Havre, na França; Bremen e Hamburgo, na Alemanha. As do tipo Bluepoint, não tão adequadas para seguirem por navio devido à sua concha fina, tornaram-se as preferidas na Europa, como há muito tempo eram em Nova York. Embora não fossem grandes pelos padrões nova-iorquinos, eram apreciadas pelo sabor e a concha redonda e fina, mais parecida com a européia que a maioria das espécies nova-iorquinas. Na década de 1870, lutando para atender à demanda, os criadores tentaram impingir ostras Bluepoint do Sul, que eles colocaram na baía de Great South durante um ano. Mas o mercado europeu era exigente e não as aceitou pois não eram nativas da região.

Os mercados importantes perceberam que tais práticas estavam prejudicando a reputação de seu produto mais valioso. Uma das empresas nova-iorquinas mais importantes ficou preocupada porque as ostras tipo Chesapeake estavam sendo vendidas para a Inglaterra como se fossem Bluepoints. Um agente da empresa interceptou um navio com elas, abriu os barris quando estavam sendo carregados e descobriu que elas eram principalmente tipo "Virgínia". As comunicações tinham se aperfeiçoado e o agente então telegrafou para as autoridades inglesas aguardarem a remessa no porto de Liverpool. Elas foram confiscadas, embora não fique claro o que acontece com uma ostra saudável quando é confiscada. O navio americano foi pesadamente multado conforme a lei britânica por vender um produto por outro. Os nova-iorquinos não estavam acostumados a uma proteção tão rigorosa do consumidor e o agente americano argumentou que elas passaram pouco tempo na baía de Great South e que eles achavam que era o suficiente para considerá-las como Bluepoints. A ignorância dos americanos é sempre um argumento que funciona na Inglaterra e as multas foram reduzidas.

As ostras nova-iorquinas estavam suprindo os Estados Unidos também. Após a inauguração da ferrovia transcontinental ligando o litoral do Atlântico ao do Pacífico — o Congresso aprovou um projeto durante a guerra que só foi completado em 1869 —, Nova York as comercializava. Isso era verdade não só em relação a todos os produtos que chegavam da Europa e outras partes do mundo, mas também em relação às ostras locais. A cada Natal, milhares de barris de ostras tipo Saddle Rock ou Bluepoint, os melhores nomes no mercado, eram enviados de navio para Denver, São Francisco e outras cidades do lado ocidental.

Os agentes que compravam ostras para enviar por navio eram chamados empacotadores e percorriam as águas do porto nova-iorquino em veleiros com tripulação e um cesto dependurado no topo do mastro. O cesto era sinal de que o veleiro estava comprando ostras. Os pescadores faziam fila junto ao veleiro com o molusco empacotado em tinas de dois galões; os empacotadores pagavam em dinheiro e enviavam o produto para o mundo todo. No inverno, um empacotador pagava milhares de dólares por dia em dinheiro, depois se retirava para sua "choupana", um abrigo à beira-mar com telhado de algas marinhas. Lá, sua tripulação separava as ostras por tamanho. Como os nova-iorquinos sempre aceitaram pagar por esse critério, eles separavam as poucas que eram maiores para vender na cidade. As médias e pequenas, não apreciadas na cidade, eram colocadas em barris com farinha de trigo, o tradicional contêiner nova-iorquino para ostras desde os tempos coloniais, para serem enviados à Europa, onde os apreciadores não tinham a obsessão nova-iorquina por tamanho. Às vezes, os empacotadores compravam uma produção inteira com um ano de antecedência, a preço combinado. De vez em quando, um empacotador chegava até a adiantar dinheiro para financiar a instalação de um novo viveiro cuja produção ficaria com ele.

O SÉCULO XIX foi às vezes chamado de Idade do Ouro, época dos "barões-ladrões", que faziam fortuna agressivamente, construindo bancos, ferrovias, siderúrgicas e outras indústrias sem obedecer às leis vigentes, sem ter empregados sindicalizados, nem pagar os impostos devidos. Eles também não tinham leis nem restrições pelo que jogavam na terra, no ar ou na água, inclusive nos rios Hudson, Raritan, Newark e outros que deságuam no porto de Nova York. O livro *The History of New York*, de Benson J. Lossing, lançado em 1884, avisava:

> Infelizmente, Nova York está se tornando uma cidade de apenas duas classes: ricos e pobres. A grande classe média, que é a espinha dorsal da estrutura social, foi oprimida pelo constante aumento do custo de vida na cidade.

Em 1898, Nova York se tornou a segunda maior cidade do mundo ocidental, atrás apenas de Londres, quando Manhattan anexou o Brooklyn (já a terceira maior cidade americana), Queens, o Bronx e Staten Island. Muitos habitantes de Manhattan achavam graça que qualquer morador de fora da ilha pudesse ser chamado de nova-iorquino. A cidade tinha cerca de 2,5 milhões de habitantes e consumia nada menos que 1 milhão de ostras por dia, equivalente a mais de uma dúzia de ostras mensais por habitante, além de quantidades assustadoras de lagostas, filés, champanhe e charutos.

Os ricos iam a Manhattan e gastavam ostensivamente. Um novo tipo de restaurante surgiu para servir ao cliente os frutos do mar que eles estavam prejudicando com a poluição. Esses restaurantes eram chamados de palácios da lagosta. Também podiam ter se chamado palácios das ostras, mas ninguém batiza palácio com o nome de um produto que custa 25 centavos.

Julian Street, famoso jornalista da época, escreveu um artigo para o *Everibody's Magazine* intitulado "Sociedade do Palácio da Lagosta", em que comparava as pessoas que tinham *status* às que não tinham. Quando um convidado realmente importante jantava num palácio de lagosta, ele não pagava: apenas assinava a conta que receberia depois, mensalmente. "Assinar um cheque é um dos rituais mais marcantes", escreveu Street. Por outro lado, nada poderia ser pior do que o que ele chamou de "ganhar a corda". Uma corda de veludo trançado separava o *maître* do salão de jantar e, caso ele não quisesse receber determinado freguês deixava a corda fechada. O jornalista satirizou assim a morte de um freqüentador assíduo de palácio da lagosta, a quem chamou de "sr. Feldman":

> Enquanto vivo, o sr. Feldman vive nas alturas e, quando morre, é tão rápido que ele pára em meio ao pedido de mais uma garrafa de bebida. A cor de seu rosto muda. Se era roxa, vira amarela; se creme, passa a um adorável tom de verde-pálido. Um garçom atento segura o freguês quando ele começa a cair em cima do esfriador de vinhos. Ele interrompeu o pedido, portanto os amigos sabem que deve ter morrido.

O Waldorf-Astoria era um dos palácios freqüentados por J. Pierpont Morgan. Os negócios eram fechados no bar e 1 milhão de dólares podia mudar de mãos num jogo de bacará noite adentro numa das salas privativas. No salão de jantar, de fraque preto com camisa, colete e gravata-borboleta brancos, o traje masculino exigido para entrar, o jantar começava com enormes porções de ostras e continuava por mais meia dúzia de pratos.

O mais famoso apreciador dos palácio das lagostas foi James Buchanan Brady, conhecido como Jim Diamante, pelos diamantes que costumava usar: "Quem tem, usa", ele justificava. Era um nova-iorquino de família operária irlandesa, criado numa dura região do bairro irlandês do Lower West Side. Seu primeiro emprego foi como carregador de malas na estação Spuyten Duyvil da New York Central, na época em que as ferrovias eram a indústria mais importante e de crescimento mais rápido no país.

À medida que foi subindo, Brady ficou fascinado com Chauncey Depew, presidente da New York Central e conhecido como um dos homens mais bem-vestidos da cidade. Brady começou fazendo roupas nos alfaiates e camiseiros de Depew, embora mal pudesse pagá-los. "Se você vai ganhar dinheiro, tem que parecer com dinheiro", dizia. E foi o que fez como vendedor de uma empresa que criou um serrote para cortar trilhos, maravilha tecnológica numa época de ferrovias em expansão. Brady tornou-se o mais bem-sucedido vendedor de equipamentos para ferrovias, conhecido pela obstinação em agradar os clientes. Começou nos palácios de lagostas, onde pegava clientes e pagava a conta. Seu restaurante preferido era o Rector's, que ocupava um prédio de dois andares de fachada amarela, no lado leste da Broadway, entre as ruas 43 e 44. O Rector's tinha 60 garçons e 8 *maîtres* e, de todos esses estabelecimentos, era o único conhecido por receber milionários de fora da cidade, os novos-ricos cujas minas de cobre, ferrovias e siderúrgicas haviam se tornado famosas.

Ao contrário da maioria dos palácios de lagosta, que tinham nomes franceses ou títulos nova-iorquinos lendários como Astor, Knickerbocker ou Gotham, a espalhafatosa entrada de espelhos do Rector's tinha apenas o nome do dono. Charles Rector foi um veterano da Guerra Civil para cuja casa, por acaso, Abraham Lincoln foi levado após levar o tiro que o mataria. O irmão de Rector morreu em Fredricksburg e o pai tinha um hotel e restaurante famosos, à margem do canal Erie. Após a guerra, Rector trabalhou para George Pullman, um dos barões das ferrovias, e foi encarregado do primeiro vagão-restaurante Pullman a atravessar o país. Depois, ele abriu o Rector's Oyster House na Clark Street com a Munroe, em Chicago, um dos mais famosos restaurantes da cidade, que trazia de trem as ostras da Costa Leste. Foi também o primeiro a mandar ostras frescas na concha, as Rockaways. E ainda o primeiro a levar lagostas vivas para Chicago. Em 1889, Rector mudou-se para Nova York, onde todos os barões do Oeste já o conheciam de Chicago. O restaurante tinha fama de manter a mesma qualidade do Delmonico's, mas sem aquela formalidade dos velhos tempos e com preços um pouco mais razoáveis.

Num tempo em que os homens reluziam com os diamantes que usavam nos trajes de noite, Brady reluzia um pouco mais usando diamantes um pouco maiores. Calculava-se que ele tinha 2 milhões de dólares de jóias para a noite. Alguns de seus maiores diamantes eram montados sobre platina, lapidados em forma de bicicletas, carros, trens, aviões, "a área de transporte". Calculava-se também que ele deu, principalmente para "amigas", outros tantos 2 milhões de dólares em jóias. Em suas festas, os convidados costumavam receber lembrancinhas que valiam mil dólares.

E também criava empresas do dia para a noite. Deu 150 mil dólares para um chocolateiro aumentar seu negócio depois de comer uma caixa de 2 quilos de chocolates. "A droga do melhor chocolate que já comi na vida." Era um famoso glutão, mas não bebia. Contava-se que começava a refeição com quatro litros de suco de laranja e seis dúzias de ostras Lynnhaven, escolha típica de sua gula. A ostra Chesapeake era considerada leve, com a diferença de ser enorme. A seguir, ele consumia caranguejos, tartarugas, patos, filés, talvez uma perdiz e, de sobremesa, um suflê preparado com uma dúzia de ovos.

Quando soube que em Paris só se falava num prato de linguado com ostras no Café Marguery, pediu para Rector incluir o prato no cardápio. Rector então tirou o filho George de Cornell e mandou-o conseguir a receita em Paris. Depois de comer o tal prato, Brady disse: "George, este linguado estava maravilhoso. Comi nove porções e, se você colocar um pouco do molho sobre uma toalha turca, acho que conseguiria comer tudo." Rector considerou um elogio. Eis o prato servido no restaurante:

❦ Filé de Linguado Marguery à Jim Diamante

> Corte 2 linguados em filés. Coloque os ossos, a pele e as cabeças em uma panela. Junte 900 gramas de peixe barato limpo e cortado em pedaços pequenos, 1/2 xícara de cenoura cortada fina e um repolho cortado em pedaços, 3 ramos de salsa, 10 grãos de pimenta, 1 folha de louro pequena, 1 ramo de tomilho, 1/4 e meio de água fria. Deixe ferver lentamente e cozinhe até o líquido se reduzir a 1/2 litro. Depois, passe por um pano grosso de algodão. Coloque os filés numa assadeira untada com manteiga e coloque 1 xícara de caldo de peixe. Tempere com uma pitada de sal e pimenta e deixe em forno médio por 15 a 20 minutos.

Tire com cuidado cada filé e arrume num prato aquecido para servir. Enfeite com 1 dúzia de ostras pochês e 1 dúzia de camarões cozidos, limpos e sem casca. Despeje o resto do caldo de peixe onde os filés foram assados e mexa devagar até reduzir a no máximo 3 ou 4 colheres de sopa. Despeje na panela e junte 4 colheres de sopa de vinho branco seco e 225 gramas de manteiga. Cozinhe em banho-maria, mexendo até a manteiga derreter. (Ponha pouca água na parte inferior da panela, o suficiente para um vapor leve.) Junte 4 gemas de ovos bem batidas. Mexa sem parar até o molho ficar na consistência de um molho cremoso. Despeje esse molho nos filés de peixe, ostras e camarões e coloque na chama da grelha até ficar bem lustroso ou levemente escurecido. Sirva um filé por pessoa.

Mais impressionante do que suas jóias era a mulher que andava de braço com ele, a atriz Lillian Russell, anunciada como "cantora inglesa de baladas". Na verdade, ela era de Iowa, chamava-se Helen Louise Leonard e tinha em comum com Brady a fama e a origem simples. Apesar da duradoura amizade que mantiveram por meio dos vários casamentos de cada um, quem gostava de aparecer, como o vendedor obeso e cheio de jóias Brady, devia gostar também de ser visto com a mulher considerada a mais linda do mundo. À entrada do Rector's, eles eram cobertos pelos flashes de fotógrafos, o vermelho e rotundo Jim Diamante e a curvilínea e radiante srta. Russel, anunciados por um conjunto de violinos húngaros e a reverência do *maître* enquanto eram separados das vistas da massa e levados para o canto dos privilegiados. Às vezes, a imprensa legendava as fotos como "a bela e a fera".

George Rector considerava o casal parte de seus 25 melhores fregueses e, segundo ele e uma lenda popular, comiam refeições pantagruélicas. Numa época de corpos fartos, Russel era admirada por suas formas simétricas e atarracadas, embora aumentassem a cada ano. Dizem que Brady comentava: "Deixo sempre alguns centímetros de distância entre minha barriga e a mesa; quando sinto que estão roçando muito, é porque comi bastante."

Ou seria apenas lenda?

Em 1883, quando Oscar Tschirky era um jovem imigrante e passou em frente ao Delmonico's, a bem aquinhoada jovem Lillian Russell entrava no restaurante. Ele recordou mais tarde, quando administrava o restaurante do Waldorf:

> Lembro da maciez de seu vestido azul e do efeito exótico dos cabelos dourados mas, acima de tudo, lembro do fogo que queimava em seu belo rosto. Foi a mulher mais linda que já vi.

No dia seguinte, ele se candidatou a ajudante de garçom no Delmonico's e, anos depois, quando era garçom das salas privativas do restaurante, Jim Diamante Brady chegou para um jantar particular com Lillian Russel e ele os atendeu. Achou Brady "caloroso, simpático e alegre", com seu alfinete de gravata de diamante, bengala com cabo de diamante e anéis de diamante. O garçom conhecia a fama de Brady e estava preparado com dúzias de ostras e porções duplas de tudo. Mas ficou chocado e um pouco desapontado ao ver que a srta. Russel ainda comia mais que o parceiro.

Tschirky serviu-o muitas vezes no Delmonico's e depois, quando chefiou o restaurante do Waldorf, contou que Brady costumava pedir a mesma coisa que naquela primeira noite: uma dúzia de ostras frescas, um filé mignon guarnecido de legume verde e uma fatia de torta de maçã ou melancia, conforme a época do ano Só bebia suco de laranja. No século XIX, uma dúzia de ostras era considerada uma porção modesta. A srta. Russel também comia uma dúzia, mas depois tomava sopa, comia peixe, um prato principal, um assado, dois legumes, *sorbet*, uma caça, salada, sorvete, bolo e café. Tudo regado a vinhos de boa safra. Ela era uma daquelas comilonas americanas sobre as quais os europeus costumavam escrever. Ele, não.

Tschirky considerou essa descoberta como "a surpresa e a desilusão da minha vida".

Podia ser que o gordo e tristonho Brady estivesse de dieta. Sabia-se, pelo espetáculo que propiciou, que o casal tentou emagrecer adotando a nova mania nova-iorquina de andar de bicicleta. A bicicleta de duas rodas iguais, com corrente, foi criada na década de 1880 e logo o Central Park e as ruas da cidade estavam cheias de ciclistas. Dizia-se que as ruas de Manhattan tinham tantas luzes de bicicleta à noite que pareciam "cheias de vaga-lumes". Os jornais tinham muitos artigos mal-humorados sobre "brilhar" (pedalar sem parar), embora seja duvidoso que o mais famoso casal-baleia da cidade fosse pedalar sem parar. As feministas e sufragistas, inclusive Susan B. Anthony, se entusiasmaram com a bicicleta como meio de transporte que incentivava a igualdade dos sexos e a independência da mulher. Na verdade, Lillian Russell começou logo pedalando no Central Park vestida de branco, ao lado da amiga e atriz Marie Dressler. Depois, elas desafiaram o decoro fumando cigarros atrás de cortinas. Quando Lillian começou a emagrecer, Brady adotou o esporte e encomendou uma dúzia de bicicletas douradas com guidões incrustados de diamantes para ele e as amigas dela serem vistos pedalando no parque.

Apesar das lembranças que Tschirsky tinha de Brady, George Rector insistiu em seu livro de memórias que Brady comia quantidades enormes. Ele e a amiga certamente tinham a aparência de quem comia muito. Ela usava roupas tão apertadas que parecia que toda a carne canalizava para os braços moles e grossos. Como zombou um cronista do Delmonico's, Lately Thomas, os nova-iorquinos sempre queriam vê-la e conseguiam ver sempre "mais e mais".

A fama do casal acompanhava a época, que era de excessos. Era a Idade do Ouro e havia uma tendência a dourar tudo, inclusive a famosa pureza. Era um tempo em que não bastava mais servir uma ostra fresca na concha. Virou moda encomendar pratos de ostras decorados, em geral pintados à mão e feitos sob encomenda por famosos fabricantes de louça. Naturalmente, a porcelana dourada era melhor. No começo, esses pratos eram fundos como os de sopa para caber uma camada de gelo onde colocar as ostras. Mas logo passaram a ser meios fundos, na forma da concha de uma ostra, em modelos muito decorados, de preferência com o máximo de dourado. O único problema com esses pratos era que não cabiam ostras suficientes para satisfazer a maioria dos comensais e exigiam várias repetições. E é verdade que as ostras têm a estranha característica de não encher o estômago, nem dar a sensação de estar empanturrado, mesmo quando se come demais. O livro

The Oyster Epicure, lançado em Nova York em 1883, cita um homem que acaba de comer 10 dúzias em meia concha e depois fica surpreso: "Algo deve estar errado comigo! Comi 120 ostras e, palavra de honra, estou com tanta fome como quando comecei."

Tschirky admitia que não sabia cozinhar, mas colecionou receitas, sem o conhecimento das pessoas que sabiam, dos maiores *chefs* de Nova York. Primeiro, fez isso durante os muitos anos que trabalhou no Delmonico's e depois como *maître* do Waldorf-Astoria. O local era conhecido pelas ostras, embora hoje só seja lembrado pela salada com o nome do hotel. Embora a maioria dos comensais modernos prefira um vinho branco seco para acompanhar ostras, Tschirky recomendava o doce, cediço, complexo e caro Sauternes, especialmente o Château-Rieussec, safra 1878.

Seus conhecimentos sobre ostra eram falhos, como os de muitos grandes *chefs* dos quais ele roubou receitas. Ele identificava todas as ostras como *Ostrea edulis*, a européia lisa, que estava desaparecendo. E considerava as Bluepoints como as melhores, sem perceber que, como todas as demais da Costa Leste, ela era uma *Crassostrea*. Eis sua receita de *bisque* de ostra:

Pegue cerca de 30 ostras médias com o líquido, coloque-as numa frigideira em fogo alto e retire bem o líquido. Frite 1 cebola *shallot* sem cor em um pouco de manteiga com uma cebola, salpique um pouco de *curry* e junte um pouco de suco de ostra, temperado com sal e pimenta-vermelha. Amasse as ostras até formar uma pasta firme, misture com um pouco do suco delas e passe por um pano fino. Aqueça-as na frigideira mas sem ferver e acrescente um pouco de farinha de batata engrossada com um pouco de água (cerca de 1 colher de sopa para cada quarto da mistura). Para servir, junte um pouco de creme e manteiga de qualidade, enfeitando com ostras cortadas e cogumelos misturados com pedaços de pão e ervas. Junte 1 pitada de sal, pimenta e noz-moscada, algumas gemas de ovo e faça bolinhos. Coloque-os numa assadeira bem untada com manteiga, leve para assar em forno médio e sirva.

Em seu texto de 1912 sobre os palácios de lagostas, Julian Street escreveu: "Vamos enxugar as lágrimas, ir ao Café de l'Opéra e ouvir as altas rodas do Tenderloin tomar sopa." Tenderloin era onde ficavam muitos palácios de lagosta, região situada entre a rua 42 e a 24 e a Quinta e Sétima Avenidas. Conhecido pela corrupção, o local também era chamado de Circo do Diabo e *tenderloin* passou a significar suborno pago à polícia.

NINGUÉM SABE exatamente quem comia as centenas de milhões de ostras vendidas nos mercados da cidade, mas os nova-iorquinos pareciam capazes de consumir quantas houvesse. Mais delas chegavam à cidade todo ano. Em 1872, a cidade dominava 1/3 dos 25 milhões de dólares anuais do comércio de ostras do país. Plantavam-se centenas de milhares de quilômetros de viveiros para atender à demanda. Em 10 de setembro de 1883, *The New York Times* relatou:

> Perguntaram a um comerciante se ele não achava que o comércio de ostras crescia de tal forma que poderia ameaçar o futuro dos viveiros. Ele respondeu que, se a demanda continuasse a aumentar como nos últimos cinco anos, temia-se que em breve a procura seria maior que a oferta. Como a lagosta, que escasseava a cada ano, a ostra não podia durar eternamente.

CAPÍTULO 10

Ostracismo na Idade do Ouro

> Um esplêndido deserto, uma solidão abobadada e alta, onde o estranho fica sozinho no meio de um milhão de semelhantes.
>
> MARK TWAIN, Descrição de Nova York para o jornal *Alta California*, edição de 19 de maio de 1867

Em 1880, Nova York era sem dúvida a capital do maior *boom* de ostras da História em sua época de ouro, que durou pelo menos até 1910. Os viveiros da cidade produziam 700 milhões de ostras por ano, sem incluir os de Nova Jersey, Connecticut, Rhode Island ou do leste de Long Island, cujas ostras eram vendidas nos mercados.

Em quase todos os quarteirões de Manhattan, encontravam-se ostras em barracas de rua, armazéns subterrâneos e restaurantes que se auto-intitulavam palácios. E os nova-iorquinos ainda as comiam em casa. Em 1902, no *Mrs. Seely's Cook Book: A Manual of French and American Cookery with Chapters on Domestic Servants, their Rights and Duties, and Many Other Details of Housebold Management*, a autora aconselha sobre jantares:

> Assim que o convidado senta à mesa, retira o guardanapo e o pão do seu prato, o mordomo coloca sobre esse prato outro com ostras, mexilhões ou melão, conforme a época do ano, arrumados em cima de um paninho.

Ostras e mexilhões devem ser servidos com gelo triturado, seis ou oito em cada prato, com uma fatia de limão no meio. Embora diga-se que as ostras são melhores se degustadas na própria concha, para jantares formais ficam mais bonitas na concha superior, lisa. Os pratos devem ser colocados sobre os pratos que já estão na frente de cada convidado, depois que os guardanapos tiverem sido retirados. Enquanto o mordomo serve as ostras ou mexilhões, o criado chega com uma pequena bandeja de prata com pimenta-de-caiena preta, pimenta-vermelha em conserva e raiz-forte ralada. Sanduíches de fatias finas de pão preto e manteiga sem sal também são servidos com essa refeição.

Lida Seely nasceu em 1854 no Canadá como Eliza Campbell. Casou-se com Holly Seely, mudou-se para Manhattan e inaugurou o que se chamava de escritório de serviço na rua 22 perto da Quinta Avenida. Tal escritório estava em voga na época e consistia numa agência para empregar mordomos, copeiras, cozinheiras, motoristas, pajens e outros domésticos. Em 1900, 90% da força de trabalho feminina norte-americana era formada por criadas, cerca de 1 milhão e 800 mil mulheres. Era, como ainda é até hoje, uma das mais delicadas e difíceis relações empregador-empregado, e Lida Seely ficou famosa pela habilidade, tato e empatia.

O livro recomendava que os patrões dessem privacidade aos criados e nunca os espionassem e sugeria que os criados não se importassem com o mau gênio dos patrões. Com riqueza de detalhes, o livro de Seely é um documento social daquela Idade do Ouro antes da Depressão, época que coincidiu com a última grande fase das ostras nova-iorquinas. Em 1890, quando a palavra *millionaire* ainda fazia sentido, havia apenas 4.074 milionários em todo o país, dos quais 1.103 viviam em Manhattan. Na seção de receitas de seu livro, a sra. Seely dá mais de 20 receitas de ostras, sempre em grandes quantidades. "Pegue 35 ostras", começa uma receita.

⚜ Ostras recheadas

Pegue 35 ostras grandes e um pouco de recheio de carne preparado da seguinte maneira: raspe e bata o peito de um frango médio e passe-o num expremedor para purê. Misture 1/4 de xícara de creme de leite ou leite com 1/8 de xícara de pão cortado. Cozinhe-os lentamente até formarem uma pasta lisa. Junte então o frango, a clara de um ovo, 1 colher de sopa de manteiga, 1/2 colher de chá de sal, 1 pitada de pimenta-branca. Misture bem e reserve. Seque as ostras e tempere com sal e pimenta. Enrole-as nos pedaços de pão. Arrume o recheio de carne na metade da quantidade de ostras e cubra com as outras que sobrarem. Aperte para ficarem firmes. Pegue 1 ovo e a gema que restou do recheio de carne. Bata bem, tempere com um pouco de sal. Mergulhe cada ostra no ovo, enrole-as nos pedaços de pão. Frite em gordura quente até tomar cor. Seque em papel pardo e sirva bem quente com molho madeira num prato separado.

"Leitões em pano" era um prato muito conhecido na virada do século.

Pegue uma quantidade de ostras, sal, pimenta, bacon cortado em fatias. Limpe e tempere as maiores com sal e pimenta. Enrole cada ostra numa fatia fina de bacon e prenda com um palito. Frite até o bacon ficar crocante.

GRANDE PARTE DAS ÁGUAS da região de Nova York ainda produzia ostras. Em 1883, *The New York Times* identificou Bluepoint (que hoje é o mais próximo que a cidade tem de uma ostra local) como o mais distante produtor de ostras, com os carregamentos chegando apenas uma vez por semana. Os principais viveiros de Nova York eram Shrewsbury, Keyport, Nova Jersey, baía Prince, Staten Island, baía Jamaica, baía de Great South, City Island, baía Cow e os portos Hempstead, North e Jefferson, no East River.

A industrialização estava prejudicando os viveiros de Nova York. Os viveiros naturais em volta de Hell Gate e no rio Harlem foram abandonados na década de 1870 por serem perto demais das indústrias. Mas os pescadores ainda trabalhavam acima do rio Harlem e os passageiros do trem que fazia o percurso Harlem-Nova Rochelle os viam no rio. Alguns viveiros de Westchester e do Bronx continuavam ativos, principalmente o da baía de East Chester, as águas de City Island. Até 1889, havia também ostras ao longo do litoral do Bronx, quando o canal Harlem Ship foi dragado para permitir a passagem de navios maiores e levou junto os alagados, os viveiros de mariscos e a paisagem tradicional da costa.

Após a Guerra Civil, o preço das ostras de Staten Island baixou para o de antes da guerra. A reação foi produzir mais. Muitas famílias enriqueceram graças a elas, uma espécie de aristocracia da ostra de Staten Island que batizava as ruas com seus nomes e construía grandes mansões de frente para o estreito de Kill van Kull. As ostras-da-virgínia da baía Prince, que já estavam havia algumas gerações na Virgínia, continuaram com alta cotação, como as do canal de Staten Island, que competiam com as Bluepoints e às vezes as substituíam quando os produtores de Long Island não mantinham a qualidade no mercado europeu.

As ostras de Staten Island levadas para a Europa, às vezes apenas 1/3 delas só para Londres, seguiam de navio para as indústrias de preparo e distribuição de alimentos de Nova Jersey em Keyport e Perth Amboy. Keyport também comerciava bastante, fornecendo para os hotéis no litoral de Jersey. No final do século XIX, as ostras eram o prato rápido mais popular de todas as praias da região de Nova York, inclusive Coney Island e Rockaway. Em 1867, o imigrante alemão Charles Feltman inventou uma carroça que mantinha as salsichas quentes para serem vendidas na praia de Coney Island. As salsichas ficaram mais populares depois de 1875, quando ele começou a vendê-las redondas como eram em Nuremberg, na Alemanha. Em 1882, os 80 vendedores de salsicha da praia de Coney Island e o restaurante de Feltman, com 1.200 garçons, faziam certa competição com as ostras, mas por 10% do preço de um cachorro-quente, o banhista podia comprar um prato cheio de ostras.

No final do século XIX, a tecnologia e o mercado limparam os viveiros de ostras de Nova York em algumas temporadas agitadas. A economia se fortalecia porque os barcos a vapor estavam aumentando as colheitas. Cada vez que uma rede passava por um viveiro, recolhia 7 a 8 alqueires de ostras. Em 1880, calcula-se que o uso do vapor tinha aumentado 12 vezes a quantidade de ostras levadas para o mercado quando os barcos eram movidos a vela.

Foram aprovadas leis para controlar a pressa natural de homens que ganhavam a vida colhendo enormes quantidades de um produto barato. O vapor passou a ser um transporte comum, mas a pesca a vapor foi proibida em quase toda Nova York e mesmo quando feita por barcos a vela, a rede devia pesar no máximo 15 quilos. O condado de Queens só autorizou a pesca nas baías Oyster e Cow.

Desde que se pescasse com dragas em vez de redes, parecia que os viveiros poderiam durar para sempre. A draga agitava o viveiro, expunha novas superfícies, fazia com que as ostras se fixassem em novos locais e trazia uma colheita fresca. Alguns achavam que a rede era melhor e que foi errado proibi-la.

Mas ficou claro que o cultivo tinha o problema de excesso de pesca. Devido à Guerra Civil, os nova-iorquinos perderam a confiança nas ovas de ostras sulistas para fazerem seus viveiros. Vender pequenas ovas de ostras tornou-se um negócio em expansão, principalmente na baía de Great South. Barcos vindos até de Rhode Island e Massachusetts iam para a baía de Great South pegar ovas para seus viveiros de ostras. A baía era também uma grande fornecedora para viveiros de Rockaway e Staten Island. As mais baratas eram vendidas do jeito que eram pescadas. Na década de 1880, as pequenas ostras vinham com rochas, conchas e seres marinhos mortos, e eram vendidas a 25 centavos o galão de 36 litros. Enquanto os pescadores estavam pegando ostras com dragas, era comum um barco leve contratar meninos para sentar no cais e separar o que vinha junto com elas, espalhando tudo nas pranchas colocadas nas amuradas. As ovas que eles separavam eram vendidas por até 60 centavos o galão. Mas, a partir da década de 1870, ela foi ficando cada vez mais difícil de ser encontrada na baía de Great South. Na década de 1880, com 500 veleiros chegando por ano com um cesto amarrado no mastro, os jovens pescadores de ostras dali não lembravam do tempo em que a ova era fácil de ser encontrada.

AS VELHAS PRÁTICAS estavam se tornando controversas, inclusive o costume nova-iorquino de fazer as ostras "beberem". Depois de colhidas, em vez de levá-las diretamente ao mercado, os pescadores deixavam-nas "boiar" em tanques sob a nascente de rios e riachos de água fresca. Isso fazia com que elas ficassem mais brancas e maiores, embora esse inchaço pudesse torná-las menos saborosas. Em 1910, um artigo do *New York Times* dizia que aquilo era uma "adulteração". "Fazer isso com ostras na meia concha, recém-abertas, pode ser considerado tão difícil quanto adulterar uma fruta sem descascar." O jornal relatou que o Departamento Americano de Agricultura estava avaliando o fato, pois as ostras eram classificadas conforme o tamanho e, inchadas, podiam entrar em outra categoria. O Departamento dizia que 4/4 de ostras abertas colocadas em 1/4 de água logo se tornariam 5/4 de ostras, se recebessem água fresca antes de serem abertas. O consumidor jamais saberia que um desses quartos era de água.

Estranhamente, poucos consumidores, a maioria europeus, reclamaram que a prática também tirava o sabor da ostra. Mas havia outro problema crescente. As fontes de água fresca do estuário de Nova York onde elas estavam "bebendo" eram as águas mais poluídas. As indústrias despejavam dejetos nos rios. Já no século XVIII, a baía Gowanus, onde os holandeses tinham elogiado as ostras do tamanho de um pé humano, foi fechada à pesca do molusco devido ao despejo de esgoto. Em meados do século XIX, os famosos viveiros Rockaway da baía Jamaica foram fechados por causa de toneladas de esgoto jogadas ali pelas cidades próximas de Long Island. Essa água contaminada levada para o mar era exatamente onde os pescadores colocavam suas ostras para "beber".

O esgoto, além de outros dejetos e lixos de Nova York, era levado para o mar em barcaças e despejados. Um pouco voltava para a cidade com a maré e chegava a entupir partes do porto; já em 1854, durante o pânico causado pela ostra, muitas pessoas denunciaram a prática, principalmente quando os dejetos (inclusive animais mortos) apareciam na praia durante o verão, nos populares hotéis litorâneos. Cada vez mais se acreditava que o mau cheiro era um gás venenoso que causava doenças e, em 1886, isso levou à criação do Centro de Saúde Metropolitano. Três anos depois, ele foi anexado ao Centro de Saúde da Cidade de Nova York, que em 1886 construiu a primeira estação de tratamento químico de esgoto nos Estados Unidos, localizada em Coney Island. Mas em 1910, 600 milhões de galões de esgoto *in natura* eram jogados por dia nas águas de Nova York. No começo do século XX, quando foram inaugurados balneários flutuantes nas praias de Manhattan para natação e lazer, o esgoto podia ser visto entre os nadadores e às vezes as crianças emergiam da água cobertas de sujeira.

O CÓLERA É UMA doença causada pela bactéria *Vibrio cholera*. Apesar da bactéria ser a mais antiga forma de vida sobre a terra, só foi descoberta no século XVII, e só no final do século XIX estudos revelaram seu papel nas doenças. Alguns anos após o pânico da ostra, o químico francês Louis Pasteur criou a tese de as doenças serem causadas por germes. Mas era apenas uma tese (chamada de "tese do germe") até que o bacteriologista alemão Robert Koch começar a provar a ligação. Em 1884, depois de documentar o processo infeccioso de inúmeras outras doenças, ele mostrou como o *Vibrio cholerae* causava o cólera. Em 1885, a bactéria foi recolhida da água do porto durante uma epidemia em Marselha, na França. A ligação que há muito se supunha existir entre ostras e tifo ficou clara na década de 1890. Também se determinou que o esgoto continha o *Salmonella bacillus*, que a saúde pública podia encontrar na água e em ostras e que causava constantes surtos de tifo.

No espaço de uma década, mudou a visão que os médicos tinham das doenças. Os culpados pelas epidemias urbanas deixaram de ser a pobreza, os imigrantes e a imoralidade, para se transformarem na bactéria, no esgoto e nos mariscos. A "tese do germe" tão discutida e muitas vezes rejeitada nas faculdades de medicina até a década de 1880 tornou-se, em 1890, uma certeza científica.

Embora o tifo não tivesse o mesmo índice de mortalidade do cólera, era uma doença de longa duração que às vezes resultava em morte. Ela se expandiu rapidamente pelas áreas urbanas porque as pessoas contaminadas, principalmente se tivessem contato com comida, podiam transmitir a doença para outras. O exemplo mais famoso foi de Mary Mallon, a Mary Tifo, contaminada em 1904 quando era cozinheira numa casa onde havia pessoas com tifo na baía Oyster, em Long Island. Ela continuou cozinhando em inúmeras casas e foi detida em 1907, numa casa da Park Avenue, em Nova York. Assim ela seguiu sendo detida, solta, pega cozinhando e mais uma vez sendo presa. Acredita-se que ela tenha causado no mínimo 50 casos de tifo, três dos quais fatais, inclusive um sério surto num hospital para mulheres.

Os funcionários da saúde pública começaram a concluir que, por filtrarem a água enquanto se alimentam, as ostras refletem a qualidade da água. Podem ser utilizadas para medir o índice de poluentes como o DDT e foram usadas até para medir a radiação. Na virada do século, elas mostravam que Nova York estava produzindo esgoto demais e despejando tudo no mar sem causar problemas.

Os valiosos viveiros de ostras londrinos ficavam no estuário do rio Tâmisa e sofriam do mesmo problema. Em 1896, um médico inspetor inglês, dr. H. Timbrell Bulstrode, percorreu os principais viveiros de ostras da Inglaterra e País de Gales e relatou em detalhe a relação dos esgotos com esses viveiros. Pânicos em importantes viveiros, como os de Whitstable em 1903, causaram uma séria redução na procura por ostras no país. A França também teve pânicos com ostras contaminadas e, entre 1898 e 1901, as vendas caíram pela metade. Mas, enquanto na Inglaterra ela continuou a cair, os franceses, sempre os comedores mais corajosos, logo voltaram aos velhos hábitos.

Em Nova York, depois que começou o medo com o tifo, o Departamento de Alimentação, em Washington proibiu "dar de beber" às ostras. Mas os grandes vendedores de Nova Jersey foram contra a decisão. A edição de Natal de 1905 do *Keyport Weekly*, publicação que valorizava muito a produção de ostras local, argumentou:

O produtor de ostras afirmava que as ostras "flutuantes" eram melhores, duravam mais e eram mais macias do que as que não eram tratadas assim. A discussão fez o professor Julius Nelson investigar o problema. Ele pertencia à Faculdade Rugers, era biólogo da Estação Experimental Agrária do Estado de Nova Jersey, cientista de alto nível e no começo foi contra a afirmação desses produtores. (...) Fez um amplo estudo do problema e concluiu que, por uma vez, quem tinha a prática sabia mais do que o cientista. Ele apoiou a briga dos produtores de ostras e o Departamento de Alimento Puro então revogou a proibição. A ostra refrescada banhada é melhor, mais clara, mais macia, mais pura, não tem areia etc., e a não-flutuada praticamente saiu do mercado. O único perigo vem das ostras flutuadas em águas poluídas mas, como todos esses locais estão sob supervisão do Estado e de divisões sanitárias locais, isso é praticamente impossível de ocorrer, sobretudo numa empresa confiável.

Isso era típico da opinião de muita gente em 1905: achavam que, se o governo aprendeu a medir a poluição, ninguém mais precisava se preocupar com o assunto. Mas os departamentos de saúde descobriram que quase não havia água pura para as ostras flutuarem. E assim a prática foi mais uma vez proibida, medida comemorada pelo *The New York Times*. No início da temporada de 1909, o jornal relatou que "as ostras estão perdendo aquela cor doentia e esmaecida" pois a prática de "dar de beber" tinha, finalmente, terminado.

EM 1880, as ostras conhecidas como Yorks, da rasa baía York, no litoral norte de Nova Jersey, deixaram de existir. A água da baía estava tão cheia de esgoto e dejetos das fábricas de Jersey City que as ostras só podiam ser usadas com segurança como ova. A maioria dos viveiros plantados na baía de Raritan eram da baía de Newark, enquanto as ostras da parte inferior de Passaic eram levadas de trem para o Pacífico e plantadas na Califórnia.

Começou como teste em 1873, quando Joseph Ellsworth (dono de uma das mais importantes empresas produtoras de ostras, com uma barcaça em Manhattan e um escritório no mercado Washington) mandou um vagão de carga cheio de ovas da baía de Newark para São Francisco. As melhores e mais limpas ostras do tamanho de uma moeda de centavo foram selecionadas e precisavam crescer no Pacífico por apenas dois anos, em parte porque, como o reverendo Samnuel Lockwood escreveu em 1874 no *Popular Science Monthly*, os californianos "não se importavam tanto com o tamanho quanto o pessoal da Costa Leste".

Os californianos estavam acostumados com ostras menores e os nova-iorquinos supunham que as frias águas do Pacífico as atrofiavam, mas podia ser que as *Crassostrea gigas* fossem menores que sua prima da Costa Leste, a *Crassostrea virginica*. A tendência era culpar a água. O reverendo Lockwood disse ainda: "A ostra nativa da Califórnia é um problema sem importância e deve-se temer que a qualidade da ostra do Leste vá piorar nas águas do Pacífico." Mas Ellsworth esperava que o produto transplantando de Nova Jersey se desenvolveria e cresceria rápido na costa da Califórnia. Assim foi, e a ostra perdeu o que uma comissão de investigação de Nova Jersey chamou, em 1902, de "o desagradável sabor por ter começado nas poluídas águas de Newark". Isso, numa época em que o rio Passaic, que um dia foi considerado o de melhor pesca em Nova Jersey, estava tão fedorento que exalava fumaças ácidas causando bolhas na pintura das casas próximas. Os ribeirinhos estavam abandonando suas casas para fugir do fedor. Em 1901, J. & J. W. Ellsworth, que dois anos antes tinha construído uma indústria de preparo e distribuição de ostras em Keyport, levou 110 vagões de carga da baía de Newark para os plantadores da Califórnia. Nove dias depois de serem retiradas da baía de Newark, as ostras estavam instaladas na parte superior da baía de São Francisco.

Em 1900, as ostras do rio Passaic e da baía de Newark, cujas águas puras eram usadas para dar de beber às ostras, estavam poluídas demais para ser consumidas. Os viveiros se tornaram importantes fontes de ovas de ostras, sobretudo para enviar à Califórnia e também para replantar nos viveiros de Keyport. A poluída baía de Newark era considerada das mais importantes fontes de ovas em Nova Jersey numa época em que começava a ficar difícil encontrá-las.

Estas espécies transplantadas no final do século XIX e início do XX logo se tornaram comuns. Virou uma competição, como aquelas existentes na natureza, na qual venciam as mais resistentes, e as mais resistentes eram, sem dúvida, as *Crassostrea*. Os europeus substituíram muitos viveiros de *Ostrea edulis* pela ostra portuguesa *Crassostrea angulata*, que era mais resistente, e pela americana *Crassostrea virginica*. As *Ostreas* existem no litoral Pacífico na América do Norte, como a espécie *Ostrea lurida*, a ostra Olímpia. Mas os viveiros da Costa Oeste eram plantados com a *Crassostrea virginica* da Costa Leste, que resistiam melhor à temperatura, e com a asiática *Crassostrea gigas*, a ostra japonesa e coreana, mais resistente a doenças. Muito adaptável, essa espécie também foi transplantada em Taiwan e na China e levada para a Nova Zelândia, Tasmânia, Chile, Costa Oeste do Canadá, França e Inglaterra. Os chineses produzem enormes quantidades de *Crassostrea plicatula*, que alguns biólogos acham que seja um nome errado e que a ostra seja de um gênero isolado, que chamaram de *Alectryonella*.

Saccostrea, a ostra da rocha de Sidney, é australiana e se desenvolve em água morna. *Crassostrea rhisophorae*, a ostra-de-mangue, é comum no Caribe e América Central, inclusive na Venezuela e Colômbia, embora a produção continue pequena nesses países. Há também diferentes espécies de *Crassostrea* no Brasil, Serra Leoa, Senegal, Filipinas e Tailândia. E ostras únicas como a *Tiostrea lutarea*, a ostra do costão da Nova Zelândia.

Tudo isso significa que, embora continue havendo uma certa diversidade de gênero, a maioria das ostras consumidas hoje no mundo são da espécie *Crassostrea*. Ninguém está muito preocupado com isso, embora haja um luto justificável pela morte da *Ostrea* européia, não só porque os europeus não gostam de *takeovers* estrangeiros, mas pelo fato de as mais famosas ostras européias, como a *belon* francesa e a inglesa Colchester, pertencem à espécie *Ostrea edulis*, de muita carne e sabor incomparável, fresco e salgado.

A ostra lisa européia existia do Mediterrâneo às Ilhas Britânicas, Noruega e até o Círculo Ártico Mas foi destruída pelo excesso de pesca e por doenças, existindo hoje em poucos lugares, inclusive no Maine, para onde as *belons* foram transplantadas, mas mudaram de sabor no novo ambiente.

NÃO ERAM SÓ AS OSTRAS que estavam sendo ameaçadas no porto de Nova York. A enorme variedade de peixes e ostras no porto e em seus rios sustentavam muitos nova-iorquinos. Tradicionalmente, uma família pobre, com pouco dinheiro, sempre podia colher ostras ou pescar um peixe para o jantar. Era a vantagem de ser pobre em Nova York. Quando os ingleses tomaram a cidade dos holandeses tinham planos de lá criar uma indústria pesqueira porque o porto tinha muito bacalhau e cavala. O rio Hudson era particularmente rico de ambos e de espécies de água salgada, inclusive perca-listrada, savelha e esturjão. O esturjão propiciou uma indústria de caviar que privilegiava os bares nova-iorquinos: uma porção salgada era servida como cortesia para acompanhar a bebida. O porto tinha lagosta, embora estivessem ficando mais escassas. O suculento *larvae* do caranguejo-de-pata-azul, os famosos Chesapeake, entravam no porto no verão e os que não eram comidos pelos peixes se tornavam caranguejos que subiam o Hudson até Albany. No verão, quando as ostras estavam desovando, surgiam pequenos crustáceos como o *grass shrimp* que, como o mar mais salgado, pequenos camarões de areia, tentavam os peixes famintos. Anchovas translúcidas chegavam e desovavam diariamente, encantando os *bluefishes* cheios de dentes, a cavala-espanhola e a solha, que os perseguiam para dentro do porto.

Em meados do século XIX, os pescadores amadores do litoral leste dos Estados Unidos iam pescar no porto de Nova York. Revistas especializadas em pescaria publicavam artigos sobre pesca com anzol no porto. Em 1881, The American Angler, primeira revista americana dedicada exclusivamente à pesca como esporte, foi lançada em Manhattan, capital dessa prática. Os melhores locais para pesca podiam ser alcançados de barco a remo, alugados a 25 centavos a hora, no final da Whitehall Street. A ilha Governors era conhecida pelo *bluefish* e o *weakfish*; a ilha Ellis era onde se pescavam *stripers* de 10 quilos, e logo ao norte de Staten Island era o lugar do *striped-bass*. O *weakfish* era de melhor qualidade depois do Brooklyn, logo acima de Narrows. Os nova-iorquinos eram conhecidos por pescar com carretilha em barcos a remo e colocavam a linha na boca. Quando sentiam um puxão súbito, largavam os remos e pegavam a linha.

Mas muitos moradores de Manhattan, principalmente os pobres à procura de um jantar, pescavam na praia. Percas enormes alimentavam os viveiros de ostras perto do litoral de Manhattan. A maior, com 70 quilos, foi pescada no rio Harlem. O Battery também era um bom lugar e a pesca do tubarão era um esporte popular. Apesar da crescente popularização do banho de mar no verão, o porto estava cheio de enormes tubarões. Dava a impressão de que os banhistas jamais conversavam com os pescadores.

Até meados do século XVIII, grande parte da pesca comercial em Nova York era feita com anzol, com o pescador em pequenas encostas. Em meados do século, os nova-iorquinos começaram a imitar a pesca do bacalhau da Nova Inglaterra com um ou dois barcos a remo. A grande e crescente população de imigrantes da cidade era principalmente católica e a Igreja mandava comer peixe às sextas-feiras. Os barquinhos começaram a usar linha longa, colocando até 350 anzóis numa única linha. Grande parte da frota pesqueira, que continuou navegando no século XX, ancorava perto do mercado Fulton, onde descarregava o produto.

Mas no final do século XIX, a pesca de mergulho também estava sendo afetada pela água considerada havia séculos como uma lixeira da cidade. A pesca do esturjão, que tinha sido de mais de um milhão de quilos por ano, dando ao peixe o apelido de bife de Albany, começou a decair muito devido à poluição, que também acabou com a indústria do caviar. O peixe de águas rasas ficava sufocado em óleo. "A savelha rareia no Hudson", registrou *The New York Times*, em 1924. Em pouco tempo, quase todas as espécie tiveram o mesmo fim. A lagosta e o *bluefish* começaram a sumir. Os peixes que sobreviveram, inclusive algumas espécies de ostras, estavam contaminados demais para ser comidos. Os tubarões mantiveram distância de Sandy Hook para evitar as águas fedorentas da cidade.

NA VIRADA DO SÉCULO XX, as pessoas não reclamavam do esgoto tanto quanto dos corantes jogados nos rios, uma forma de poluição relativamente não-tóxica. Na década de 1880, quem morava perto do canal Gowanus reclamava do cheiro, mas ficava mais impressionado com as cores da água.

Os fabricantes de corantes faziam com que ela tivesse uma cor diferente a cada dia. O canal foi apelidado de "Lago Amarelo" e os pobres das vizinhanças ficavam nas pontes do canal com seus filhos asmáticos, achando que a fumaça espessa que subia do canal tinha poderes curativos.

Mas muita gente se irritou quando a água começou a mudar de cor, pois era algo visível. Quando o esgoto aparecia nas praias, também podia ser visto, para não dizer que o cheiro podia ser sentido, e passou-se a comentar isso. Em 1914, a cidade começou a fechar quase todas as praias públicas nas cinco regiões. Coney Island, que tinha uma estação de tratamento de água, continuou aberta. Às vezes, só o mau cheiro já irritava as pessoas, pois achavam que era tóxico, mas foi preciso uma fedentina muito grande para elas se indignarem.

O riacho Newtown, que serpenteia entre Queens e o Brooklyn e deságua no East River em Manhattan, exalava um mau cheiro tão grande que os moradores das três regiões eram obrigados a manter as janelas fechadas no verão. Em 1891, eles formaram um comitê para acabar com os culpados. Conhecido como Comitê da Décima Quinta Enfermaria de Olfato, eles cheiraram o canal e fizeram uma lista de culpados que incluía uma fábrica de fertilizante, uma indústria química e um "cais de animais mortos". De 1915 a 1917, John Waldman, biólogo da época, comparou o tráfego fluvial no Mississippi e nos 6,5 quilômetros do riacho Newtown e descobriu que a tonelagem de carga era quase a mesma, embora a do riacho valesse o dobro. Em 1872, John D. Rockefeller escolheu o local para a primeira refinaria de petróleo. Na virada do século, a refinaria tinha jogado ou despejado acidentalmente petróleo e subprodutos suficientes para matar o riacho.

Produtores de ostras, pescadores ou qualquer pessoa que trabalhasse na água sabiam que a sujeira no porto estava piorando. Mas não consideraram o problema crítico até fazerem a ligação entre tifo e ostras, o que teve um impacto cada vez maior no comércio do molusco. Os restaurantes nova-iorquinos ficaram mais preocupados depois do caso ocorrido em 1909 na Inglaterra e amplamente divulgado na cidade. Um tribunal inglês ordenou que um hotel em Chatham pagasse 1.320 dólares para um tenente da Marinha Real que afirmou ter pego febre tifóide ao comer ostras no hotel.

Os donos de restaurantes de Nova York imaginaram que dali a pouco também iam receber essa acusação. Os *chefs*, sobretudo Albert Leopold Lattard, do hotel Plaza, começaram a destacar receitas com ostras cozidas, em vez de cruas. Houve um grande clamor na cidade contra o que o *New York Times* chamou de "ostras alimentadas por esgoto".

Nesse mesmo ano, Nova York sediou uma reunião da Associação Nacional de Produtores de Mariscos. Os representantes de 13 estados formavam 88% da produção mundial de ostras. Na época, o estado de Nova York tinha investido 10 milhões de dólares numa indústria importante, que produzia cerca de um bilhão e 400 milhões de ostras por ano, considerando que algumas das nova-iorquinas estavam com fama de terem sabor de petróleo. Considerando que o porto de Nova York podia ter gosto de muita coisa, os críticos até foram gentis. A cidade ainda era a capital da ostra, embora a produção fosse a metade da existente no final do século XIX.

O ano de 1909, da reunião, foi um dos últimos bons para as ostras na cidade. A indústria estava sendo estrangulada. Depois que foi feita a ligação das ostras com a febre tifóide, os grandes restaurantes, os atacadistas de Manhattan que forneciam todo o capital para manter o crescimento da indústria, ficaram indecisos em investir nos viveiros da cidade.

Em 1915, Nova York fechou todos os viveiros de mariscos da baía Jamaica devido à contaminação por esgoto. No verão de 1916, outro surto de tifo foi ligado a comer ostras de viveiros instalados na parte inferior da baía, contaminada por um esgoto de Nova Jersey que despejava no Kill van Kull, onde encontrava a parte superior da baía. Ficava a uma distância considerável do viveiro, mas as marés levavam o esgoto para lá.

Em 27 de janeiro de 1920, uma reportagem do *The New York Times* sobre um relatório da comissão estadual avisou: "As ostras, que já foram fartas e consideradas um repasto frugal, estão aos poucos se transformando num luxo e, daqui a pouco, uma raridade." A causa dessa redução foi considerada apenas "as águas poluídas onde as ostras costumam desovar".

As notícias eram cada vez piores não tanto pelo aumento da poluição, mas porque a capacidade de mensurá-la estava melhorando. Em janeiro de 1921, o Departamento Municipal de Saúde fechou novamente os viveiros da baía Jamaica, que forneciam mais de 80 milhões de quilos de ostras por ano. O *New York Times* anunciou o fechamento com manchete e texto na primeira página: BAÍA JAMAICA, CHEIA DE ESGOTO, FECHOU VIVEIROS DE OSTRAS; 300 MIL ALQUEIRES ACABARAM. A água estava cheia de detritos, o que não devia ser surpresa, já que nada menos de 40 sistemas de esgoto municipal eram despejados na baía. Ao explicar a decisão, o Departamento de Saúde declarou que, além do risco causado pelo esgoto, vários casos de tifo foram diagnosticados na área e citaram o caso de Mary Tifo, para lembrar a população do risco de contágio. As autoridades municipais avisaram que a baía Jamaica produzia entre 1/4 e 1/3 das ostras dos mercados de Nova York e que naquele ano deveria haver escassez do produto. O governo chegou a contatar o governo francês para dizer que talvez precisasse importar ostras e pediu para o departamento de saúde mandar relatórios sobre o seu cultivo no país.

Foi construída uma fábrica experimental de purificação de ostra, para tentar limpar aquelas que foram contaminadas na baía Jamaica, em Inwood. A água salgada era bombeada para tanques com um "agente esterilizante", hipoclorito de sódio, produzido pela eletrólise da água do mar. Mas um relatório de 1922 do Centro de Prevenção de Poluição Fluvial avisou que esse processo só era eficiente se as ostras não estivessem muito contaminadas e que a água do mar usada "não pode estar muito contaminada por esgoto ou outra sujeira..."

As informações sobre poluição causaram o fechamento dos viveiros, mas não acabaram com a poluição. Em 1924, o riacho Englewood, no Parque Interestadual de Palisades, poluído por esgotos, causou um surto de tifo. Mas descobrir a causa não acabou com o problema. Uma manchete do *Times* dizia: ESPERA-SE MAIS TIFO. Na cidade, 68 casos foram ligados ao riacho Englewood, causado por um esgoto entupido que poderia ter sido consertado em meia hora, por 5 dólares. O *Times* tinha razão: em três semanas, o número de casos aumentou para 124.

Um editorial do *New York Times*, de 25 de julho de 1924, dizia:

A celeuma por causa dos riachos poluídos no Parque Interestadual de Palisades chama a atenção para o descaso geral pelas águas de e em redor de Nova York. A surpresa não é um riacho causar alguns casos de tifo, mas não haver mais doenças causadas pela água contaminada. Calcula-se que nada menos de 14 milhões de toneladas de esgoto são despejadas anualmente só no rio Hudson. As águas do porto e do litoral, num raio de 30 quilômetros de Nova York, contêm todos os tipos de refugos. Graças à lei que manda jogar o lixo da cidade mais longe no mar do que era no passado, este ano a quantidade de sujeira nas praias foi menos visível. Mas as águas que há 10 ou 15 anos eram limpas, estão cheias de impurezas vindas de todos os tipos de dejetos — lixo e esgoto, assim como despejos de fábricas e óleo de navios.

Todos os jornais nova-iorquinos publicavam matérias regularmente sobre a poluição e, de vez em quando, sobre um ou outro viveiro de ostras sendo fechado. Em 1927, fechou o último viveiro da baía de Raritan, marcando o fim da produção de ostras em Nova York. Os habitantes da cidade, que começaram poluindo um pequeno lago chamado Collect, tinham empestado o estuário inteiro do rio Hudson. A poluição acabou também com os moluscos, as lagostas, a pesca comercial e de lazer. Um nova-iorquino não podia mais pescar o jantar num rio ou numa praia, com anzol ou de barco. As famílias não podiam mais sobreviver pescando no mar ao lado de onde viviam.

Os nova-iorquinos continuaram a comer ostras, embora em menor quantidade, e os bares de ostras continuaram populares, embora não na mesma proporção. Novos continuaram abrindo, como o Oyster Bar, na Grand Central Terminal, inaugurado em 1913. Mas não serviam as que eram pescadas logo ali. Os *chefs* nova-iorquinos ainda se orgulham de seus pratos, embora não sejam feitos com ostras da cidade. Em 1951, Louis de Gouy, *chef* do hotel Waldorf-Astoria, publicou um livro de 170 páginas só com receitas de ostras, *The Oyster Book*. Foi o primeiro livro por uma grande autoridade gastronômica dedicado exclusivamente a elas, desde o modesto *Fifteen New Ways for Oysters*, lançado em 1894 por Sarah Tyson Rorer, da

Filadélfia, uma das fundadoras da revista *Ladies' Home Journal*. Mas um nova-iorquino não podia ir à esquina e comprar uma ostra assada pescada no East River.

Embora os produtos continuassem a ser levados e trazidos de navio e a cidade vivesse desse comércio, tinha perdido sua ligação direta com seu vasto mar, que um dia teve cheiro agradável.

EPÍLOGO

Mariscada duradoura

*La aurora de Nueva York tiene
cuatro columnas de cieno
y un huracán de negras palomas
que chapotean las aguas podridas*

(A aurora em Nova York tem
quatro colunas de lama
e um furacão de pombas negras
encharcadas de águas podres.)

FEDERICO GARCÍA LORCA, *Poeta en Nueva York*, 1929-30

É difícil não se perguntar se não é demais ter 10 milhões de pessoas morando num estuário. Em 1790, quando foi feito o primeiro censo demográfico americano, moravam 49.401 pessoas no que viriam a ser as cinco regiões da cidade de Nova York. Em 1930, quando todos os viveiros de ostras estavam poluídos e fechados, a população era de 6.930.446 habitantes, quase o dobro do começo do século. Nos 70 anos seguintes, talvez reconhecendo que o espaço estava quase esgotado, a população cresceu apenas meio milhão. Os nova-iorquinos há muito consideravam sua cidade desnatural, contra a natureza. Falam em sair da cidade "para ver um pouco de natureza". Talvez não seja apenas não natural, mas uma ameaça à natureza. Talvez tanta gente simplesmente não caiba naquele espaço. Afinal, não é para isso que servem os estuários. Dez milhões de pessoas produzem lixo demais.

A primeira tentativa de solucionar o problema do lixo de Nova York foi deixá-lo nas ruas para ser comido pelos porcos soltos; quanto ao problema do esgoto e das indústrias de sabão e abate, logo transformaram a cheirosa Nova York num lugar conhecido pelo fedor. Na época da independência americana, a cidade fedia e continuou a feder a lixo e esgoto no século XX. A solução para ambos os problemas foi despejar tudo no mar. Em 1885, Nova York construiu o primeiro incinerador de lixo na ilha Governors, que passou a competir com o lixo jogado no mar. Infelizmente, os incineradores, como as indústrias que geravam eletricidade e as que surgiram na região, eram movidos a carvão. Até a calefação dos apartamentos era a carvão. Nova York era coberta por um véu de fumaça preta.

Em 1934, a cidade perdeu uma acusação na Suprema Corte e aceitou não despejar lixo no mar porque grande parte dele estava invadindo as praias. A cidade então fez aterros sanitários e nesse mesmo ano passou a ter 89 aterros. Centenas de quilômetros de alagados do estuário, ambientalmente preciosos, se tornaram monturos de lixo. Os despejos soltavam um composto poluidor conhecido como chorume, que acabava se infiltrando no porto já poluído. Em 1948, reagindo à crescente quantidade de lixo e à proibição de despejar no mar, a cidade criou um aterro de 2.100 acres em Fresh Kills, Staten Island. Ao contrário dos aterros anteriores, tentou-se impedir a infiltração de chorume e o gás metano foi extraído e usado para aquecer 1.400 casas na região. Mas, com as barcaças e os caminhões trazendo 12 mil toneladas de lixo por dia, esgotou a capacidade e Fresh Kills se tornou o mais alto promontório do Atlântico nos Estados Unidos.

A verdade é que milhões de pessoas produzem detritos demais para coexistir com milhões de ostras. O esgoto em estado bruto continuou a ser jogado no porto, apesar de a estação de tratamento de Coney Island ter sido modernizada em 1935. As modernas estações de tratamento de lixo como essa e 15 outras construídas nos 50 anos seguintes produziram um subproduto chamado "lama residual", um poluente menos tóxico que o esgoto bruto, mas despejado a apenas 6 quilômetros do litoral.

A GRANDE OSTRA

Em 1951, o *New Yorker* publicou um artigo de Joseph Mitchell intitulado "O fundo do porto", que começava assim:

> A água no porto de Nova York é oleosa, suja e cheia de germes. Os operários que sugam lama com as grandes dragas do porto costumam dizer que poderiam engarrafá-la e vendê-la como veneno. O fundo do porto é mais sujo que a água, quase todo coberto por um lençol de lama composto de lodo, esgoto, dejetos industriais e óleos coagulados.

A gordura preta não contém oxigênio, mas apresenta outros gases que borbulham na superfície e fica em densos pântanos submersos a centenas de metros de profundidade. Mitchell afirmou que, em alguns trechos, a lama estava se acumulando à média de 31 cm por ano. Era especialmente densa em volta da ilha Liberty, que um dia foi a ilha das Ostras Grandes, com seus famosos viveiros. Alguns depósitos de lama mais densos ficavam nas águas estagnadas e menos salgadas onde as ostras viviam. O canal Gowanus ficou famoso porque nos meses quentes, segundo Mitchell, a lama ia se decompondo e soltava bolhas de gás que vinham à tona do tamanho de bolas de basquete. Muita gente ficava nos cais vendo a água negra e pastosa criar bolhas e estourar.

Em Staten Island, as mansões de madeira enfeitadas com fachadas rendadas agora ficavam de frente para a água mais imunda de Nova York no canal Kill van Kull. Trinta anos após a proibição da ostra, a maioria dessas mansões foi abandonada e estava acabando aos poucos. O mesmo ocorria em Sandy Ground, onde o asfalto das ruas estava abrindo, mostrando o revestimento original feito com conchas de ostras. As grandes e lindas casas construídas pelos afro-americanos recém-enriquecidos, que fugiram da pobreza no Sul, agora ficavam de frente para as águas fétidas de Arthur Kill. Não só a água estava contaminada. Durante o enorme *boom* industrial ocorrido na Segunda Guerra, as fundições de Nova Jersey formavam nuvens tão tóxicas que destruíram as plantações de morango na outra margem do canal.

Até 1987, a cidade de Nova York continuou a despejar esgoto num determinado local a 6 quilômetros da costa. Popularmente chamado de "Mar

Morto", era uma região, justamente, sem sinal de vida, de 40 km². Em 1977, os nova-iorquinos ouviram uma enorme explosão e muitos acharam que o gás metano que borbulhava tinha finalmente explodido. Mas a Força Aérea informou que o som era de um de seus jatos supersônicos.

POR MILAGRE, essas águas tinham vida, mesmo em meados do século XX, quando estavam no auge da poluição. Mais de 30 espécies de peixes entravam no porto a cada primavera, verão e outono. Até o atum ainda vinha para o porto, além de cavala, arenque, pescada marlonga, pargo e milhões de outras espécies. Em determinados anos, por exemplo, os *mossbonkers*, um tipo de savelha nova-iorquina, invadem o porto em cardumes de centenas de milhões. Mas havia algumas ausências importantes, inclusive os viveiros naturais de ostras, que um dia foram enormes. Estavam quase todos mortos, apesar de alguns resistentes terem sobrevivido. A destruição da população de ostras pode explicar por que a de perca branca foi dizimada. A perca preta se alimentava de ostras, por isso era detestada pelos criadores das bivalvas de Staten Island e desapareceu pouco depois dos viveiros serem fechados. Chega a parecer que elas respeitaram a proibição e foram comer ostras em outras águas. A perca vermelha também se tornou uma espécie rara.

Quando os viveiros de ostras foram fechados, os criadores de Staten Island tiveram permissão para transplantar suas ostras para as águas mais limpas de Long Island. Mas não puderam levar todas e as que ficaram formaram dezenas de famílias agrupadas. Os mariscos que sobreviveram estavam contaminados demais para ser comidos mas estavam lá e por isso alguns nova-iorquinos mais velhos, que costumavam pescá-los, não acreditaram que não podiam comê-los. O Departamento de Saúde de Nova York e o departamento de conservação estadual reforçaram a proibição. Mas se alguns ex-pescadores de ostras quisessem usar pinças e ancinhos e colher um balde de ostras para lembrar os bons tempos, nada impedia. Numa noite de neblina ou sem lua, um barco a remo podia sair e pescar ostras ou moluscos, o que também estava proibido pelos mesmos motivos. Esses pescadores furtivos comiam a antiga pesca de todas as velhas formas: molusco ensopado, ostra assada e, pior de tudo, sob o ponto de vista médico, ostra crua na concha. Em 1951, segundo Mitchell, "De vez em quando, famílias inteiras passavam muito mal".

Alguns pescadores eram mais cuidadosos. Eles tomavam a temperatura da água: se ficasse a menos de 5 graus centígrados durante três ou quatro dias, pescavam algumas ostras porque a partir dessa temperatura elas param de se alimentar. Acreditavam que uma "hibernação" de quatro dias era suficiente para limpá-las dos germes que tivessem ingerido. Então, esses pescadores comiam a ostra crua, num momento proustiano das "ostras do porto" de quando eram jovens.

No artigo escrito em 1951, Joseph Mitchell entrevistou um nativo de Staten Island chamado Poole, que comentou que "o porto estava cada vez pior. Tudo está piorando. Quando eu era jovem, sonhava com o dia em que poderíamos ter novamente viveiros de ostras ali. Hoje, tenho certeza que esse dia jamais chegará. Nem me preocupo mais com a poluição, só espero que não poluam o porto com algo milhões de vezes pior que a poluição."

CONSEGUIRAM "poluir milhões de vezes mais que a poluição". O lodo e a lama residual já bastavam para matar ostras por falta de oxigênio. Mas os dejetos industriais formados por metais pesados, inclusive três toneladas e meia de zinco, cobre, ferro, crômio e níquel que entravam no sistema de esgoto da cidade por dia. Arthur Kill, em Staten Island, que foi famosa por seus viveiros de ostras, ficou conhecida por despejar óleo. Um subproduto do óleo, o hidrocarbono aromático polinuclear, é pior do que parece e envenenou a água do porto. A chuva levava para o rio os pesticidas usados na agricultura, inclusive os hidrocarbonos clorinados (DDT, dieldrin, endrin e heptacloro). O DDT, como os metais pesados, percorre a corrente alimentar e fica mais letal em animais e peixes de grande porte. Entre 1940 e 1970, a General Electric despejou centenas de milhares de toneladas de bifenil policlorinado (PCB, na sigla em inglês) no rio Hudson. As coisas pioraram na décadas de 1960 e 1970, quando amianto e solventes foram adicionados à mistura. A empresa Diamond Shamrock criou o agente laranja, o desfolhante que envenenou o Vietnã e também o porto de Nova York, enchendo a foz do rio Passaic com dioxinas.

Os rios que desaguavam no porto sua água limpa, fazendo aumentar os viveiros de ostras, estavam agora enchendo o porto com produtos químicos letais. Quatro rios, Raritan, Hackensack, Passaic e Hudson, deságuam na baía de Raritan. Na década de 1980, foi encontrada uma concentração de seis metais pesados na parte central lamacenta da baía. Entraram na água despejados pelas diversas fábricas construídas à margem do rio Raritan durante a Segunda Guerra. Com a desculpa de "tudo pelo esforço de guerra", essas indústrias tiveram permissão para jogar tudo no rio, o que continuaram fazendo mesmo depois. Em 1978, a baía de Raritan tinha a mais alta concentração de cobre jamais registrada num estuário, além de hidrocarbonos. Seus peixes continham muito bifenil policlorinado e uma doença às vezes confundida com a "doença de erosão da barbatana", causada por poluição. No final da década de 1960, mais de 20 espécies tinham essa doença: as barbatanas iam se deteriorando e caíam. Na década de 1970, houve uma epidemia de câncer de fígado no *tomcod*, uma espécie de bacalhau, e a lampreia do rio Harlem continua misteriosamente ficando cega.

AO POLUIR O HUDSON, a indústria poluiu também um pequeno rio de 505 quilômetros de extensão que era um dos lugares mais preciosos da América do Norte. Ele abrigava mais de duzentas espécies de peixes de água doce e salgada como um aquário que exibe no mesmo tanque a vida de vários lagos, um rio e o mar. Entre os habitantes do Hudson, estão percas da boca larga, arenques, carpas, percas brancas e amarelas, savelhas, peixes lustrosos, percas miúdas, peixes-lua, eperlanos e até alguns peixes subtropicais como o mugem e o *jack crevalle*, mais típico da Flórida do que do Nordeste. O peixe-agulha do Caribe e o tambó, assim como o cioba, foram encontrados na parte inferior do Hudson. A parte mais baixa do rio é um estuário com maré onde espécies típicas de rio, como a truta e a perca, nadam ao lado de espécies marinhas, inclusive cavalo-marinho, golfinho, *bluefish*, tubarão e, de vez em quando, uma intrépida baleia. Duas espécies de esturjão consideradas em risco de extinção, o *striped bass* e a savelha, apesar dos abusos causados pelo ser humano, continuaram teimosamente a voltar todas as primaveras através das Narrows e na parte superior do Hudson para desovar uma nova geração de peixes marinhos nas águas do rio. A população de peixe aumentou de maneira significativa, embora sua quantidade tenha se reduzido enormemente nas décadas de 1970 e 1980. Esses três peixes foram não só industrializados, mas faziam parte do folclore e da cultura nova-iorquinos.

O rio Hudson e os cursos de água na foz dele apaixonavam muita gente que morava perto. No século XIX, as íngremes margens arborizadas do vale do Hudson, com a luz suavemente refletida na água, propiciaram o surgimento de uma das mais importantes escolas de pintura americana. E, embora seja sempre difícil situar o nascimento de um movimento político, pode-se afirmar (e os ambientalistas nova-iorquinos garantem) que o ambientalismo americano começou com a necessidade de salvar o Hudson.

Muitas das primeiras vozes do ambientalismo americano, inclusive Teddy Roosevelt, passaram tempos à margem desse rio que tanto surpreendeu Henry Hudson. Na década de 1890, houve vários movimentos para salvar dos madeireiros as florestas situadas na parte de cima do estado, e em 1901, para impedir a extração de rochas em alguns dos mais espetaculares cenários.

Em 1963, a empresa Consolidated Edison anunciou que explodiria um reservatório de 6 milhões de galões na montanha Storm King para construir uma hidrelétrica. Essa montanha, situada a cerca de 25 quilômetros ao norte de Nova York, era famosa pela beleza e foi tema preferido de pintores da Escola do rio Hudson. A lógica da empresa era simples: Nova York precisava daquela energia elétrica e o lema deles era "Precisamos construir". A mesma lógica que tanto destruiu Nova York nos últimos 200 anos, inclusive os viveiros de ostras. Fumaça escura no céu, esgoto na água, tudo foi aceito como sendo necessário. Mas em meados dos anos 1960, muitas pessoas do Vale do Hudson, de Nova York e de todo o país estavam decididas a impedir que a empresa desfigurasse uma das mais famosas paisagens. A atenção do país se centrou na luta. Os acionistas da empresa mandaram cheques com dividendos para a Scenic Hudson, uma organização que tentava impedir o projeto. Levou anos, mas os ambientalistas acabaram vencendo.

Incentivados por essa vitória, esses grupos se concentraram nas maiores empresas de serviços públicos, petróleo, indústrias, prefeituras, câmaras municipais, empresas federais. Em 1971, a Anaconda Wire and Cable Company, que estava despejando metais, óleo e solventes no Hudson, foi acusada pela procuradoria americana de mil violações à Lei do Resíduo, de 1899. Foi para mostrar que os tribunais iriam fazer cumprir a lei. A acusação começou com o porteiro Fred Danback, que nasceu no Vale do Hudson e estava irritado com o que seu patrão vinha fazendo com o rio. A Anaconda pagou uma multa, à época recorde, de 200 mil dólares.

Um antigo princípio legal estava sendo revivido. Há muito tempo a lei reconhecia que o governo devia evitar transtornos ao bem-estar do povo. A Anaconda e muitas outras empresas foram impedidas de despejar detritos no Hudson, no Raritan e nos demais rios do estuário sob o mesmo princípio legal aplicado em 1703, quando o governo provincial de Nova York proibiu a queima de conchas de ostras dentro da cidade devido à fumaça que provocava.

Outro princípio legal usado pelos ambientalistas foi de que o povo tem direito a pescar. Este princípio tinha sido estabelecido com o acesso a viveiros naturais de ostras, que os tribunais de Nova York e Nova Jersey reconheceram como direito dos moradores. Uma empresa que polui viveiros de mariscos e envenena os peixes está, segundo esta tese legal, impedindo o tão reconhecido direito dos moradores de pescar em suas águas.

Na década de 1970, foram aprovados cerca de 40 leis no Congresso de proteção ao meio ambiente. Entre as mais importantes para as águas que banhavam Nova York estava a Lei da Água Limpa, que exigia que todos os corpos d'água (rios, mares, lagos, reservatórios etc.) do país estivessem próprios para nadar e pescar até o prazo máximo de 1985.

Na década de 1980, a cidade quis repetir o que fazia desde o tempo dos holandeses: aterrar as águas litorâneas para construir mais. No caso, uma via expressa chamada Westway que deveria atravessar o leito do rio Hudson. O clamor público contra a construção sacrificando o rio foi determinante para impedir o projeto. Os nova-iorquinos tinham mudado. Passaram a se incomodar com suas vias fluviais e com o estuário onde viviam.

OS BLUEFISHES voltaram, há fartura de *stripers* e os tubarões estão esperando a água de Sandy Hook limpar para voltarem. Os tubarões caçam por um aguçado olfato e o porto ainda não cheira muito bem para eles. Mas o Hudson é farto de peixes e, apesar de tantos erros seguidos, principalmente os PCBs, hoje é considerado um dos estuários mais saudáveis do Atlântico Norte. Pode-se nadar e pescar em quase todo o Hudson e o porto de Nova York, como mandou a Lei da Água Limpa, mas nem todos os peixes são comestíveis. As autoridades sanitárias não recomendam comer a maioria dos peixes do porto, embora algumas pessoas comam, como grande parte dos peixes consumidos pelos pobres que, provavelmente, estão ingerindo alimento envenenado. A savelha é uma exceção porque fica no Hudson tão obcecada por sexo que não come. Isso vale também para o esturjão, que continua muito escasso para ser consumido. A perca-listrada é farta, mas contém produtos químicos em excesso porque gosta de comer após fazer sexo.

Os ambientalistas estão sempre lutando com o porto de Nova York, que tenta permitir a entrada de embarcações cada vez maiores escavando o porto para que fique mais fundo. É perigoso fazer qualquer coisa que agite seu fundo e sua poluição centenária.

Em 1993, uma pesquisa sobre a presença de toxinas nos peixes de Nova York mostrou que as enguias tinham maior quantidade, estavam cheias de PCB do riacho Newtown. Quanto ao canal Gowanus, que deságua no Jasper Danckaerts, o viveiro preferido das ostras, pode não borbulhar como na época da reportagem de Joseph Mitchell, mas continua sem oxigênio suficiente para peixes ou viveiros de ostras. Fizeram um teste deixando ostras no canal para ver se elas se reproduziriam, mas morreram em duas semanas e suas conchas ficaram parcialmente corroídas por componentes ácidos presentes na água.

Um exame cuidadoso de muitos locais históricos de viveiros de ostras, como os da baía Jamaica, mostra ausência de vida, embora os viveiros contenham enormes conchas vazias. Mas ainda existem ostras no East River, em Arthur Kill e outros pontos do porto de Nova York. Por milagre, foram encontradas algumas no riacho Newtown. Elas podem ser vistas entre os rochedos no cais Battery, na parte inferior de Manhattan. Em 1986, o Projeto

Rio quis monitorar e mostrar a qualidade da água no estuário; para isso, se instalou num cais de TriBeCa, na parte inferior de Manhattan. Encontraram algumas ostras vivendo sob o cais e, desde então, outras mais.

A água foi se tornando mensuravelmente mais limpa e os níveis de contaminação dos peixes se reduziram bastante. Até o canal Gowanus teve um sistema de limpeza que deixou a água com qualidade suficiente para os peixes voltarem.

O aviso feito por William Brooks no século XIX está quase esquecido: que a água que perde suas ostras, perde seu sistema autolimpante. Uma população de ostras saudáveis filtra e limpa a água da baía, clareia mais e permite que a luz penetre para que os nutrientes e os *habitats* melhorem. A diretora-executiva do Projeto Rio, Cathy Drew, disse: "Acreditamos que, se aqui continuasse a ter ostras na quantidade de antes, em poucos dias elas limpariam a água do porto."

Já que cada vez mais ostras estão aos poucos aparecendo, pode ser que um dia voltem a cobrir quase todo o litoral do porto. Mas ainda está longe daquela antiga quantidade. Em 1999, foi construído um recife artificial com conchas, num antigo local de ostras, ao sul da ilha Liberty. Vários outros foram feitos e elas começaram a crescer neles. Os ambientalistas recrutaram voluntários para fazer "jardins de ostras", isto é, cuidarem de algumas em cais particulares, em diversos locais ao redor do porto e depois transplantá-las para os recifes. Mas o grupo organizador, chamado Baykeeper, avisa que essas ostras são apenas para construir os recifes, quem ingeri-las corre um grave risco de adoecer. E, com justo otimismo e orgulho, o grupo afirma que tem por meta "voltarem a existir ostras de Sandy Hook a Tappan Zee, que voltarão a ser servidas nos restaurantes de Nova York".

Cathy Drew disse: "Não temos qualquer esperança de comê-las na nossa geração porque a água contém metais pesados. Mas queremos que elas voltem para limpar a água e enriquecer a rede alimentar, que poderia atrair outros animais e aves para a área." As ostras filtram a água de dejetos orgânicos, mas não podem fazer nada com os metais pesados e PCBs.

A GRANDE OSTRA

É FAMOSO O COMENTÁRIO de Jonathan Swift sobre a coragem do primeiro ou primeira *gourmet* a colocar uma ostra crua na boca. Para quem não come ostras, é difícil explicar o estranho impulso humano de engolir essas criaturas primitivas com seus coraçõezinhos ainda batendo. Sem dúvida, foi algo que os nova-iorquinos fizeram com paixão. A melhor explicação é que uma ostra fresca de mar limpo enche o palato com todo o sabor, energia e beleza — a essência — do mar. Se a água não for limpa, a ostra também transmite esse gosto. Portanto, se um dia os nova-iorquinos puderem pescar uma bivalva no estuário e sentir o sabor do estuário do Hudson em toda a sua "frescura e doçura" que um dia teve, o cataclisma que os seres humanos causaram em Nova York finalmente acabará. Mas esse dia está bem longe.

SE TIVÉSSEMOS a capacidade de enxergar o fundo do mar, teria sido bem diferente. Os nova-iorquinos jogavam lixo e esgoto na água porque não podiam vê-los. Suponha que pudessem ver tudo isso caindo nos viveiros de ostras. Na primavera, os peixes migratórios voltam. Milhares de agitados e primevos esturjões com cabeça de jacaré, pesando 100 gramas; elegantes percas-listradas que parecem ter sido feitas para correr; grossos cardumes de brilhosas savelhas entram na corrente forte enquanto pequenos *baitfish* sem norte, com toda a energia, lutam furiosamente o quanto podem. Todos estão lado a lado, batendo as caudas, milhares e milhares de peixes decididos, lutando para serem os primeiros na mesma corrente, passando por Narrows rumo aos viveiros de ostras das ilhas Liberty e Ellis, enquanto suas companheiras sedentárias, as ostras, abrem e fecham as cascas bombeando água limpa, as multidões agitando, virando e correndo na direção de Manhattan e do rio Hudson, passando pela cidade fervilhante e poderosa, rua a rua até as pitorescas águas onde nasceram. Certamente, qualquer pessoa que pudesse ver isso teria entendido que a grande e desnatural cidade foi construída no local de uma maravilha natural e que as humildes ostras que trabalhavam no fundo eram um tesouro mais precioso do que pérolas.

BIBLIOGRAFIA

HISTÓRIA

Albion, Robert Greenghalgh. *The Rise of New York Port, 1815-1860*. Hamden, Conn.: Archon Books, 1961.

Anbinder, Tyler. *Five Points: The 19th-Century New York City Neighborhood That Invented Tap Dance, Stole Elections, and Became the World's Most Notorious Slum*. Nova York: The Free Press, 2001.

Armbruster, Eugene L. *The Indians of New England and New Netherlands*. Nova York: G. Qattlander, 1918.

Asbury, Herbert. *The Gangs of New York*. Nova York: Alfred A. Knopf, 1927.

Barry, Gerald J. *The Marine Society of the City of New York 1770-1995: A Concise History*. Nova York: Sea History Press, 1995.

Bayles, William Harrison. *Old Taverns of New York*. Nova York: Frank Allaben, 1915.

Beebe, Lucius. *The Big Spenders: The Epic Story of the Rich, the Grandess of América and the Magnificoes, and How They Spent Their Fortunes*. Nova York: Doubleday, 1966.

Bellot, Alfred. *History of the Rockaways from the Year 1685 to 1917*. Far Rockaway, Nova York: Bellot's History, c. 1918.

Boorstin, Daniel J. *The Americans: The Democratic Experience*. Nova York: Random House, 1973.

Bradley, David L. *Bradley's Reminiscence of New York Harbor*. Bayonne, N.J.: David Bradley, 1896.

Brown, Eve. *The Plaza 1907-1967: It's Life and Times*. Nova York: Meridith Press, 1967.

Bunker, John. *Harbor & Haven: An Illustrated History of the Port of New York*. Woodland Hills, Calif.: Windsor Publications, 1979.

Burke, John. *Diet in Diamonds: The Flamboyant Saga of Lílian Russell and Diamond Jim Brady in America's Gilded Age*. Nova York: G. P. Putnam's Sons, 1972.

Burrows, Edwin G, e Mike Wallace. *Gothan: A History of New York City to 1898*. Nova York: Oxford University Press, 1999.

Buttenwieser, Ann L. Manhattan Watr-Bound: *Manhattan's Waterfront from the Seventenenth Century to the Present*. Syracuse: Syracuse University Press, 1987.
Cantwell, Henri e Boyden Sparkes. *Those Rich and Great Ones or Life à la Henri: being The Memoirs of Henri Charpentier*. Londres: Victor Gollanz Ltd, 1935.
Clute, J. J. *Annals of Staten Island*. Nova York: 1877.
Denevan, William. *The Native Population of the Americas in 1492*. Madison: University of Wisconsin Press, 1976.
Dickens, Charles. American Notes. *The Gadshill Edition: The Works of Charles Dickens in Thirty-Four Volumes*, vol. XXVIII. Londres: Chapman & Hall, 1897.
—— The Life and adventures of Martin Chuzzlewit. *The Gadshill Edition: The Works of Charles Dickens in Thirty-Four Volumes*, vols. VI e VII. Londres: Chapman & Hall, 1897.
Dickenson, Richard, ed. *Holden's Staten Island: The History of Richmond County*. Nova York: Frederick A. Stokes Company, 1930.
Foster, George C. *New York by Gas-light: and Other Urban Sketches*. Berkeley: University of California Press, 1990.
Gilfoyle, Timothy J. *City of Eros: New York City, Prostitution and the Commercialization of Sex, 1790-1920*. Nova York: W.W. Norton, 1992.
Godfrey, Carlos E. *The Lenape Indians: Their Origin and Migrations to the Delaware*. Trenton: The Trenton Historical Society, 1919.
Grumet, Robert Steven. *The Lenape*. Nova York: Chelsea House, 1989.
Harrington, Mark Raymond. *A Preliminary Sketch of Lenape Culture*. Lancaster, Penn.: New Era Printing Company, 1913.
Hill, Marilynn Wood. *Their Sisters's Keepers: Prostitution in New York City, 1830-1870*. Berkeley: University of California Press, 1993.
Hine, Charles Gilbert e William T. Davis. *Legends, Stories and Folklore of Old Staten Island: From Printed Records, Manuscripts and the Memories of the Older Inhabitants*. Staten Island: The Staten Island Historical Society, 1925.
Hodges, Graham Russell. *New York City Cartmen, 1667-1850*. Nova York: New York University Press, 1986.
—— *Root & Branch: African Americans in New York & New Jersey, 1613-1863*. Chapel Hill: University of North Carolina Press, 1999.
Homans, I. Smith. *An Historical and Statistical Account of the Foreign Commerce of the United States*. Nova York: Putnam, 1857.
Hone, Philip. *The Diary of Philip Hone, 1828-1851*. Nova York: Dodd, Mead and Company, 1910.
Jackson, Kenneth T. *The Encycloepedia of New York City*. New Haven: Yale University Press, 1995.
James, Barlett Burleigh e J. Franklin Jameson, eds. *Journal of Jasper Danckaerts, 1679-1680*. Nova York: Barnes & Noble, 1913.

Jeffers, Paul H. *Diamond Jim Brady: Prince of the Gilded Age*. Nova York: John Wiley and Sons, 2001.
Juet, Robert. *Juet's Journal: The Voyage of the Half Moon from 4 April to 7 November 1609*. Mewark: The New Jersey Historical Society, 1959.
Kalm, Peter. Editado por Adolph B. Benson. *Travels in North America*, vol. I. Nova York: Dover Publication, 1966.
Kammen, Michael. *Colonial New York: A History*. Nova York: Charles Scribner's Sons, 1975.
Kaplan, Fred. Dickens: *A Biography*. Nova York: Avon Books, 1988.
Kraft, Herbert C. *The Indians of Lenapehoking*. South Orange, N.J.: Seton Hall University Museum, 1985.
Kross, Jessica. *The Evolution of an American Town: Newtown, New York, 1642 -1775*. Filadélfia: Temple University Press, 1983.
Lopate, Philip, ed. *Writing New York: A Literary Antholoy*. Nova York: Washington Square Press, 1998.
Mackay, Charles. *Life and Liberty in America or Sketches of a Tour in the United States and Canada in 1857-58*. Londres: Smith, Elder and Company, 1859.
MacKencie Jr., Clyde L. *The Fisheries of Raritan Nay*. Nova Brunswick, N.J.: Rutgers University Press, 1992.
Marryat, Frederick. *A Diary in America: With Remarks on Its Instituions*. Nova York: Alfred A. Knopf, 1962.
Meckier, Jerome. *Innocents Abroad: Charles Dickens' American Engagements*. Lexington: University Press of Kentucky, 1990.
Morsion, Samuel Eliot. *The Great Explorers: The European Discovery of America*. Nova York: Oxford University Press, 1978.
Mosley, Lois A. H. *Sandy Ground Memories. Staten Island*. Staten Island Historical Society, 2003.
Moss, Sidney P. *Charles Dicken's Quarrel With America*. Troy, N.Y.: The Whistone Publishing Company, 1984.
Pitkin, Timothy. *A Statistical View of the Commerce of the United States of America*. Nova York: Johnson Reprint Corp., 1967.
Rosner, David, ed. *Hives of Sickness. Public Health and Epidemics in New York City*. Nova Brunswick, N.J.: Rutgers University Press, 1995.
Sala, George Augustus. *America Revisited*, dois volumes. Londres: Vizetelly & Cop., 1882.
Schecter, Barnet. *The Battle for New York: The City at the Heart of the American Revolution*. Nova York: Walker & Company, 2002.
Seitz, Sharon e Stuart Miller. *The Other Islands of New York City: A History Companion*. Woodstock, Vt.: The Countryman Press, 1996.
Shorto., Russel. *The Island at the Center of the World: The Epic Story of Dutch Manhattan, the Forgotten Colony that Shaped America*. Nova York: Doubleday, 2003.
Skinner, Alanson. *The Lenape Indians of Staten Island*. Nova York: American Museum of Natural History, 1909.

Smith, Thomas E. V. *The City of New York: In the Year of Washington's Innauguration*, 1789. Riverside, Conn.: Riverside Press, 1972.

Smith Jr., William. *The History of the Province of New York: From the First Discovery to the Year 1732*, dois volumes. Cambridge: Harvard University Press, 1972.

Stokes, I.N. Phelps. *The Iconography of Manhattan Island*, seis volumes. Nova York: Robert H. Dodd, 1915-28.

Street, Julian. *Welcome to Our City: New York*. Nova York: John Lane Company, 1912.

Strontg, George Templeton. *The Diary of George Templeton Strong*, quatro volumes. Nova York: Farrar, Straus and Giroux, 1974.

Taylor, Lawrence J. *Dutchmen on the Bay: the Ethnohistory of a Contractual Community*. Filadélfia: University of Pennsylvania Press, 1983.

Thomas, Lately. Delmonicos: *A Century of Splendor*. Boston: Houghton Mifflin Company, 1967.

Trager, James. *The New York Chronology*. Nova York: HarperResource, 2003.

Trollope, Fanny. *Domestic Manners of the Americans*. Londres: Penguin Books, 1997.

Van Rensselear, Maria. *Correspondence of Maria van Renssealer, 1669-1689*. Albany. University of the State of New York, 1935.

West Indische Compagnie. *Documents Relating to New Netherlands, 1624-1626*. San Marino, Calif.: The Henry E. Huntington Library and Art Gallery, 1924.

Williamson, W.M. *Adrieaen Block: Navigator, Fur Trader, Explorer, New York Firs Shipbuilder*. Nova York: Museum of the City of New York, 1959.

MEIO AMBIENTE

Boyle, Robert H. *The Hudson River: A Natural and Unnatural History*. Nova York: W. W. Norton, 1969.

Cronin, John e Robert F. Kennedy Jr. *The Riverkeepers*. Nova York: A Touchstone Book, 1999.

Hagevik, George H. *Decison-making in Air Pollution Control: A Review of the Theory and Practice, with Emphasis on Selected Los Angeles and New York City Management Experiences*. Nova York: Praeger Publishers, 1970.

Johnson, Alan A., ed. *Water Pollution in the Greater New York Area*. Nova York: Gordon and Breach, 1970.

Members of the New York Press. *The Night Side of New York: A Picture of the Great Metropolis After Nightfall*. Nova York: J. C. Haney & Company, 1866.

Mitchell, Joseph. *The Bottom of the Harbor*. Londres: Jonathan Cape, 2000.

New Jersey Department of Environmental Protection, Division of Water Resources. *Use Attainability Analyses of the New York Harbor Complex*. Trenton: The Divison, 1985.

New York (estado) Bureau of Prevention of Stream Pollution. *Report of Bureau of Prevention of Stream Pollution Under the Supervision of Russel Suter, Senior Assistant Enginer*. Albany: J. B. Lyon Company, 1923.

Smith, C. Lavett, ed. *Fisheries Research in the Hudson River*. Albany: State University of New York, 1988.
United States Commission of Fish and Fisheries. *The Fisheries and Fishery Industries of the United States*. Seção II, A Geographical Review of the Fisheries Industries and Fishing Communities for the Year 1880. Washington: Government Printing Office, 1887.
Waldman, John. *Heartbeats in the Muck: A Dramatic Look at the History, Sea Life and Environment of the New York Harbor*. Nova York: The Lyons Press, 1999.
Zupan, Jeffrey M. *The Distribution of Air Quality in the New York Region*. Washington, D.C.: Resources for the Future, 1973.

OSTRAS

Blackford, Eugene Gilbert. *Report of the Oyster Investigation and Shell-fish Commission for the Year Ending November 30th, 1887*. Troy: The Troy Press Company, 1888.
Brooks, William K. *The Oyster*. Baltimore: John Hopkins University Press, 1996.
Carpenter, O. G. *Oyster Cultivation in the World Famous L. I., New York, Oyster Beds*. Nova York: Long Island Oyster Growers, 1949.
Clark Eleanor, *The Oysters of Locmariaquer*. Hopewell, N. J.: Ecco Press, 1964.
Fisher, M.F.K. *Consider the Oyster*. Nova York: Duel, Sloan and Pearce, 1941.
De Gouy, Louis P. *The Oyster Book*. Nova York: Greenberg, 1951.
Hedeen., Robert. *The Oyster: The Life and Lore of the Celebrated Bivalve*. Centreville, Md: Tidewatr Publishers, 1986.
Ingersoll, Ernest. *The Oyster-Industry*. Washington, D.C.: Government Printing Office, 1881.
Kochiss, John M. *Oystering from New York to Boston*. Middletown, Conn.: Wesleyan University Press, 1974.
Laver, Henry. *The Colchester Oyster Fishery, Its Antiquity and Position, Method of Working and the Quality and Safety of its Products*. Colchester: Colne Fishery Board, 1916.
Mathiessen, George C. *Oyster Culture*. Oxford: Fishing New Books, 2001.
McCay, Bonnie J. *Oyster Wars and the Public Trust: Property, Law and Ecology in New Jersey History*. Tucson: University of Arizona Press, 1998.
Neild, Robert. *The English, the French and the Oyster*. Londres: Quiller Press, 1995.
New Jersey Oyster Industry Investigation Committee. *Report of the Commission for the Investigation of the Oyster Industry*. Camden: Sinnickson Chew & Sons, 1902.
New York State Fisheries Commision. *Report of the Commisioner of Fisheries of the State of New York, in Charge of the Oyster Investigation*. Albany: State of New York, 1885.
Parks, Frederick J. *The Celebrated Oysterhous Cookbook*. Allentown, Pa.: Park's Seafood, 1985.
Rorer, Sarah Tyson. *Fifteen New Ways for Oysters*. Filadélfia: Arnold and Company, 1894.
Rydon, John. *Oyster with Love*. Londres: Peter Owen, 1968.

COMIDA

Barnes, Donna R. e Peter G. Rose. *Matters of Taste: Food and Drink in Seventeenth-Century Dutch Art and Life*. Syracuse: Syracuse University Press, 2002.
Batterby, Michael e Ariane. *On the Town in New York: The Landmark History of Eating, Drinking and Entertainments from the American Revolution to the Food Revolution*. Nova York: Routledge, 1999
Benes, Peter, ed. *Foodways in the Northeast*. Boston: Boston University, 1984.
Blot, Pierre. *Handbook of Practical Cookery, for Ladies and Professional Cooks*. Nova York: D. Appleton and Company, 1869.
Brereton, Georgina E. e Janet M. Ferrier, eds. *Le Managier de Paris*. Paris: Le Livre de Poche, 1994.
Charpentier, Henri. *The Henri Charpentier Cookbook*. Los Angeles: Price/Stern/Sloan, 1970.
Chadwick, J. *Home Cookery: A Collection of Tried Receipts Both Foreign and Domerstic*. Nova York: Charles S. Francis and Company, 1853.
——. *Ladies' Indispensable Companion and Housekeepers's Guide*. Nova York, 1854.
Collins, John. *Salt and Fishery*. Londres: A. Godbid e J. Playford, 1682.
Corson, Juliet. *Juliet Corson's New Family Cookbook: A Complete Cookbook for Family Use in City and Country*. Nova York: George Munro, 1885.
——. *Meals for the Millions*. Nova York: New York School of Cookery, 1882.
Crowen T. J. *The American System of Cookery: Comprising Every Variety of Information for Ordinary and Holiday Occasion*. Nova York: T. R. Dawley, 1864.
Diat, Louis. *Cooking à la Ritz*. Nova York: J. B. Lippincott, 1941.
De Gouy, Louis P. (ver *Ostras*)
Drummond, J. C., e Anne Wilbraham. *The Englishman's Food: Five Centuries of English Diet*. Londres: Pimlico, 1994.
DuSablon, Mary Anna. *America's Collectible Cookbooks*. Athens: Ohio University Press, 1994.
Giacosa, Ilaria Gozzini. *A Taste of Ancient Rome*. Chicago: University of Chicago Press, 1992.
Glasse, Hannah. *The Art of Cookery Made Plain and Easy*. Totnes, Devon, Inglaterra: Prospect Books, 1995.
Hieatt, Constance B., ed. *An Ordinance of Pottage: An Edition of the Fifteenth Century Culinary Recipes in Yale University's Ms Beinecke 163*. Totnes, Devon, Inglaterra: Prospect Books, 1996.
——. *Galeno Food and Diet*. Londres: Routledge, 2000.
Guest, Flora Bigelow. *Soup, Oysters and Surprises*. Londres: The John Lane Company, 1918.
Hagen., Ann. *A Second Handbook of Anglo-Saxon Food & Drink Production & Distribution*. Norfolk, Inglaterra: Anglo-Saxon Books, 1995.
Kirkland, Alexander. *Rector's Naughty '90s Cookbook*. Garden City, N. Y.: Doubleday, 1949.

Leslie, Eliza. *Miss Leslie's Directions for Cookery*. Nova York: Dover Publications, 1999.
Lewis, Amelia. *How to Live in Winter*. Nova York: Food and Health Publishing Office, 1881.
Peachey, Stuart. *The Book of Boild Meats*: volume 1: Fish. Bristol, Inglaterra: Stuart Press, 1999.
Pliny the Elder. *Natural History*. Londres: Penguin Books, 1991.
Ranhofer, Charles. *The Epicurean: A Complete Treatise of Analytical and Practical Studies of the Culinary Arts*. Nova York: Dover Publications, 1971.
Riley, Gillian. *The Dutch Table: Gastronomy in the Golden Age of the Netherlands*. São Francisco: Pomegranate Artbooks, 1994.
Root, Waverley e Richard de Rochemont. *Eating in America: A History*. Nova York: William Morris, 1976.
Rorer, Sarah Tyson. (Ver *Ostras*)
Rose, Peter G. *The Sensible Cook: Dutch Foodways in the Old and New World*. Syracuse: Syracuse University Press, 1989.
Rundell, Maria Eliza Ketelby. *American Domestic Cookery: Formed on Principles of Economy, for the Use of Private families by an experienced Housekeeper*. Nova York: E. Duyckinch, 1823.
Seely, L. *Mrs. Seely's Cook Book: A Manual of French and American Cookery*. Nova York: The Macmillan Company, 1902.
Simmons, Amelia. *American Cookery: or the Art of Dressing Viands, Fish, Poultry and Vegetables and the Best Modes of Making Puff-Pastries, Pies, Tarts, Puddings, Custards and Preserves and all kinds of Cakes, from the Imperial Plumb to Plain Cake, adopted to the country and all grades of life*. Bedford, Mass.: Applewood Books, 1996.
Tschirky, Oscar. *"Oscar" of the Waldorf's Cookbook*. Ojsweken, Ontário: Iroqrafts, 1991.
Wilkins, John e Shaun Hill. *The Life of Luxury: Archestratus*. Totnes, Devon, Inglaterra: Prospect Books, 1994.

ARTIGOS

Blumberg, Deborah Lynn. "At the River Project, the World Is Their Oyster". *The Villager*, 73, n.50 (março 14 a 20, 2004).
Brower, Norman. "The New York Fisheries". *Seaport: New York's History Magazine*, inverno/primavera 1990.
Claassen, Cheryl. "Summary of the Results of Research at the Archaic Dogan Point Site, Westchester County, New York." *The Bulletin* 107 (Primavera 1994), New York State Archeological Society.
Hewitt, John H. "Mr. Downing and His Oyster House: The Life and Good Works of an African American Entrepreneur". *New York History*. Julho, 1993. New York Historical Association.
Kochiss, John M. "New York Oyster Barges". *The Logo of Mystic Seaport*, inverno 1971.
Kollmer, Burton A. "The Yesterday of the Oysterman". *Staten Island Historian*, julho 1940.

Lockwood, Reverendo Samuel. "The Natural History of The Oyster". *Popular Science Monthly*, novembro, 1874.
London *Daily News*. "American Oysters Praised." *New York Times*, 10 de setembro de 1882.
Melvin. Tessa. "Site of Artifacts Poses Quandary in Dobbs Ferry." *New York Times*, 17 de abril, 1988.
National Historic Landmark Nomination for Old Barge Café (the last oyster barge) in New Haven, Connecticut. National Register of Historic Places, 1994.
Schaper, Hans F., e Louis A. Brenna. "Shell Middens in the Lower Hudson Valley". *The Bulletin* 98 (primavera 1989). New York State Archeological Society.
———. "Oysters and Settlement in the Lower Hudson Valley". *The Bulletin* 106 (outono 1993). New York State Archeological Society.
Schuyler, Robert L. "Sandy Ground: Archeological Sampling in a Black Community in Metropolitan New York." The Conference on Historic Site Archeology Papers. University of South Carolina, agosto 1974.
Walford Memorial Convocation. "Raritan Bay: Its Multiple Uses and Abuses." Sandy Hook Laboratory Technical Series Report n. 30, agosto 1984.
Whitrdige, Arnold. "Dickens and Thackeray in America." *New York Historical Society Quarterly* 62, n. 3 (julho 1978).
Zeisel Jr., William N. "Shark! And Other Sport Fish Once Abundant in New York Harbor." *Seaport: New York's History Magazine*, inverno/primavera 1990.
"The City's Oyster Market: Oystermen Combining at the Foot of Perry Street." *New York Times*, 10 de setembro, 1889.
"Extinction of Oysters in New York Now Feared". *New York Times*, 27 de janeiro, 1920.
"An Early Attack by Typhoid". *New York Times*, 11 de julho, 1924.
"The Great Oyster Place: Millions of Dollars Worth Found: Great Excitement Along the Shore." *New York Daily Tribune*, 1 de outubro de 1859.
"Grievances of Oystermen". *New York Times*, 25 de novembro 1884.
"How New York is Fed." *Scribner's Monthly*, outubro 1877.
"How the Oyster 'De Luxe' is Gathered". *New York Times Illustrated Magazine*, 25 de dezembro, 1898.
"Jamaica Bay, Foul with Sewage, Closed to Oyster Beds, 300 Bushels Gone." *New York Times*, 30 de janeiro, 1921.
"Mine Oyster". *Harper's Weekly, Supplement*, 16 de março, 1872.
"National Meeting Booms the Oyster". *New York Times*, 6 de maio, 1969.
"The Oyster Season". *New York Times*, 6 de setembro, 1909.
"Shell Fisheries". *Keyport Weekly*, edição de Natal, 1905.

ÍNDICE DE RECEITAS

Alimentar ostras • 85
Ave abafada com ostras • 78
Bisque *de ostras* • 223
Capão ou galinha recheados com ostras • 47
Caracóis de ostras • 83
Ensopado Bain • 120
Filé de linguado Marguery • 219
Fritada de ostras • 201
Huîtres à la Philadelphie • 207
Huîtres marinées • 205
"*Leitões em pano*" • 227
Molho pimentade • 205
Molhos para ostras • 120, 205, 208
Ostras à la poulette • 206
Ostras à Newberg • 209
Ostras ao molho • 80

Ostras assadas • 137
Ostras com pão • 83
Ostras cozidas • 79, 81, 164
Ostras cruas • 204
Ostras em concha de prata • 202
Ostras em conserva • 84, 85
Ostras frias em meia casca • 201
Ostras fritas • 163
Ostras pochês • 206
Ostras quentes em meia concha • 202
Ostras recheadas • 227
Ostras tártaras • 207
Perna de carneiro assada com ostras • 83
Servir ostras • 225
Sopa de ostras • 117
Torta de ostras • 82

ÍNDICE REMISSIVO

abolicionistas, 189
abridores, abrir, 172-77, 188
afro-americanos 92, 102, 245
   durante a Guerra Civil, 130, 190-91
   em Five Points, 148, 149, 153
   fortes de Nova Amsterdã construídos por, 58, 73
   livres, 55-56, 77, 128, 160
   na fase da Revolução Americana, 100
   na indústria da ostra, 77, 127-31, 161
   revolta dos, 75
   sapateado e, 154, 181
   ver também escravidão
afrodisíacos, 38, 155-56
"adoçar" o solo, 29
agente laranja, 247-48
Agricultura, Departamento Americano de, 230
Albany, N. Y., 26, 79, 81, 107, 111, 116
   como capital do estado de Nova York, 105
   durante a colonização holandesa, *ver* Forte Orange
Alcott, Louisa May, 199
Alectryonella, 235
Alemanha
   ver também Bremen e Hamburgo

Alta California, 225
ambientalismo, 249-53 *ver também* poluição
América Espanhola, 41
American Angler, The, 236
American Cookery (Simmons), 78
American Domestic Cookery (Rundell), 114
American Notes (Dickens), 151, 152, 153, 155, 159, 197
American Revisited (Sala), 172, 196
American System of Cookery, The (Crowen), 137, 164
americanos nativos, 98, 202
   comércio entre europeus e os, 25, 43-44, 45-46
   terras compradas dos, 52-54
   ver também Lenape
amianto, 247
Anaconda Wire and Cable, 250
andar de bicicleta, 221
Anjos do Lodo, 187
Anthony, Susan B., 222
Antietam, batalha de, 190
Aristóteles, 120
armazéns de ostras, 154-65
   afro-americanos donos de, 161
   definição de, 49

descrições de, 154-57, 161-65
Dickens nos, 154, 157, 160
primeiro, 91
Art of Cookery Made Plain and Easy, The (Glasse), 82
Arthur, Chester A., 188
Associação Comercial de Nova York, 171
Associação dos Criadores de Ostras, 66
Associação Nacional de Produtores dos Mariscos, 239
Astor House, 115
aterros, 244
Atlantic, transatlântico, 195
australianas, ostras, 235
Aventuras do sr. Pickwick, As (Dickens), 143
Avery, Joseph, 136

baía de Chesapeake, 26, 169, 188
  ostras da, 66, 68, 116, 125, 161, 171, 214, 219
  ovos de ostras da, 136
baía Cow, 227, 229
baía de East Chester, 228
baía de Newark, 234
baía Gowanus, 91, 230
baía de Great South, 133-37, 193
  dragagem na, 133
  localização de, 92
  moluscos provenientes da, 135
  tamanho da, 133
  transplantes de Chesapeake e, 214
  viveiros de ostras, 91, 122, 133-37, 167, 228, 229
baía Jamaica, 49, 93, 172, 227, 230, 239, 240, 251
baía Oyster, 229, 232
baía Prince, 227
baía de Raritan, 24, 92, 99, 126, 133, 175, 233
baía Turtle, 56, 94

baía York, 233
Baile de Boz, 158, 159
Ballou's Pictorial, 193
bar de ostras Dorlon's, 179, 182
baratas, 145
barcas, 55, 108, 135, 149, 181, 185
barcaças de ostras, 167-71, 173, 174
barcos de ostras, 130
Bard, John, 103
barões-ladrões, 216
barracas de ostras, 182, 183, 225, 226
Baykeeper, 252
Bayley, Richard, 103
"beber" ostras, 230, 232
Belon, ostra tipo, 64, 235
Billingsgate, mercado de, 211
bivalves, 44, 69
  ver também moluscos, mexilhões, ostras, vieiras
Blackford, Eugene G., 181
Blencowes, Anne, 81
Block, Adrieaen, 55
Blot, Pierre, 200, 202
Bluepoint, ostras tipo, 136, 157, 214, 223, 227, 228
bondes, 196
Boston, Mass., 72, 73, 76, 77, 78, 87, 105, 116, 191, 200
Bowery, subúrbio de 104
Boxes, 184
Boyle, Hugh, 191
Brady, James Buchanan "Jim Diamante", 217-22
Brady, Matthew, 190
Bremen, 214
"brilhar", 222
Broadway, 58, 76-77, 100-01, 102, 146, 185, 196
  escolha do nome da, 73
  origens nativas americanas da, 56, 73

Bronck, Jonas Jonassen, 57
Bronx, 28, 108, 131, 216, 228
  homônimo do, 57
Brookhaven, N.Y., 92
Brooklyn, 24, 52, 55, 97, 128, 149, 181, 216, 236
  holandeses compram o, 54
  viveiros de ostras no, 49, 91
Brooks, William K., 61, 66, 68, 70, 252
Brown, Julia, 150, 156
Bulstrode, H. Timbrell, 232
Burnaby, reverendo, 94
Butler, William, 88

C. gigas, 234
C. plicatula, 235
C. rhisophorae, 235
C. virginica:
  como as ostras mais comumente consumidas no mundo, 235
  evolução da, 31
  pérolas não produzidas pela, 40
  todas as ostras da América de Norte classificadas como, 62, 223
Cachorros-quentes, 228
Café Marguery, 219
Cafés ao ar livre, 161
calcário, 28, 32, 46, 70, 74, 90
Califórnia, 234
Câmara de Comércio de Amsterdã, 46
canais:
  canal Erie, 109-11, 112, 113, 116, 218
  canal Gowanus, 237
  canal Harlem Ship, 228
  canal de Long Island, 24, 50, 62, 108, 134, 228
  em Manhattan, 54, 77, 102, 147
  canal de Long Island, 24, 50, 62, 108, 134, 228
canal Erie, 109-11, 112, 113, 116, 21º

canal Harlem Ship, 228
caramujos de ostras, 67, 122, 211
caranguejo, 236
Carlisle, William, 154
Carnegie, Andrew, 188
carregadores, 169
carroças de ostras, 77, 200, 209
carroceiro, 170, 171
Carteret, George, 74
carvão, 244
casas de ostras, 104-5
catapora,
Cather, Willa, 154-55
católicos, 237
Catskill, 38
caviar, 236, 237
Central Park, 146, 222
Centro de Prevenção de Poluição Fluvial, 240
Centro de Saúde Metropolitano, 194, 231
cerveja, 48
cestas de ostras, 127
Champlain, Samuel de, 26
Chicago, 116, 218
China, 123
chorume, 244
Christeaensen, Hendrick, 55
City Island, 49, 131, 138, 227
Clark, Eleanor, 21
Cleveland, Grover, 188
Clinton, DeWitt, 110, 112
Clube de Imprensa de Nova York, 198
Coelhos Mortos, 187
Coleman, H. John, 52
cólera, 144, 192, 231
Collect, o (lagoa Kalch), 28, 39-40, 148, 176, 187
  localização de, 30, 104
  poluição do, 58, 75, 95, 105, 241
  prédio de aluguel em, 146-50

colônia da Virgínia, 22
Comerciantes, 179, 182
comércio de castor, 42-44, 45, 48
comércio de ostras, 86, 110-11
   afro-americanos no comércio de, 77, 127-31
   de ostras em conserva, 88-89, 91
   empregos e salários no, 169-71, 172-76, 188, 216
   empresas de, 168, 169
   entre europeus e nativos americanos, 24-25, 51-52
   entre os nativos americanos, 34
   legislação do, 91-94
   nos dois lados do Atlântico, 15, 101, 108, 213-15, 228
   nos Estados Unidos, 215, 233
   queda do, 239, 241
   tamanho do, 167, 169-70, 176, 224, 225, 239
comércio, 40-41, 51, 86-88, 196
   com nativos americanos, 25, 43-44, 45-46
   de pele de castor, 42, 43-44, 45, 48
   ver também comércio de ostra
"Coming Aphrodite" (Cather), 154-55
Comissão Real da Pesca Marítima, 212
Companhia de Assistência Mutual contra Incêndio, 104
Companhia de Ostras Whitstable, 211
Companhia Holandesa das Índias Ocidentais, 41, 43, 46, 54, 57, 58, 71-74, 76, 86
Companhia Holandesa das Índias Orientais (VOC), 23
Companhia Novos Países Baixos, 40, 41
conchas de ostras:
   alto (direito) e baixo (esquerdo) metades das, 61-62
   criação de, 69
   facas feitas com, 51-52
   fechamentos das, 64-66
   pilhas de, *ver* montes de
   quantidade de óxido de cálcio contido nas, 29, 32, 46, 69-70, 74, 90
   queima de, 91, 250
   recicladas em viveiros de ostras, 69-70
   rochedos artificiais feitos de, 252
   usada nos enterros dos Lenape, 32
Coney Island, 39, 52, 203, 228
   desperdício de água em, 230, 238, 245
   origem do nome, 52
   os primeiros cachorros-quentes vendidos em, 228
Confederação Wappinger, 53
Congresso americano, 103, 130, 188, 215, 250
Connecticut, 13, 26, 76, 108, 134, 138, 171, 177, 225
Consolidated Edison, 249
Cooper, James Fenimore, 177, 203
Cornbury, Edwind Hyde, lorde, 90
Corson, Juliet, 200-02
"costa química", 14
Coste, Victor, 121-24, 133, 210
Crassostrea angulata, 210, 235
Crepidula fornicata, 211
Crockett, Davy, 148, 150
Croly, David, 198
Croly, Jane Cunningham "Jennie", 198
Crowen, sra. T. J., 137-38, 164
Cunard, 195
"cunha do sal", 30
Cuspidas, 123-24, 125, 127, 136

Daily Advertiser, 103
Dana, Charles, 204
Danback, Fred, 250
Danckaerts, Jasper, 38, 75, 76, 91, 94, 251
Davis, Richard Harding, 208
DDT, 232, 247
de Gouy, Louis, 241

de Rasière, Isaack, 38, 46, 54
de Waal, Cornelius, 133-34
Décima Quinta Enfermaria de Olfato, 238
Delaware, língua e povo, *ver* Lenape
Delmonico's, restaurante, 197, 199, 218
  banquete para Dickens no, 198-99
  Brady e Russel no, 221, 223
  comida no, 113-15, 203-09
  endereços do, 113, 203-04
  inauguração do, 113
Departamento de Alimentação, 232
Depew, Chauncey, 217
depósitos de conchas, 27-35
derramamentos de óleo, 237
Description of New Netherlands (van der Donck), 38
desperdício de água, 230, 238, 245
detritos, 27-35
  cozinha, 32-3
  descrições de, 27-30
  locais de, 28-31
  o mais antigo, 31
  processamento, 32
  prova de excesso de colheita encontrada em, 34-35
Diamond Shamrock, Empresa, 247
Diary in America, A (Marryat), 167
Dickens, Charles, 143, 146, 150-55, 197-99
  apelido de, 158
  armazéns de ostras e 155, 158, 160
  banquetes em homenagem a, 157-60, 197-99
  Nova York descrita por, 144, 150-54
Distrito de Columbia, *ver* Washington, D.C.
distrito de Tenderloin, 224
"doença de erosão da barbatana", 248
doenças venéreas, 27
Domestic Manners of the Americans (Trollope), 151, 152, 155
Doorknob, 14

Downing, armazém de ostras de, 157, 160, 161, 213
Downing, Thomas, 160-63, 193
dragagem, 131-34, 229, 251
Drew, Cathy, 252

East River, 24, 43, 50, 55, 106, 108, 149, 182, 185
  barcaças de ostras no, 167-71
  mercados de ostras perto do, 184
  poluição no, 58-59, 238
  viveiros de ostras no, 49, 58-59, 131, 137, 172, 227, 251
elevadores, 196
Elinor Fettiplace's Receipt Book, 81
Ellis, ilha, 49, 54, 236, 253
Ellsworth, Joseph, 233
Emerson, Ralph Waldo, 187
empacotadores, 215, 232
empregados domésticos, 226
Englewood, riacho, 240
Epicurean, The (Ramhofer), 207
Época Clarão, 195
Equitable Life Assurance Society, prédio, 196
Escoffier, Auguste, 206
Escola de Culinária de Nova York, 200
Escola Grátis de Treinamento Feminino, 200
Escola Livre Africana, 161
escravidão, 100, 152, 190
  abolição da, 127-28, 189
  comércio e, 87-88, 90
  em Nova Amsterdã, 56, 58, 72-73, 75
  em Nova York, 77, 102, 127-28
escritórios de serviço, 226
esgoto, *ver* poluição
Espanha, 41, 73
estrela-do-mar, 67-68
esturjão, 38, 49, 236, 237, 248, 251, 253
Everybody's Magazine, 216

Execuções, 75, 101
Exército da União, 189, 195
Experienced American Housekeeper, The (Rundell), 85
extras, 172

faca, 173
facas para ostras, 173, 176
Falmouth, 211
família *Pteridae*, 45
Family Cook Book (Corson), 201
febre amarela, 101
Feltman, Charles, 228
feministas, 222
ferrovias, 29, 116, 135, 195, 215, 218
Ferrovia Erie, 116
"Fifteen Cent Dinners for Families of Six" (Corson), 201
Fitch, John, 105
Five Points, 160, 191
   bandos de rua do, 187
   descrições do, 150-01, 153
   destruição do, 194
   localização do, 150
Forte Orange (Albany), 43, 48, 51, 54, 55
Foster, George C., 156-58
fotografia, 190
França, 25, 68, 106, 111, 126
   colheita recorde de ostras na, 209
   comércio de ostras entre Nova York e, 15
   consumo de ostra na, 209-10
   cultivo de ostra na, 121-25
   ostras tipo Belon, 64
   ver também Paris
Fresh Kills aterros em, 244
Frost, Ezra, 178
Fulton, Robert, 105-07, 108, 109
"Fundo do porto, O" (Mitchell), 245-47

gangues de rua, 187, 191
Gänóno, 39

García Lorca, Federico, 243
Gardner, Alexander, 190
General Electric, 247
Gibson, James E., 190
Glasse, Hannah, 82
Goldman, Emma, 199
Gómez, Estebán, 25
Gorki, Máximo, 141
Governors, ilha, 236, 244
Grand Central Terminal, 174, 241
Greely, Horace, 189, 198
Greenwich Village, 101, 171
Guerra Civil Americana, 130, 181, 182, 192, 229
   rebeliões contra recrutamento na, 187-91, 194
Guerra dos Trinta Anos, 41

Hage, Cornelius, 133
Halve Maen (*Half Moon*), 21, 24, 37
Hamburgo, 214
Hamilton, Alexander, 104
Handbook of Practical Cookery (Blot), 202
Harlem, 94
Harlem, rio, 24, 228, 237, 248
Harper's Weekly, 178, 200
Hassam, Childe, 13
Hecht, Ben, 119
Hell Gate, 50, 228
hibernação, 67, 247
hidrocarbonos aromáticos polinucleares, 247
History of New York from the Beginnings of the World to the End of the Dutch Dynasty, A (Irving), 37, 50, 71
History of New York, The (Lossing), 216
Holanda, *ver* Países Baixos
Hone, Philip, 112, 115, 144, 145, 158
hospitais, 58, 75
Hospital Bellevue, 144
Hot Corn Girls, 147

hotel City, 158
hotel Plaza, 239
hotel Waldorf-Astoria, 217, 221, 223, 241
"How can we live if we are moderately poor" (Corson), 201
Howe, Richard, 98
Howe, William, 98
Hudson, Henry, 21-27, 37, 40, 41, 52, 249
Hudson, rio, 98, 106, 109, 111, 180, 185, 216
   ambientalismo e, 248-53
   antes chamado North River, 26, 42, 55, 171
   barcaças de ostras no, 171
   estuário do, 13, 248
   extensão do, 30, 248
   favorável às ostras, 66
   maré do, 13, 23, 248
   poluição no, 58, 241, 248
   variedades de peixes no, 38, 39, 74, 236, 248
   viveiros de ostras no, 49, 59
huîtres marinées, 205
Huxley, Thomas, 65, 212

Idade do Ouro, 216, 222, 225
Igreja Reformada Holandesa, 72, 89
Igreja Trinity, 90, 104
iluminação a gás, 187
imigrantes irlandeses, 128, 147, 188, 190
imigrantes, 128, 147, 150, 188, 190-92, 237
Império Otomano, 57
incinerador de lixo, 244
Independent Reflector, 91
indústria bovina,
indústria do gelo, 180
industrialização, 228
Ingersoll, Ernest, 131
Inglaterra, 22, 88, 122
   comer ostras na, 79, 81
   comércio de ostras com Nova York e, 27, 101, 213-15, 228
   consumo de ostras na, 211
   excesso de viveiros de ostra na, 27, 209-13
   guerra entre a Holanda e a , 57, 73-74
   na Revolução Americana, 97-101
   ver também ostras tipo Colchester, Londres
Irving, Washington, 37, 39, 42, 50, 71, 170
Itália, *ver* Roma

J. & J. W. Ellsworth, 234
James, Henry, 154
Jamestown, 23, 26
Jankees, 74
Japão, 123, 235
"jardins de ostras", 252
Jorge III, rei da Inglaterra, 92, 99
judeus, 72, 76, 134
Juet, Robert, 37, 39
Julian Street, 159, 216, 224
Jumel, Eliza Bowen, 150

Kalch Pond, *ver* Collect
Kalm, Peter, 75-76, 84, 91
Keyport Weekly, 232
Keyport, N. J., 175, 228, 234
Kidd, capitão William, 77
Kieft, Willem, 57, 72
Kill, Arthur, 92, 125, 129-30, 245, 247, 251
Kill van Kull, 228, 239, 245
Kishelemukong, 27
Knickerbocker Company, 180
Knight, Sarah Kemble, 77
Koch, Robert, 231
Koehring, Vera 66

Ladies' Home Journal, 209, 242
lago Rockland, 180
lagosta à Newberg, 208
lagostas, 39, 236, 237, 241

lama, 245
Lane, William Henry "Mister Juba", 154
Lattard, Albert Leopold, 239
Lee, Robert E., 190
Lei da Água Limpa (1972), 251
Lei do Alistamento Militar (1863), 188
Lei do Mercado, 177
Lei do Resíduo (1899), 250
Lenape, 24-28, 31-33, 42, 45, 75, 86, 92, 108, 109, 130
   como espécimes para estudo dos holandeses, 55
   comércio do Hudson com, 25, 51-52
   descrição do, 24-25, 26-27
   maiores grupos de, 27
   Manhattan comprada dos, 52-53, 54
   mito da criação do, 27
   no comércio de ostras, 25, 34
   nome europeu do, 26
   ostras preparadas pelos, 32
   população e território dos, 26
   relação dos colonizadores europeus com, 51-52, 54-58, 71, 73-74
   significado do nome, 26
Les Halles, 177, 178
Leslie, Eliza, 117, 165
Levy, Asser, 72
Liberty, ilha, 31, 252, 253
   lama em, 244
   nome holandês da, 49
   viveiros de ostras em, 49
Life and Liberty in America (Mackay), 17
linchamentos, 190
Lincoln, Abraham, 116, 188, 189, 218
língua Unami, 27-28
Liverpool, 195, 214
Livingston, Robert, 105-07, 109
livros de culinária, 47, 78, 80-84, 114, 116-17, 160, 200-03, 207-09, 225-27, 241
   ver também Índice de receitas, 263

lixo, *ver* poluição
Lockwood, Samuel, 234
Lodwick, Charles, 28
London Daily News, 212
London Labour and the London Poor (Mayhem), 211
Londres, 15, 146, 150, 178, 192, 209, 211, 228, 232
Long Island, 125, 177, 225 *ver também* baía de Great South
Long Island, batalha de, 97
Lossing, Benson J., 216
Lowney, Billy, 175

Mackay, Charles, 17-18, 21, 131, 146, 151, 185
madrepérola (nácar), 45
Maine, 235
malária, 75
Mallon, Mary "Tifo", 232
Manassas, Virgínia, 189
Manhattan:
   comprada por Minuit, 52-53, 54
   descrição de, 37, 39-40
   no período colonial holandês, *ver* Nova Amsterdã
   nome em Mohawk de, 39
   origem do nome, 27
   regiões próximas vistas de, 216
   viveiros de ostras em, 49
mania de ostras, 199, 209
"Mar Morto", 245-46
Marryat, Frederick, 167
Martí, José, 203
"Mary Tifo" (Mary Mallon), 232
Massachusetts, "esfaqueadora" de, 173
Massachusetts, 22, 76, 88, 229
Mathews, David, 99
Mayhew, Henry, 211
Meals for the Million (Corson), 201

Megapolensis, Hans, 39
Meleagrina (Pintada), 44
Meninos do Amanhecer, 187
mercado Catherine, 180, 185
mercado Center, 185
mercado Clinton, 185
mercado de Fulton Street, 176, 177-83, 237
mercado de Hunts Point, 176
mercado Essex, 185
mercado Fly, 104, 177
mercado Jefferson, 185
mercado de Manhattan, 185
mercado Tompkins, 185
mercado Union, 195
mercado Washington West, 183
mercado Washington, 130, 170, 176, 180, 183-85, 200, 283
mercado Water Street, 177
mercados de ostras, 173, 176-86
meses sem R, 88-89, 92, 135, 193
metais pesados, 247, 250, 252
México, 123
mexilhões, 32, 45, 46, 61, 69, 70, 79, 210
Michaëlius, Jonas, 46
milionários, 226
Minuit, Peter, 53, 54
Miss Leslie's Directions for Cookery (Leslie), 117, 165
Mitchell, Joseph, 165, 245-47, 251
moluscos bivalves, 80
moluscos, 32, 45, 49, 61, 68-69, 180, 241
Morgan, J. P., 188, 217
Morse, Samuel T., 204
Mortos de Antietam, Os, 190
motins contra recrutamento, 187-91, 194
Mrs. Seely's Cookbook (Seely), 225-27
mulheres:
    armazéns de ostras e, 162
    clubes de, 198
    colheita de ostras por, 50-51

    como operárias domésticas, 226
    como prostitutas, 77, 95, 149, 155, 156, 162, 199
    no motim do recrutamento, 191
    sufragistas, 222
Munsey, língua e povo, 27-28
Muscovy Company, 22, 23
Músculo abdutor, 65
    cortando o, 65
    função e força do, 33, 64-66

nácar (madrepérola), 45
Narrows, 43, 236, 253
navios a vapor, 105-08, 109, 110, 111-12, 116, 171, 185, 195
New York & Liverpool United States Mail Steamship Company, 195
New York Central, estação, 217
New York Daily Tribune, 138
New York Evening Post, 108
New York Herald, 169, 198
New York Post, 196
New York Sun, 204
New York Times, 139, 171, 190, 193, 214, 224, 227, 230, 233, 237, 239, 240
New York Tribune, 148, 153, 180, 189
New York World, 198
New Yorker, 165, 245
Newtown, riacho, 238, 251
Nicolls, Richard, 73, 74
Night Side of New York, The, 179, 182
Nothing Sacred (Hecht), 119
Nova Amsterdã, 28, 42
    autogoverno e conquista inglesa de, 72-75, 86, 177
    comida e bebida na, 48-49
    descrições de, 37-38, 54, 55-56, 58-9, 72-73
    estabelecimento da, 42-43
    lixo e esgoto na, 58-59, 73-74, 75

muro defensivo de, 58, 74-75
população da, 57-58
proibição da pesca da ostra na, 50-51
Nova Holanda, 37-59
  aumento de colônias européias na, 52, 55-58, 72, 73-74
  comida e bebida na, 47-49
  conquista inglesa da, 47
  controle da Companhia Holandesa das Índias Ocidentais, 41, 72
  descrições de, 37-38, 42-43
  extensão do, 40, 42-43
  instalação de, 42-44
  litoral dos Países Baixos da, 72
  primeiros descendentes dos europeus na, 51
  status de província da, 57
Nova Jersey, 14, 24, 26, 28, 43, 76, 99, 173, 174, 177
  colônia inglesa em, 74
  indústria da ostra em, 91-93, 132-33, 232-34
  poluição industrial em, 13-14, 234, 239, 245
  viveiros de ostras em, 49-50, 126-27, 225, 228, 233, 250
Nova York, facas de, 173
Nova York, N.Y.:
  como capital mundial da ostra, 15, 18, 117, 176, 185, 225, 240
  como porto, 86-88, 95, 97, 98, 104-05, 110, 117, 167, 171, 195-96, 241
  consolidação de, 216
  consumo diário de ostras em, 216
  corpo de bombeiros de, 99-100
  cultivo de ostras em, 124-28, 130-34, 138-40
  descrições de, 76-78, 100-01, 104, 143-51, 196, 225
  fornecimento de água em, 75-76, 95, 143-46
  legislação da indústria da ostra em, 126-27, 132-33
  lixo e poluição em, *ver* poluição
  motins civis contra alistamento na Guerra Civil em, 187-91, 195
    na Revolução Americana, 97-101
  natureza e, 243
  no período colonial holandês, *ver* Nova Amsterdã
  ostras locais indisponíveis em, 241
  população de, 89, 95, 97, 98, 100, 104, 143, 147, 187, 216, 243
  regiões de, *ver* Bronx, Brooklyn, Manhattan, Queens, Staten Island
  setores e departamentos de saúde de, 194, 231, 240, 246
  supercolheita de viveiros de ostras de, 119, 124-26, 132-33, 138
Nova York:
  legislatura estadual de, 106-07, 108, 109-10
  primeiro governador de, 74
Nova Zelândia, ostras do costão da, 235

O'Donnell, James, 178
Orson (nativo americano), 55
ostra Olímpia, 235
ostras coreanas, 235
ostras da rocha de Sidney, 235
ostras de York, 233
ostras portuguesas, 210, 235
ostras tipo Colchester, 76, 79, 211, 235
ostras tipo Lynnhaven, 219
ostra-de-mangue, 211
ostras Whitstable, 211
ostras:
  abertura das, 33, 173-76
  água filtrada pelas, 13, 68, 232, 252, 253
  alimentadas por, 64-65, 68-69
  anatomia das, 64-66

ciclo vital das, 63-64, 131-32, 172
colheita das, 85-86
comidas vivas, 13, 65-66
conteúdo calórico das, 33-34
coragem do primeiro comedor de, 253
cultivo das, 119-27, 138-40
desova e fertilização das, 62-65, 123-24
européia, *ver Istrea edulis*
evolução das, 31, 58-59
família biológica das, 61, 235
hermafroditismo das, 66-67
hibernação das, 66-67
líquido das, 61, 66
na Holanda, quadros de naturezas mortas, 46-47, 63-64
no verão, 88-89, 92, 108-09, 129, 193
norte-americana oriental, *ver Crassostrea virginica*
pérolas não produzidas pelas, 40, 43-45
pés de, 45, 61, 63-64
preços das, 80-81, 91-92, 116, 137-38, 155, 171, 172, 182, 184, 200, 203, 228
predadores das, *ver* brocas de ostra; estrela-do-mar
sabor e qualidade do mar em relação às, 13, 15, 16, 232, 234
salinidade e, 58-59, 63, 64, 67, 68-69, 122
se fixar aos objetos, 45, 61-62, 63-64, 69
sensação de estar empanturrado, 222
tamanho das, 34-35, 39, 40, 61-64, 66-67, 90-91, 131-32, 136-37, 139-40
temperatura da água e índice de crescimento das, 62, 66-67, 116, 125
tempo de vida das, 13, 67-68
tempo de vida fora d'água das, 62, 69, 85
transplante das, 233-35, 246
treinamento das, 111
usina de purificação de, 240
Ostrea edulis, 64, 67, 119-23, 140, 223, 235
Ostrea lurida, 235

Ostreidae família, 44, 61-62
ovas de ostras, 136, 229, 234
Owen, Richard, 210
Oyster Bar, 241
Oyster Book, The (de Gouy), 241
Oyster Epicure, The, 223
Oyster, The (Brooks), 61, 66
Oysterman and the Fisherman, The, 175
Oysters of Locmariaquer, The (Clark), 21

Países Baixos, 21, 23, 41, 55, 76, 134
companhias coloniais dos, *ver* Companhia Holandesa das Índias Ocidentais; Companhia Holandesa das Índias Orientais; Companhia Novos Países Baixos
litoral da Novos Países Baixos para, 71
supercolheita de ostras no, 209
guerra entre a Inglaterra e, 58, 73-74
Palácio de lagosta de Rector, 218-20
palácios de lagosta, 216-24
"pânico da ostra", 192, 230
pântanos, 14, 39, 228
Paris, 15, 111, 176, 196, 209, 213, 219
Parton, James, 198
Parton, Sara Willis, 198
Passaic, rio, 234, 248
Pasteur, Louis, 231
"patas de cavalo", 211
PCBs, 247, 251, 252
Pearl Street, 28, 44, 49
Peary, Robert E., 22
pecuária, 195
peixe, 236-37
efeitos da poluição sobre o, 237, 241, 248
no rio Hudson, 38, 48, 74, 236, 246
retorno do, 251-53
peixeiros, 179
Pepys, Samuel, 80
perca-listrada, 38, 39, 49, 236, 248, 251, 253
pérolas, pérolas de ostras, 40, 44-45, 71

pesca da ostra tipo Colne, 211
pieds-de-cheval, 211
pinça, 85-86, 130, 173, 246
Pintada (*Meleagrina*), 44
piratas, 77, 87, 95
Plano Canal Street, 155
pobreza, 91, 93, 143, 181, 185, 190-92, 194, 200
Poe, Edgar Allan, 143, 145
Poeta en Nueva York (García Lorca), 243
poluição, 211, 236-42, 243-53
　do lixo e esgoto, 58, 73-74, 75, 101-03, 143, 177, 187, 230-32, 237-38, 239-42, 244, 252
　esforços para combater, 240, 244, 249-52
　industrial, 14-15, 230, 234, 237-38, 239, 245, 250
　no Collect, 58, 75, 95, 105, 241
　no porto de Nova York, 14-15, 230, 237, 239, 245, 250
　no rio Hudson, 58, 241, 248
　ostras "que bebem" e a, 230, 232
　peixes prejudicados pela, 237, 242, 248
　viveiros de ostras fechados devido à, 241, 243
Popular Science Monthly, 234
porto de Hempestead, 227
porto de Nova York, 13, 14, 15, 37, 110
　chegada de Hudson no, 21, 24, 37
　espécies de peixes em, 38-39, 74, 236, 246
　filtragem de ostras do, 68
　na Revolução Americana, 100
　parte de cima do porto, 24
　poluição no, 14, 230, 239, 247, 250
　porcentagem de ostras do mundo no, 49
　supercolheita de viveiros de ostras no, 35, 229
　viveiros de ostras no, 49, 227, 251
porto Jefferson, 227
porto North, 227

prédio com apartamentos de aluguel em bairro pobre, 147-51
Projeto Rio, 251-52
prostituição, 77, 95, 149, 155, 156, 162, 198
Pullman, Goerge, 218
puritanos, 46, 72, 76, 134

quadros de naturezas-mortas, 46
quahog, 32
quakers, 72
Queens, 55, 216
　viveiros de ostras em, 49

radiação, 232
Ranhofer, Charles, 204-09
receitas, índice de, 263
Rector, Charles, 219
Rector, George, 220, 222
Refugo, 241
Rembrandt van Rijn, 57
Rensselaer, Ronsselaerwyk, 42, 51
Reservatório Croton, sistema, 145
resíduos arqueológicos domésticos, 32
restaurante Sweet's, 179
restaurantes, 111-15, 116, 173, 179, 200, 238
　ver também palácios de lagosta, armazéns de ostras, restaurantes específicos
Reyniers, Griet, 95
Revolução Americana, 97-98, 127, 189
Rhode Island, 225, 229
rio Raritan, 43, 49, 109, 125, 130, 216, 248, 250
rio Tâmisa, 232
Rockaway Inlet, 24, 230
Rockaway, ostras de, 172, 218
Rockaway, península de, 24, 29, 93, 229
Rockefeller, John D., 238
Rodrigues, Jan, 77
Roma (antiga), 79, 119-22, 156

Roosevelt, Franklin D., 188
Roosevelt, Theodore, 188, 249
Rorer, Sarah Tyson, 209, 241
Royal Steam Packet Company, 195
Rundell, Maria Eliza Ketelby, 85, 114
Russell, Lillian, 220-22
Rússia imperial, 42

Saccostrea, 235
Saddle Rock, ostras de, 137, 215
Sala, Georges Augustus, 172, 196
Sallustius, 79
Salmonella bacillus, 231
Sandy Hook, 39, 43, 52, 100, 251
  chegada de Hudson ao, 25, 37
  localização e descrição do, 25
sapateado, 154, 182
savelha, 38, 49, 248, 251, 253
savelha, espécie de arenque, 135, 246
Savery, Thomas, 106
Scenic Hudson, 249
Scribner's Monthly, 182, 183, 185
scuttlemouths, 211
Seely, Lida A., 225-27
Sensible Cook, The, 47
shouwunnock ("Povo Salgado"), 26
Simmons, Amelia, 78
Smith, John, 22, 23
Smith, William, 92
Sociedade do Palácio da Lagosta (Street), 216
Sociedade Histórica de Staten Island, 139
Sorosis clube, 199
Stadt Herbergh, 48
Staten Island, 24, 28, 55, 92, 99, 125, 184, 216
  águas poluídas em, 245-47
  excesso de colheita de viveiros de ostras em, 119, 125
  festa de chegada de Hudson em, 24, 52

Fresh, Kills, aterro de, 244
Minuit compra, 53
Verrazano em, 25
viveiros de ostras e indústria da ostra em, 49, 126-31, 133, 188, 228, 229, 246, 251
Steendam, Jacob, 19, 37
Storm King, montanha, 249
Strong, George Templeton, 144, 159-60, 188, 192, 197
Stuyvesant, Peter, 72-74, 76, 104, 195
sufragistas, 222
Suprema Corte Americana, 244
Swift, Jonathan, 253
Swits, Claes, 55-57

tavernas, 48, 51, 94, 104, 151
tese do germe, 231
Thackeray, William Makepeace, 91, 151
Thomas, Lately, 222
Thoreau, Henry David, 187
Thorne, Harmon, 213
Thurman, John, 102
tifo, 232, 238, 240
Times (Londres), 211
Tiostrea lutarea, 235
Travels in America (Carlisle), 154
Tredwell, Daniel, 29
tribo Canarsee, 52
Trico, Catelina, 43, 51
Trico, Sarah, 51
Trollope, Fanny, 151, 152, 155, 158
Tschirky, Oscar, 221-23
tubarões, 237, 251
Twain, Mark, 225
Tweed, William "Boss", 198

Universidade de Columbia, 199
Usselinx, Willem, 40

vale do Hudson, 107
   mais antiga prova da presença humana no, 31
Valentine (nativo americano), 55
Van Buren, Martin, 195
van der Donck, Adriaen, 38, 39, 42, 44
Van Rensselaer, Jeremias, 51
Van Rensselaer, Kiliaen, 54
Van Rensselaer, Maria Sanders, 79
Van Rensselaer, Maria, 51
Van Wassenaer, Nicolaes, 38
Vanderbilt, Cornelius, 184
varíola, 75, 192
veleiros de ostras, 167, 169, 173, 188
Verrazano, Giovanni da, 21, 25
Vibrio cholerae, 231
vieiras, 61, 68
vinho, 223
Vitória, rainha da Inglaterra, 213

VOC (Companhia Holandesa das Índias Orientais), 23
Waldman, John, 238
wampum, 46, 52, 69
Washington Square (James), 154
Washington, D.C., 103-04, 116, 146
Washington, George, 98, 101, 104
Washington, Philip, 101
Watt, James, 106
Webster, Noah, 78, 97
Wenberg, Ben, 208
Whitman, Walt, 97
Wieckquaesgeck povo, 28, 56-58
Wilson, Edmund, 14
Wood, Henry, 193
Wood, William, 50
Woodhull, Victoria, 199
World Trade Center, 176

Yonkers, N.Y., 28

Este livro foi impresso nas oficinas da
DISTRIBUIDORA RECORD DE SERVIÇOS DE IMPRENSA S.A.
Rua Argentina, 171 – Rio de Janeiro, RJ
para a
EDITORA JOSÉ OLYMPIO LTDA.
em fevereiro de 2009

*

77º aniversário desta Casa de livros, fundada em 29.11.1931